靜盦漢籍解題長編

第一卷

長澤規矩也 編著

上海遠東出版社

圖書在版編目（CIP）數據

靜盦漢籍解題長編：日漢對照 /（日）長澤規矩也編著. —影印本. —上海：上海遠東出版社，2013
ISBN 978-7-5476-0803-6

Ⅰ. ①靜… Ⅱ. ①長… Ⅲ. ①漢語—古籍研究—日本—漢、日 Ⅳ. ①G256.3

中國版本圖書館 CIP 數據核字 (2013) 第 273865 號

靜盦汉籍解題长编
長澤規矩也　編著
責任編輯：徐忠良　張　姣　　整體設計：品悅文化

出版：上海世紀出版股份有限公司遠東出版社
地址：上海市徐匯區欽州南路 81 號
郵編：200235
網址：www.ydbook.com
發行：新華書店上海發行所 上海遠東出版社
　　　上海世紀出版股份公司發行中心
制版：杭州品悅文化藝術策劃有限公司
印刷：杭州五象印務有限公司
裝訂：杭州五象印務有限公司

開本：889×1194　1/16　印張：85.25　字數：1280 千字
2015 年 6 月第 1 版　2015 年 6 月第 1 次印刷

ISBN 978-7-5476-0803-6/G·582
定價：陸佰捌拾圓整

出版説明

經過中日兩國學者、專家和相關機構的共同努力，由日本著名漢籍版本、目録學家長澤規矩也先生整理、編撰的《靜盦漢籍解題長編》終於正式出版了。這是一部非常特殊的漢籍版本、目録圖書。書中著録的這些國寶珍籍，記録著一段國人應該永志不忘的搶救、劫難和艱苦追尋回歸歷史，作為後來人，我們應該永遠銘記鄭振鐸、張元濟、張壽鏞、何炳松、張鳳舉、蔣復璁、葉恭綽、王世襄等前輩學人為國家、民族的文化、文獻、文脈傳承的英勇壯舉和所建立的不朽功勛。

這段長達六年驚險曲折、峰迴路轉、跌宕起伏的歷史，關涉超過五千部堪稱國寶的中國宋元以及明清古籍善本的命運，關涉愛國文化學者、無恥漢奸、北方書肆、美國學府、日本軍部、國民政府、庚款董事會、盟軍司令部，橫跨上海、香港、重慶、東京兩國四地八方的文化大事件，絶不亞於抗日戰場的烽火硝煙，堪稱國寶文獻的生死保衛戰，然而這樣一段無比壯烈英勇的文化抗日歷史，卻鮮為人知，實在令人唏嘘不已。北京大學中文系教授劉玉才先生則從歷史學、文獻學的角度，分析和考論了這批珍貴古籍圖書重要的版本學價值和學術研究意義。

《靜盦漢籍解題長編》，凡兩卷，為長澤規矩也先生一九四四年到一九四六年二月間，奉日本軍部之命對這批漢籍珍本進行編目整理的圖書目録，分為貴重書、經部、史部三部分，没有子部和集部古籍，還有一些没有次序的片段記録，當屬尚未完成的資料長編式草稿，共著録漢籍六百四十七部，其中貴重書五十九部，經部書一百六十九部，史部書四百一十九部。貴重書部分，包括宋刊七部，元刊二十六部，明寫本一部，明活字本五部，明刊本四部，清寫本十部，日本古活字本四部，刊本一部，高麗刊本一部。經部、史部主要是明刊本和明清寫本，有少量宋元遞修本、清刊本和日本、朝鮮刊本。第二卷卷末附有志岐ちづ整理編制的音序索引，附有注音符號，由山口憲子排列謄清。

長澤規矩也先生奉命整理劫掠中國珍貴古籍之事，長澤先生本人在各類文字中甚少提及，他為《静盦漢籍解題長編》所撰的第一、二卷跋，亦只寥寥數語：『大約二十五年前，中華民國南京中央圖書館要將一批古籍送往美國，日本帝國圖書館奉舊軍部之命保管這批古籍，本書即爲這批古籍的解題。』當是刻意回避。

長澤規矩也（一九〇二——一九八〇），日本東京都人。一九二六年畢業於東京帝國大學文學部支那學科，歷任第一高等學校教授、法政大學教授，以及東京大學、愛知大學、文部省圖書館講習所講師等職。先後擔任静嘉堂文庫、金澤文庫、陽明文庫、叡山文庫、日光山天海藏、大東急紀念文庫、内閣文庫等公私收藏單位的古籍整理和目録編纂工作，並參與創辦專業出版機構——汲古書院。在漢和古籍版本目録學、漢文學、戲曲小説研究、辭典編纂、古籍整理出版等領域，造詣精深，著述衆多，有《長澤規矩也著作集》十卷行世。

長澤規矩也先生的這部手稿長期没有得到整理，一直到一九六九年夏他發現自己身患癌症，開始整理身邊雜事時才發現這部舊稿，無意間透露給阿部慶大教授後，受阿部教授鼓勵才交付影印出版。

一九七〇年日本汲古書院依據長澤先生手稿予以影印出版。但這部書印量絶少，因而流傳不廣，故其內容和背後故事較少為學界關注。爲方便讀者閱讀，特請專家將長澤先生所撰《序言》和《第一、二卷跋》譯成中文，置於其日文原文之後。

鑒於這部圖書具有的不同尋常的歷史背景和重要的學術文獻價值，以及在中日關係中的特殊意義，在征得長澤規矩也先生後人與汲古書院的同意後，以保持長澤先生原稿形態的影印方式，由上海遠東出版社整理出版，以供各界讀者研究使用。

上海遠東出版社

二〇一五年四月二十日

長澤規矩也《靜盦漢籍解題長編》述略

劉玉才

《靜盦漢籍解題長編》，日本著名漢籍版本目録學者長澤規矩也編撰，凡兩卷。原稿長期未得整理，汲古書院一九七〇年始據作者手稿影印，然亦流傳不廣，故其内容較少為學界關注。《長編》所録漢籍文獻，原為抗戰時期上海淪為孤島之後，張壽鏞、何炳松、鄭振鐸等人組成文獻保存同志會為國民政府搶救的善本古籍，在轉道香港，擬運往美國寄存時，適逢日軍佔領香港，遂被劫掠至東京。長澤規矩也即應日本軍部之命，調查該批文獻，並予以著録。因此，《長編》堪稱日本劫掠中國珍貴典籍文獻的歷史見證。長澤規矩也作為漢籍版本目録學專家，詳盡著録，認真查考，間下己斷，則令《長編》具有重要的學術文獻價值和出版意義。

一九三七年七月七日，盧溝橋事變，抗戰爆發。八月十三日淞滬抗戰，同年十一月，上海淪陷，進入孤島時期。江南古稱文獻之邦，明清以降，更有好書之風，藏家甚夥，且頗富珍善秘笈。抗戰興起，許多藏書世家為時局和生計所迫，無奈出售先人遺籍，遂令古籍善本湧入滬肆。此時，美國的哈佛燕京學社，敵偽的華北交通公司，北方的有力書肆，紛紛搶購，漢奸梁鴻志、陳群亦趁機攫取。困居孤島的有識之士，痛感祖國珍籍文獻散佚，流落異域，遂發起搶救運動。張元濟、張壽鏞、何炳松、鄭振鐸、張鳳舉聯名致電重慶國民政府，請求協助，得到教育部及管理中英庚款董事會的支援，決定動用庚款董事會補助中央圖書館的建築經費蒐購。重慶方面委派中央圖書館館長蔣復璁先赴香港洽商庚款會董事葉恭綽，請其負責購買廣東方面散出文獻，然後潛赴上海，與張元濟等人討論收購事宜，決定組成『文獻保存同志會』，用此名義對外活動，以遮敵偽耳目。實際參與其事者，為張壽鏞、何炳松、鄭振鐸、葉恭綽、徐鴻寶（森玉）五人【此據《琳琅滿目——國立中央圖書館善本特藏》（國立中央圖書館編印，臺北，1993）記載。劉哲民、陳政文編《搶救祖國文獻的珍貴記録——鄭振鐸先生書信集》（學林出版社，上海，1992）則云張元濟、張壽鏞、何炳松、鄭振鐸、張鳳舉五人組成文獻保存同志會。】。文獻保存同志會制訂有完善的守則，以規範辦事程式【具體細則參見劉哲民、陳政文編《搶救祖國文獻的珍貴記録——鄭振鐸先生書信集》，第5頁。】。

文獻保存同志會自一九四〇年初展開蒐購，至一九四一年底太平洋戰爭爆發截止，雖然僅有兩年時間，但是成果相當可觀。江南名家舊藏，如吴興張氏適園、劉氏嘉業堂、江寧鄧氏群碧樓、嘉興沈氏海日樓、廬江劉氏遠碧樓及順德鄧氏風雨樓之善本古籍，盡數購得；常熟瞿氏鐵琴銅劍樓、趙氏舊山樓及翁氏、丁氏舊藏，吴興張氏韞輝齋、吴縣潘氏滂喜齋、聊城楊氏海源閣、江安傅氏雙鑒樓散出文獻，亦網羅不少。購書總數，據《搶救祖國文獻的珍貴記録——鄭振鐸先生書信集》前言云有三千八百餘種，其中宋元刊本三百餘種，幾可與當時北平圖書館善本圖書目録著録之數比肩。《琳琅滿目——國立中央圖書館善本特藏》則合并葉恭綽主持在香港所購，計有四千八百餘部。

文獻保存同志會在上海所購古籍善本，最初選擇『可入國寶之林』的貴重本八十餘種，委派徐森玉運往香港，然後空運至重慶，入藏國立中央圖書館。該批國寶抵渝後，重慶方面曾為其舉辦隆重的展覽會，盛況空前。因轉運費用過巨，後續三千餘部古籍，兩千餘部分批郵寄至香港，經許地山手，暫存於香港大學馮平山圖書館，其餘部分仍存上海。因局勢危急，運至香港的古籍連同在本地購得者，又擬運往美國國會圖書館寄存，裝箱之前特意補鈐『國立中央圖書館攷藏』印記，以資識別。然費時三月，復拖誤船期，遭遇香港淪陷，盡被日軍劫掠。一九四六年，經駐日軍事代表團多方查證，並獲得盟軍司令部協助，始在東京帝國圖書館地下室及伊勢原鄉下搜獲鈐有『國立中央圖書館攷藏』朱文方印的該批古籍，並由中國赴日交涉代表團文化專員王世襄先生押運回國，在上海經由謝辰生先生接收後，運回南京中央圖書館，共計三千二百八十六部，三萬四千九百七十冊。該批古籍與留存上海的一千餘部古籍，構成今台灣『國家圖書館』的基本古籍館藏。【有關詳情可參看蘇精《抗戰時期秘密搜購淪陷區古籍始末》（《傳記文學》第三十五卷第五期，臺北，1979年11月）、盧錦堂《抗戰時期香港方面暨馮平山圖書館參與國立中央圖書館搶救我國東南淪陷區善本古籍初探》（《國家圖書館館刊》九十二年第二期，臺北，2003年10月）。】

當年，日本方面將寄存於馮平山圖書館的古籍劫運至東京帝國圖書館之後，曾委派版本目録學者長澤規矩也予以整理。長澤規矩也（一九〇二—一九八〇），日本東京都人。一九二六年畢業於東京帝國大學文學部支那文學科，歷任第一高等學校教授、法政大學教授，以及東京大學、愛知大學、文部省圖書館講習所講師諸職。曾先後擔當靜嘉堂文庫、金澤文庫、陽明文庫、叡山文庫、日光山天海藏、大東急紀念文庫、内閣文庫等公私藏書單位的古籍整理和目録編纂工作，並參與創辦專業出版機構汲古書院。在漢和古籍版本目録學、漢文學、戲曲小説研究、辭典編纂、古籍整理出版等領域，造詣精深，著述衆多，身後集有《長澤規矩也著作集》十卷。

長澤規矩也整理日本劫掠中國古籍之事，文獻記載無多。《靜盦漢籍解題長編》原序寥寥數行，只云是某處藏書的内容解説，一九七〇年原稿交付影印時，始撰跋語曰：『大约二十五年前，中华民國南京中央圖書館要将一批古籍送到美国，日本帝國圖書館受旧軍部之命保管这批古籍，此書即这批古籍的解題。』此外，長澤規矩也在各類文字中，甚少提及此事，當是刻意迴避。筆者查考其年譜，記有昭和十九年（一九四四）一月受聘帝國圖書館，昭和二十一年（一九四六）六月主動提出辭職，但未得到免職令，繼續服務。【《長澤規矩也年譜》，長澤規矩也喜壽紀念會編《長澤規矩也著作集》別卷，汲古書院，東京，1989年。】根據時間推測，長澤規矩也應是在此期間，受命整理劫掠中國古籍。一九四六年二月，該批古籍被發現，遭中國駐日軍事代表團追索，同年八月十八日交還。【蘇精，《抗戰時期秘密搜購淪陷區古籍始末》，《傳記文學》第三十五卷第五期，臺北，1979年11月。】因此，長澤規矩也的整理工作未及全部完成，故《靜盦漢籍解題長編》稿本僅有貴重書和經、史二部，無子、集部份。貴重書部份古籍，日本戰敗投降之後，為逃避美軍接收，曾隱匿到伊勢原鄉下地窖，被中國駐日軍事代表團同期追回。

《靜盦漢籍解題長編》尚屬資料長編式草稿，分為貴重書、經部、史部三部份，共兩卷。據筆者統計，《長編》總共著録漢籍六百四十七部，其中貴重書五十九部，經部書一百六十九部，史部書四百一十九部。貴重書部份，包括宋刊七部，元刊二十六部，明寫本一部，明活字本五部，明刊四部，清寫本十部，日本古活字本四部，刊本一部，高麗刊本一部。經部、史部主要是明刊本和明清寫本，有少量宋元遞修本、清刊本和日本、朝鮮刊本。雖然文獻保存同志會所購的國寶級古籍八十餘種已先期運往重慶，但在日本劫掠的這批古籍中，仍不乏珍善之本。如南宋刊趙善譽《東南進取輿地通鑑》，四庫未收，海内亦僅存此孤帙，曾經黃丕烈、汪士鐘、郁松年舊藏，黃丕烈還題有兩跋，許為天壤間奇物。此外，元至正刊本《樂府詩集》，明寫本《永樂大典》戲、職二冊，明活字本《曹子建集》、唐人集，影宋鈔本《經進周曇詠史詩》，亦堪稱稀覯之品。尤其值得稱道的是，文獻保存同志會同仁在國家危亡之際，以保存文獻提倡民族意識。其第三號工作報告書有云：

> 我輩有一私愿，頗想多收四庫存目及未收諸書，於四庫所已收者，則凡足以發館臣刪改塗抹之覆者，亦均擬收取之。蓋四庫之纂修，似若提倡我國文化，實則為消滅我國文化，欲使我民族不復知有夷夏之防，不復存一絲一毫之民族意識，故館臣於宋元及明代之史料及文集刈夷尤烈，塗抹最甚。乾嘉之佞宋尊元，齗齗於一字一筆之校勘者，未始非苦心孤詣，欲保全民族文化于一線也。然所校者究竟不甚多，且亦多亡佚。恢復古書面目，還我民族文化之真相，此正其時。故我輩於明鈔明刊及清儒校本之與四庫不同者，尤為著意訪求。【轉引自《琳琅滿目——國立中央圖書館善本特藏》第29—30頁，國立中央圖書館編印，臺北，1993年。】

《靜盦漢籍解題長編》所録古籍中，明刊及明清鈔校本正為大宗，足可見文獻保存同志會同仁之用心良苦。

長澤規矩也的整理工作雖是奉命而為，但在編撰《靜盦漢籍解題長編》時，卻力求改變漢籍著録解題的寫法。據其第一、二卷跋語，漢籍解題通常寫法是不觸及原書內容，不列舉流傳諸本，而他撰寫解題，卻採用與之不同的表現形式，言外之意是更關注文本內容和版本源流。《靜盦漢籍解題長編》還只是初步的實踐，且屬草稿性質，有待刪省定稿，但自云將依照此形式陸續撰寫其他漢籍藏書的解題。長澤規矩也的解題樣式涵蓋書名、作者、存卷、版本、序跋、著録、存藏、行款、刻工、諱字、内容、紙數、缺頁、補頁、識語、印記等項記録，其間雖依據各書情況詳略有别，但明顯側重物理形態、版本鑒别、文本内容、存藏流傳方面的著録。尤其是在貴重書部份，不僅詳述版本行款，而且對各卷紙葉數、紙張樣式、補配情況、刻工姓名、藏書題識、藏書印記逐一記録，形成一份完整的書志檔案。

因此，雖然日本劫掠古籍已完璧歸趙，台灣『中央圖書館』亦陸續整理出版了館藏善本書志、題跋及藏書題識，【台灣『中央圖書館』先後編有《國立中央圖書館善本題跋真跡》（1982）、《國立中央圖書館善本序跋集録》（1992）、《國家圖書館藏善本書志初稿》（1996–2000）等書。】但長澤規矩也所撰解題仍具有不可替代的價值。首先，著録内容詳盡，有資於文獻考察。如元刊明修本《（附釋音）毛詩注疏》，即逐頁檢核紙張，辨析原刻、明初補刻、正德補刻以及缺頁情況，並清理出原刻刻工和補刻刻工的名字。通過綜合考察，長澤規矩也推翻了以正德十行本《十三經注疏》為宋刊元明遞修的通行結論，改定為元覆宋刊明正德修，並在《論語注疏解經》解題中，借助足利學校所存正德十行本《毛詩注疏》初刻本，為元刊提供了鐵證。再如元大德刊本《隋書》，解題不僅詳盡著録了各卷紙數，補寫、補配情況，全部刻工姓名，以及近七十方藏書印，還全文過録了陸心源的兩篇長跋。長澤規矩也即根據這些材料，對元大德九路本十七史的刊刻情形進行了梳理。

其次，注重諸書存藏狀況和版本源流的考察。如元刊本《（增修互注）禮部韻略》，題解云收入《四庫全書》，元版現存至正四年余氏勤德堂刊本（成簣堂藏）、至正十五年日新書堂刊本（圖書寮、内閣文庫藏）、至正十五年陳氏餘慶堂刊本（靜嘉堂藏）諸本。此書據《舊京書影》比較（書耳有無），並非日新書堂刊本，與靜嘉堂所藏兩種元刊本相較，屬於同版，但似比餘慶堂刊本更古。再如劉氏嘉業堂舊藏明嘉靖本《鄂國金佗粹編》，宋版久佚，元至正間江浙重刊，明嘉靖時巡按浙江御史唐一鵬據之覆刊。圖書寮、尊經閣存有相同版本，靜嘉堂藏元刊本。爲了便於版本比較，長澤規矩也經常引用自己熟悉的日本諸家藏本作為參照對象，因而記録了大量不同版本的信息。此外，凡藏書題識、藏書印有文必録，不經見的藏印還簡釋印主，保存了藏書承傳信息，同時也為探討文獻保存同志會收書來源問題提供了線索。

再次，解題時見個人考據、按斷，頗具學術價值。如宋吕大圭《春秋或問》，原刊刻資訊不明，長澤規矩也根據其刻工『青』『楊青』見於元至正中慶元路刊本《玉海》，『林』『青』『楊青』『謝』見於至正中嘉禾刊本《吕氏春秋》，『寸』『羊』『羊青之』『謝』見於潘祖蔭《寶禮堂宋本書録》著録南宋刊元修本《史記》，進而推斷為元至正刊本，可稱定論。再如，《四庫全書》南三閣佚出之本，《靜盦漢籍解題長編》收有八種，因無藏書閣印，通常都著録為文瀾閣《四庫全書》零本。然如配補鈔本宋曾慥《類説》，舊鈔部份存卷情況與《壬子文瀾閣所存書目》的記録並不相符，長澤規矩也據此推斷或為文宗、文匯兩閣佚出，故謹慎地著録為江浙《四庫全書》零本。當然，囿於日本所見，長澤規矩也的解題亦偶有失考誤判之處。如列入貴重書的《晉書》，長澤規矩也鑒定為南宋刊元明遞修本，台灣『中央圖書館』復核為元覆南宋中期刊元明遞修，似更爲準確。《（增廣註釋音辯）唐柳先生集》，長澤規矩也定為元刊本，台灣『中央圖書館』改署明正統十三年覆元建刊本，亦更妥當。《（集千家詩分類）杜工部詩》，長澤規矩也著録為元刊明初三峯精舍廣勤書堂印本，而據阿部隆一考證，可梳理為元至正八年積慶堂覆皇慶元年建安余氏勤有堂刊葉氏廣勤書堂印本，刊刻源流更加清晰。

長澤規矩也作為日本現代最為知名的漢籍版本目録學者，曾參與衆多收藏單位的目録編纂和古籍整理工作，目驗古籍無算，擁有豐富的專業經驗和獨到的見識。因此，《靜盦漢籍解題長編》雖難免瑕疵，但與一般圖書館編纂的簿録式解題相較，學術價值不可同語。即使是在獲取古籍著録資訊非常便利的今天，該書仍可為我們提供有益的學術線索，宜常備案頭，以供查考之用。

甲午年大暑撰於京北二心齋

目録

序

予漢籍ノ解題ヲ書キ始メシヨリ三十星霜ヲ經ルモ未ダ成ラズ。之ヲ促サルルコト屢ナリ。今ソノ草稿ノ一部ヲ付印ス。是某所ノ藏書ナレバ、稀覯ノ書ノミ内容解説ニ及ブト云爾。

序

我開始撰寫此漢籍解題，已歷三十星霜，如今依然未能完成全書。屢次為人催促，今將其部分草稿付印。此書收録的漢籍為某處的藏書，故只為稀見之書撰寫内容解説。

貴重書

書集傳　六巻（巻頭書）　貴一

宋蔡沈　元刊

「書集傳序」（宋嘉定己巳、蔡沈）以上在首

「書傳問答」附蔡杭跋　以上在尾

繆記劉影鄧新目　不載　王書

元刊本。毎半葉十一行、行二十一字、注雙行、小黒口、雙邊。有耳。匡郭内縱六寸五分強、横四寸一分弱。目錄缺、自序ト共ハ目錄末ニ木記アリシカ。

自序首葉、巻四首葉（前半葉九行マデハ鈔寫カ）

ハ近人鈔葉ヲ厭ヒテ新刻セシモノナリ。

紙數　自序　二　書序　五　巻一　三〇

巻二　二八　巻三　三〇　巻四　四〇

巻五　三四　巻六　二七　後序　六

書傳問答　六

鈔葉　目錄全部鈔カ

印記　「太原叔子藏書記」（白文長方）「殷泉」（朱文方）「蔭嘉」（白文方）

「王氏二十八宿研齋秘笈之印」（朱文長方）「秀州王氏珍藏之印」（朱文長方）

「公忠私印」（朱文長方）「難得幾世好書人」（朱文長方）

「國立中央圖書館攷藏」

殷字泉（朱文方）

[illegible]（白文方）

王氏二十八宿研齋秘笈之印（朱文長方）

秀州王氏珍藏之印（朱文長方）

國立中央圖書館攷藏（朱文長方）

〔附釋音〕毛詩註疏　二十巻、詩譜序一巻（漢鄭玄注　唐孔穎達等疏）　元刊（明正德修）

慕逖（漢毛亨傳）　実　　二四　貴二

「毛詩正義序」

繆記　劉影　鄭新目　不載

元刊明正德修本ハ、世ニイハユル正德十行本十三經注疏ノ一。正德十行本ハ從來宋刊元明遞修本ト考ヘラレヰタルモノ、版心刻工ヲ詳査ノ結果、元代覆宋本ヲ底本トシ、補修ヲ加ヘタルモノナルコト明トナレリ。

ソノコト論語註疏解經ノ項ニ譲ル。ナホ十三經ノ内、儀禮ハ注疏ノ版木ヲ得ズ、白文及ビ圖ヲ以テ代ヘ、爾雅ハ九行本ヲ以テ配シ、孝經ハ全部新刻ニ係ル。（時ニ黒口白口ヲ雜フ）補刻紙葉ハ（大部分）版心上方ニ正德ノ年號アルモノ最モ新シキモ此書ハ年號ヲ剗去セリ。小黒口ノ紙葉ハ明初ノ補刻カ。毎半葉十行、行十七八字、注疏雙行（二十三字）、白口、左右雙邊、（有耳。）版心上方ニ大小字數、下

方ニ刻者姓名アリ。序首匡郭内縦六寸〇五厘横

四寸五厘。目序末ニ「劉氏文府」方形、「叔剛」鐘形、

「桂軒」鼎形、「式經堂」方形ノ原木記アリ。大木此

書ハ鈔本ヲ補配セルモノニシテ、白紙部分ニ後補

修多シ

序刻部分 明初補刻 正德補刻

紙數 毛詩正義序 白紙 二

詩譜序 〃 五

〃 黄紙 二八

巻一之一 〃 二一 五（才一、三、五、六、八）

一之二 〃 一二

白紙（補配） 一（才八葉）

一之三 黄紙 一七

一之四 〃 一八

一之五 〃 一五

二之一 〃 一八 二（一一二）

補配 白紙ノ黄バミタルモノ 一（才一六）

二之二 黄紙 一八

補配 白紙ノ黄バミタルモノ 三（三、一三、一五）

二之三 黄紙 一二

補配 白紙ノ黄バミタルモノ 三（一、四、一二）

三之一 黄紙 一九

補配 白紙ノ黄バミタルモノ 一（五）

三之二	黄紙	一九	
三之三	〃	一七	
四之一	〃	二〇	
四之二	〃	九	
	白紙（一〇五）	四	二（一一四二）
四之三	補配 又別ノモノ	一三	一（一）
四之四	〃	一三	
五之一	〃	一四	
五之二	〃	一六	
五之三	〃	一三	
六之一	〃	八	一（七）
六之二	〃	一四	
六之三	〃	一四	
六之四	〃	一二	

七之一	…	一三	四(一七、八三、四)	
七之二	…	七	二(六五)	一(七)
七之三	…	六	二(六五)	二(八七)
八之一	…	一三	九(一、二、四一、六、九一一三)	二(八七)
八之二	…	八		四(九五、一〇六)
			但九、一〇八里口	
八之三	…	四	二(一〇九)	四(一一四)
九之一	…	一二	二(四三)	
九之二	…	一六		一(六)
九之三	…	一三	二(三二)	一(四)
九之四	…	七	二(三一)	二(一〇九)
一〇之一	…	一七		
一〇之二	…	一一		
一〇之三	…	六	二(四三)	二(二一)

一一之一 〃 一四 一（一三）
一一之二 〃 一四
一二之一 〃 一二 二（七六） 三（八〇一）
一二之二 〃 一九 ~~一（一三）~~ 二（一〇九）
一二之三 〃 二〇 一（一三） 二（一一〇）
一三之一 〃 二六
一三之二 〃 二二
一四之一 〃 一八
一四之二 〃 一七（一六之四ノ一六重複シテ入ル）
一四之三 〃 一六
一五之一 〃 一七
一五之二 〃 一〇
黄紙 七
一五之三 〃 一六

一六之一 〃 一四

一六之二 〃 二三

一六之三 〃 一七

一六之四 〃 一六

一六之五 〃 一七 一五

一七之一 〃 一八

一七之二 〃 二〇 二（一〇八）

一七之三 〃 一六

一七之四 〃 二二

一八之一 〃 一六

補配 三

一八之二 〃 二〇 三（一六二一二）

一八之三 黄紙 一七 一（六）

一八之四 〃 一九

一八之五　〃　一七

一九之一　〃　二〇

一九之二　〃　二一

一九之三　〃　二〇

一九之四　〃　二三

二〇之一　〃　二一

二〇之二　〃　一七

二〇之三　〃　一八

二〇之四　〃　一一

欠葉

一之二　ノ五、六

二之三　ノ七、八

六之一　ノ五、六

八之一　ノ三

一〇之二　ノ五、六

一二之一　／五

一五之二　／一三

一六之二　／四三？、四　丼（靜嘉堂本鈔補）

一六之五

（一六ノ末ヨリ四、五ニ誤入）

一八之五　／一四、五

一九之一　／一五

一九之三　／七

二〇之四　／一一後半以降—一四（一〇、九、八、七、六、二一ノ後ニ誤綴）

刻工　原刻部分

七　七才　子　子明　子興

山　中　天　文　王

王君粹　玉　伯　君　呂

呂善　希　甫　秀　辰

叔　明　孟　宸　時中

祐　國　国右　國祐　埜
埜卿　善　進　榮　梓
德　興　興宗　應　謙
補刻部分　王四　仲　余伯安　余富　周同
豪　佛員
畫一福　榮小郎　豪

印記
「國立中央圖書館攷藏」

儀禮　一七巻・儀禮圖一七巻　儀禮旁通圖一巻　（圖）宋楊復　元刊（明正德修）　一六　貴三

「晦庵朱文公乞修三禮奏劄」

紹定戊子　楊復儀禮圖序

大淵獻之歲陳普序　以上在首

「儀禮篇目」　「儀禮圖目録」

繆記　劉影　同種別本　鄧新目　不載

元刊明正德修本、世ニイハユル正德十行本十三經注疏

ノ一、但シ、儀禮ハ注疏ニ非ズ、本經及ビ楊氏ノ圖

ニ旁通圖ヲ附ス。陳序ニ大淵獻之歲、昭武ノ謝子

祥刊ストアルハ、此本カ、又ハ此本ハソノ覆刻ニ係ルカ
未攷。毎半葉十行、行二十字、小字雙行、白口、左
右雙邊、無耳。版心上方ニ大小字數、下方ニ刻者姓
名アリ。匡郭内縱五寸九分、橫三寸八分強。正德補修
紙葉ノ版心年號ヲ剗去セルコト毛詩注疏ノ如シ。

紙數　序　五
　　　儀禮篇目　一
　　　儀禮卷一　五

巻二 七 七
巻三 三
巻四 七
巻五 一〇 三（七、八、一五） 四（一—四）
第一五葉版心年號ヲ墨抹セシガ如シ
巻六、 七 二（三、四）
巻七 一二 共六（九—一二、一七・一八）
巻八。 四 一〇（一—五、七—一一）
巻九 四 一（四）
巻一〇 三
一一 九 一（九） 二（三—四）
一二 八 一（三）
一三 七
一四 二 一（二） 三（二—四）

一五	一	三（一｜三）	五（四｜八）
一六	二	四（一、三、五、六）	二（四、七）
一七	四		九（一｜九）
儀禮圖目錄	一三	二（一一、一二）	
卷一	一六		四（七｜一〇）
卷二	二二		
卷三	四	~~廿（七、八）~~?	四（三、四、七、八）
卷四	三三		一（三）
卷五	三四		四（二、一五、二六、三四）
卷六	二五		二（一九、二〇）
卷七	二三		二（三、四、七、八、一五｜一七、一九、二七、三一、三二）
卷八	四〇	二（一四）	八（一｜十、十七、十八）
卷九	一五		

卷一〇 九 二（四三）

一一 四卅七 四（六、七、五二、三） 九（五、一二、二八、卅九、三三、三八、六〇、六一）

一二 三二 三（九、一四、二八） 六（五、六、一〇、二一、一七、二三）

一三 九 二（九、一〇） 九（一一、三、六八、一二、四、九）

一四 二〇 一（一）

一五 二八 三（一、二、一五） 二（一六、二七）

一六 一九 三（一四、一二）

一七 二三 一三（五、一七、一二、二二、四、八、九、三三、一六）

旁通圖 一五 二五（五一、廿二、三〇、三四、三六、四〇）

缺葉 一一、五一 牒

刻工 原刻部分 七才 子 子仁 子興 子應

中 仁 文 文甫 王君粹

玉　臣　伯玉　君　君粹

希　希孟　叔　季　季和

孟　宗　宗文　昭　昭甫

時　時中　貢　智文　湘

道　進秀　漢臣　粹　德

德謙　鄭七才　興　興宗　應

補刻新刁

三　文昭　王才　世澄　佛員

金富　吳春五　吳三　周同　烏

清　清四　陸　陳泗　陸三

楊尚旦　葉文祐　福朱　劉立　劉果福

興、

唐〃翰首

識洽

余于癸亥之秋曾得一本于秦州書肆其補

刻之葉板心皆有正德年校補字此則
但有墨丁一條當是脩補時初印之本
已錄入題跋記卷一校通志堂本經注
無甚異而圖則遠勝之仲魚徵士曰以
元刻校通志堂刊本則通志刻本之圖
甚謬也戊辰嘉平月蕘翁題記于抱山廔

印記

「千元十駕人家藏本」白文方

「鷦安校勘秘籍」（朱文方）「質肅公孫翰題印長壽」（白文方）「宋本」（朱文方） 清 唐翰

「拜經樓」（白文方） 清 吳騫

「新豐鄉人庚申以後所聚」（朱文長方） 清 唐翰

「國立中央圖書館攷藏」

（音點）禮記詳節句解 一六卷 宋朱申 元刊 一 貴四

序缺

繆記 劉影 鄧新目 不載

宋末元初刊本。毎半葉十三行，行二十三字，小字雙行二十五字，小黒口，左右雙邊，有耳。匡郭内縱六寸，横三寸九分。宋諱，「恒」「桓」字ノ外，殆ド缺クルヲ見ズ。卷首第二行「魯齋朱申周翰注釋」

トアリ。宋末元初ニ行ハレシ朱氏ノ句解ノ一ナリ。

紙數

巻一	一七	巻二	二二
巻三	一二	巻四	一九
巻五	一七	巻六	二〇
巻七	一九	巻八	一九
巻九	二〇	一〇	二一
一一	一七	一二	一二
一三	一七	一四	一〇
一五	一七	一六	一四

印記

夷亭歸氏
體之家藏　（朱文長方）

「管理中英庚款董事會保存文獻之章」（朱文長方）

「國立中央圖書館攷藏」

大戴禮記　一三巻　漢戴徳撰後周盧辯注　明〔正徳〕刊　四冊　中庚

淳熙乙未韓元吉序

明正徳覆宋刊本。十行十八字、白口、左右雙邊。清室旧藏。乾隆帝ノ印記アリ。

天祿琳琅書目後編巻二著録。八巻注アリ、五巻注ナシト明記ス。此本精刻、ヨッテ世宋刊本ト誇稱スルコト稀ナラズ。

紙數

序　二　巻一　一一　巻二　一〇

巻三　一四　巻四　一三　巻五　九

巻六　九　巻七　八　巻八　一一

巻九　一五　巻一〇　一二　巻一一　一〇

巻一二　九　巻一三　九

印記

「五福五作堂寶」（朱文大方）　「八徴耄念之寶」（朱文方大）　「太上皇帝之寶」（朱文大方）

「天祿繼鑑」（白文方）　「乾隆御覽之寶」（朱文楕）　「天祿琳琅」（白文方）

「曾（破レ）」（朱文楕円）

「管理中英庚款董事會保管文獻之章」

「國立中央圖書館攷藏」

儀禮經傳　殘本 六巻（巻六至八、二七至九）　宋朱熹　明正德刊　二貴　中庚

序跋缺

繆記　劉影　鄧新目　不載

明正德刊本。每半葉十一行、行二十字、白口左右雙邊。

完本別ニ存ス。清室舊藏。天祿琳琅

書目後編巻八、元版經部（第十四葉）中ニ著錄セラレタルニ

函十二冊本ノ内ノ二冊ニシテ、彼ハ元翻宋槧ト誤レリ。

紙數 卷六 八 卷七 二一 卷八 一九

卷二七 二一 卷二八 五 卷九 九

印記 「謙牧堂書畫記」(朱文方) 「謙牧堂藏書記」(白文方) 清、宗室 揆敘

「五福五代堂寶」(朱文大方) 「八徵耄念之寶」(朱文大方) 「太上皇帝之寶」(朱文大方)

「天祿繼鑑」(白文方) 「天祿琳琅」(朱文方) 「乾隆御覽之寶」(朱文楕円)

「管理中英庚款董事會保存文獻之章」(朱文長方)

「國立中央圖書館收藏」

春秋或問　二十巻　宋呂大圭　元至正刊　六　貴

「春秋或問叙」（饒毓甲寅、何夢申）「春秋或問目録」

修記　劉彰　鄧新目　不載

元至正刊本ノ毎半葉十行、行二十字。細黒口、左右雙邊。版心ニ字數アリ、又往々刻工ノ名アリ。匡郭内縱七寸三分、横四寸八分強。刊記徴スベキモノナシト雖モ、刻工「青」「楊青」ガ元至正中慶元路刊本玉海ニ、「林」「青」「楊青」「謝」ガ至正中嘉禾刊本呂氏春秋ニ、「寸」、「羊」「羊青之」

「謝」ガ潘錄所載南宋刊元修本史記ニ見エルヲ以テ、至正刊本ナリト推定ス。四庫收入朱子ノ說ヲニ基クノ當ナリ。

紙數

叙	一	目錄	一〇	卷一	一八
卷二	一六	卷三	一三	卷四	一七
卷五	一八	卷六	一八	卷七	一八
卷八	一六	卷九	一六	一〇	二〇
一一	二三	一二	二二	一三	一五
一四	一一	一五	一八	一六	一五
一七	一〇	一八	一一	一九	六
二〇	五				

缺葉　二ノ七、八、十九↓
三ノ一、二、十一、十五、二六
六ノ一九↓
八ノ三、四、一九↓
一二ノ一、二、九、一〇、一三、一四

刻工　寸（謝）　羊（楊）　羊青　林　青
青之　楊青　謝　沈成南

印記
「汪」「琬」（朱文連珠方印）　清、汪琬
「城西草堂」（朱文長方）
「合肥李氏望雲草堂珍藏金石書畫之章」（朱文方）　清、李鴻章
「國立中央圖書館攷藏」

（音註全文春秋括例始末）左傳句讀直解　七〇巻（巻一至六、一〇至一二、二五至二七缺）　宋林堯叟　宋末刊　二〇貴

序跋缺

繆記　劉影　鄧新月　不載

宋末元初坊刻本。每半葉十二行、行二十二字、小字雙行、細黒口、單（雙）邊、耳アリ、版心字數ノ有無一定セズ。匡郭内縱五寸強、横三寸四分半。宋諱闕クアリ、闕カザルアリ。静嘉堂所藏本ト異板。彼ハ後刻ニ係ル。

四庫未收。宋末ノ佚本ナリ。

紙數

巻七	一一	巻八	一〇	巻九	一三
巻一三	一〇	巻一四	五	巻一五	一三
巻一六	一二	巻一七	一二	巻一八	一三
巻一九	一三	巻二〇	一一	巻二一	一〇
巻二二	一一	巻二三	一四	巻二四	七
巻二八		巻二九	一二	巻三〇	一六
巻三一	一一	巻三二	一五	巻三三	一四
巻三四	一三	巻三五	一六	巻三六	一四
巻三七	一三	巻三八	一四	巻三九	一〇
巻四〇	一三	巻四一	一〇	巻四二	九
巻四三	一八	巻四四	一〇	巻四五	一九

卷四五 四九 卷四六 四 卷四七 八

卷四八 二一 卷四九 一三 卷五〇 一一

卷五一 一三 卷五二 一二 卷五三 一七

卷五四 一四 卷五五 一九 卷五六 一〇

卷五七 一九 卷五八 八 卷五九 一六

卷六〇 一〇 卷六一 一六 卷六二 七

卷六三 一四 卷六四 九 卷六五 一四

卷六六 一二 卷六七 一二 卷六八 一五

卷六九 七 卷七〇 八

缺葉

卷一至六 全部

卷一三 七

卷二五至七 全部

卷三九、六

卷六九／一、二

印記　「國立中央圖書館攷藏」

春秋屬辭　一五巻 元趙汸 元至正刊　一〇貴

「春秋屬辭序」（趙汸）　目缺

宋濂「春秋屬辭序」缺

繆記 劉影 鄧新目　不載

元至正刊本。明洪武元年程性ノ跋（此書缺）ニヨレバ、

庚子（至正二十年）商山義塾ニテ命ヲ奉ジテ刻シ、甲

辰（同二十四年）縣主簿張某績工シ、ツイデ縣丞胡

某師説及ビ補注ヲ併刻シ、性ヲシテ事ヲ董サシム、

洪武元年、三書ノ刻梓完成シタルモノナリ。每半葉十三行、行二十七字、細黑口左右雙邊。版心下方ニ字數及ビ刻工ノ名ヲ記ス（刻）。匡郭内、縱五寸五分強、橫四寸二分強。卷頭首行下方ニ「新安趙汸學」トアリ。

本書四庫收入。靜嘉堂ニ同版本アリ。

紙數　自序二
卷一　一八　卷二　一五　卷三　二二
卷四　一七　卷五　二五　卷六　一八
卷七　三〇　卷八　三五　卷九　二六
卷一〇　一五　卷一一　二二　卷一二　一五
卷一三　一一　卷一四　一五　卷一五　一九
補寫　三、五、六、二一
八、九、一〇、三三
缺葉　宋濂序　目錄
程性跋
刻工　八　月文　月　水　左
永　同　肖　走
古
印記「希古文」（朱文方）
「不薄今人愛古人」（朱文長方）
「國立中央圖書館攷藏」

孝經註疏　九巻首一巻　唐玄宗注　宋邢昺疏　明正德刊　四貴

「孝經註疏序」

繆記　劉影　鄧新目　不載

明正德刊本。イハユル正德十行本廿三經注疏ノ一。

每半葉十行、行十七字、注疏雙行、二十三字。白口（時ニ黑口）雙邊、耳アリ。版心上方ニ年號アリシヲ剗去ス。下方ニ刻工姓名アルモノ多ク、中央部ニ多ク鈔手ノ姓名ヲ刻ス。匡郭内縦五寸九分半、横四寸一分半。

紙數　孝經注疏序

〃製序 ﹏ 六四

本文

刻工　元貴　王毛孫　仕太　四郎　江長保

江操　余進　吳祿　周元正　周元進

陳右　陸福壽　黃四郎　黃友才　葉仕太

葉景興　熊元青　劉立　黃世隆

劉景福　劉葉　鄭壇　鄭爍

印記　王埼之印（白文方）

「荃孫」（朱文長方）「雲輪閣」（朱文長方）　清繆荃孫

「國立中央圖書館攷藏」

論語註疏解經 二〇卷 魏何晏集解 宋邢昺疏 元刊（明正德修） 六 貴

「論語註疏解經序」

繆記 劉影 鄧新目 不載

元刊明正德修本、世ニイハユル正德十行本十三經注疏ノ一。毎半葉十行、行大十八字、注疏雙行ニ二十三字、白口、左右雙邊。有耳。版心ニ大小字數、下方ニ刻工姓名アリ。匡郭內縱五寸九分、横四寸一分弱ヲ正德補刻紙葉版心ノ上方ノ年號ハ剷去セリ。

十行本世ニ傳ハルモノ、足利學校傳來ノ毛詩アリ、初印ニ係ル。版心ニ刻工姓名ナシ。此本正德原刻紙葉ニモ刻工アリ。且、此書、原刻紙葉ナル卷一才一葉版心下方ニ「泰定四年程瑞卿」、卷三第一葉、版心ノ魚尾ノ下ニ「泰定丁卯」トアリ、即チ、正德本ノ底子トナリタルモノハ泰定刊本ナルヲ知ル。

紙數

	原刻部分	明初黑口部分	正德補刻部分
論語註疏解經序	五		一(一)
卷一	九		
卷二	一〇		
卷三	一五		
卷四	四		二(四三)
卷五	一〇	二(六、五)	卅
卷六	九		二(九二)
卷七	一二		
卷八	九		
卷九	九	一(七)	
卷一〇	一二		
卷一一	一三		
卷一二	一一		

卷一三　二

卷一四　一八

卷一五　一一

卷一六　一〇

卷一七　一二

卷一八　八

卷一九　六　二(八十)

卷二〇　四　二(五)

刻工

序刻部分　子明　天易　天錫　王君錫　王英玉

王國祐　王榮　以清　以德　古月　江子名明

江住郎　住郎　君錫　和甫　胡古月

英玉　茂卿　國祐　崔德甫　程瑞卿

瑞卿　葉德遠　詹庭祥　壽甫　榮

劉和甫　德山　德元　德成　德甫

德遠 蔡壽甫 應祥

文昭 心德補 修新本

印記

「高士寄印」（白文方）「高士寄圖書印」（朱文長方） 僞

「竹窗」（朱文長方） 僞

「瘦翁母」（朱文方）

「錢謙益印」（白文方） 僞

「寐雪」（朱文方）「胡大之印」（白文方）「所梅」（朱文方）

叟

「海日樓」（白文方）「睡」（白文方）

清 沈曾植

「菴遲」（朱文方）　「潭月山房書印」（白文方）

「竹垞藏本」（朱文長方）　·「竹垞」朱文方　僞

「素菊居士鑒賞圖書」（朱文方）　〃

「清河書畫舫」（白文方）　〃

「式古堂書畫印」（朱文長方）　僞？

「國立中央圖書館收藏」攷

四書集成　殘本　撰者未詳　元刊　一貴

序跋缺

繆記　劉影　鄧新目　不載　王書

元刊本。四書集成ノ内、中庸廿四十三至九十五葉

（中庸末）ヲ存ス。每半葉十行、行大十八字小雙行二十

二字、線黒口、左右雙邊。匡郭内、縱六寸強、横

三寸七分弱。集成ハ新注ニ語錄纂疏ヲ合纂シタル

七ノ、未ダ完本ノ存在ヲ知ラズ、尊経閣ニ論語ノ内閣文庫ニ孟子ヲ存ス。

紙數　五三

缺葉　中庸一—四二
　　　大学 論語 孟子 全部

印記

「周印良金」（朱文方）　「毘陵周氏九松迂叟藏書記」（朱文長方）　明、周良金

「王氏二十八宿研齋秘笈之印」（朱文長方）　「夏氏庭芳」（白文方）

「國立中央圖書館攷藏」

增修互註禮部韻略　五巻　宋丁度編　毛晃增註　毛居正重增　元刊

一函　貴

「擬進增修互註禮部韻略表」（紹興三十二年毛晃）

元刊本。毎半葉十一行、小字雙行二十八字。小黒口、左右雙邊。有耳。毎巻首ニ目録アリ。毎巻、前葉第二行「衢州免解進士毛晃增註」第三行「男進士居正校勘重增」ト題ス。匡郭内縦七寸一分強、横四寸五分強。巻一末ノ木記ヲ剷去シタルハ、宋版ト見セントシタルモノナリ。本書四庫収入。元版ニ至正四年余氏勤徳堂刊本（成簣堂蔵）、至正十五年日新書堂刊本（図書寮・内閣文庫蔵）、至正十五年妃僊陳氏餘慶書堂刊本（静嘉堂蔵）等アリ。此書ハ舊京書影ニヨルニ日新書堂刊本ニ非ズ。有耳ノ静嘉堂所蔵ノ両種元刊本ト比較スルニ、川版ナラズ、餘慶堂刊本ヨリハ古久シ。

紙數

擬進表 六

卷一 五九 卷二 五五

卷三 六二 卷四 八〇

卷五 五四

印記

「菊莊鑑藏」（白文方） 「不薄今人愛古人」（白文長方）

「希古右文」（朱文方） 「金石」（白文長方）

「國立中央圖書館攷藏」

史記

一三〇巻　漢司馬遷撰　宋裴駰集解　唐司馬貞索隱　張守節正義　刊（古活）

五〇貴重

「史記索隱序」（司馬貞）

「〃　後序」

「史記正義序」（張守節）

「補史記序」（小司馬氏）

「史記集解序」

「史記目錄」

「史記正義論例謚法解」

慶元中古活字印本。毎半葉九行、行十七字、小黒口無界、雙邊。匡郭内縱七寸二分強、横五寸五分強。古活字

版之研究著録〔第一九八図 縦七寸三分に作る〕原装、愛すべし。「菅原
長親」白文方印「子孫永保」白文長方印ノ両菅氏印
ノ外、寛政中長親ノ奥書、文化十四年 文政二年 武部
大輔ニ係校ノ奥書アリ。

晉書　一三〇巻音義三巻　唐房喬等奉勅　宋刊（元明修）　五六　甲　貴　卅（冊）

序跋缺

繆記　劉影　鄧新目　不載

南宋刊元明遞修本。毎半葉十行、行十九字、白口、左右雙邊。版心ニ字數及ビ刻工アリ、往々耳アリ。之ヲ宋刻葉トナス。宋諱缺。（字様正徳本十三経ニ似）明代補刻紙葉ハ墨口ナリ。大題下ニアリ。楊齊宣ノ序、自序、共ニ缺ク。「世珩」珍秘」白文方印アリ、劉氏暖紅室舊藏。

靜嘉堂 陌宋樓舊藏本ト比較スルニ同版本ニシテ、印刷ノ時代亦ホヾ一致ス。彼ニハ「修晉書詔」ヲ鈔補、巻首ニオク。

紙數

目錄	三一（一缺）	内原刻	二―四、七、九―一六、一九、二一、二二、二五七三一、三二
卷一紀	二二		五
卷二	二三		九、一〇
卷三	三一		
卷四	一八		三、五

卷五	二三	九、一二、一五–八、二一、二三
卷六	二五	一–三、一五、二〇
卷七	一七	一六、一七
卷八	二一	八、一三、一四、一九–二一
卷九	一九	三、四、六、七、一〇、二〇、二一
卷一〇	一九	一二–一四、一六、一九
卷一一 志	三九	三–一〇、一五、二六、二七
卷一二	四四	二、三、九、一〇、一九、二三、二四、二九–三一、三七–九
卷一三	四五	八、一五、一六、二〇、二五、二六、三〇、三六、三九、四〇、四五–五〇
卷一四	三九	一二、一三、一六、一八–二一、二四、二五、三一、三二、三七
卷一五	一八	八、一二、一五、一六
卷一六	二三	四、一七–二三
卷一七	三三	九–一一、一三–一六、二一、二二、二四–三三
卷一八	三七	三–七、一一、一二、一六、一七、二二–四、三一、三六–八

卷一九	三七	一七、一八
卷二〇	三九	七、八、一九、二四—一七
卷二一	二六	二七
卷二二	二〇	六—一〇、一四—一八
卷二三	二五	三—七、一一—一四、一七
卷二四	二八	二七、二八
卷二五	二八	二—五、一〇、一四、一五
卷二六	二二	三—七、一〇—一八、二一、二二
卷二七	三四	五—一〇、一七—三四
卷二八	三八	一—八、二〇、二五、二七—三〇、三三—八（一九ノ二二 缺八）
卷二九	四二	七—一三、二三—五、二八、二九、三一、三三、三五—七、四〇—四二
		（三一ハ前卷中ニ入ル）
卷三〇	三三	一七—二〇、三一、三二
卷三一付	二四	一五—二四

卷三二	一五	一、三—一三	
卷三三	二六	一—一〇、一六—二〇	
卷三四	二五	三—九	一三、一四、二三、二五
卷三五	二一	一、三、四、六—竜一四、一七—二一	
卷三六	二八	三—五	八、九、一九、二三—二五
卷三七	三二	一〇、二七、三六	
卷三八	二二	三—五	
卷三九	二四	一、二、五、六、一〇—一六	
卷四〇	二〇	一、八、一九、二〇	
卷四一	一七		卷四二　二三
卷四三	二〇		卷四四　二二
卷四五	二三	七、八、一四、二一、二三、二四（卷四六ノ二二宜入）	
卷四六、	二三	九、一〇	（二二八前卷へ入ル）
卷四七	一九	七—一一、一三、一七、一八	

卷四八	二四	四—六			
卷四九	三〇	六—九、一九、二〇、二五、二六、二九、三〇			
卷五〇	一九	三、四			
卷五一	三一	二〇、二一			
卷五二	二〇				
卷五三	一〇	三ゟ五四（遺）			外ニ四重複
卷五四	二五		卷五五	三九	
卷五六	二〇		卷五七	一七	
卷五八	二〇	一六			
卷五九	四六	三七、三八			
卷六〇	二一		卷六一	二三	
卷六二	二四		卷六三	一七	
卷六四	二六		卷六五	一八	
卷六六	二二	七、八			

卷六七　二八　七、八、一〇
卷六八　二三　一―一二
卷六九　二二　卷七〇　二三
卷七一　一七　一、二、四、九、一〇
卷七二　一八　一、三、四、六―八、一三
卷七三　二四　卷七四　二〇
卷七五　四〇二
卷七六　二二　一八
卷七七　二九　一―一〇
卷七八　一八
卷七九　二二　四（外ニ八〇ノ七竄入）
卷八〇　一七　（七ハ前卷ニ入ル）
卷八一　二九　一九―二一
卷八二　二四　九、一〇

卷八三　一九　卷八四　二一
卷八五　一六　卷八六　二七
卷八七　一六　七、八、一八（卷八九ノ二四頁入）
卷八八　二四　三－六、八－一七
卷八九　二八　四－九、一一、一二、一五、一六（二四ハ卷八七ニ入ル）
卷九〇　一七　一－一二、一四－一八
卷九一　一一　二－四、七、八、一〇
卷九二　三八　一五、一六、一九－二二、二三、二四、三一、三五、三六
卷九三　一三　一〇
卷九四　四〇
卷九五　三八　三、四、七－一一、一三－一六、二四、二八－三四、三九－四二
卷九六　二二　一、二、七－九、一四－一七、一九
卷九七　二三　六、二一
卷九八　二一　三－五、八、九、一一、一二、二〇

卷九九	二六		卷一〇〇	三三
卷一〇一	一四		卷一〇二	二六
卷一〇三	二六		卷一〇四	二九
卷一〇五	二六	二六		
卷一〇六	一七		卷一〇七	二二
卷一〇八	二一			
卷一〇九	一五	一一、一二（一一〇ノ一五寫入）		
卷一一〇	一八	（一五ハ前卷ニ入ル）		
卷一一一	一九	一〇—一三		
卷一一二	一六			
卷一一三	二五	一—三　八—一一、一八、二三		
卷一一四	三五	七、八、一七—二〇、三一、三二		
卷一一五	一九	二、一〇—一三		
卷一一六	一六	一、三—六、二一—四		

巻一一七	一五	三、一一—五
巻一一八	一七	三—五、一四—六
巻一一九	一五	九、一〇、一二、一三
巻一二〇	一二	
巻一二一	一八	一—四、九—一二
巻一二三	二四	三—八、二四
巻一二四	一六	
巻一二五	一九	五、六、一一、一三、二〇
巻一二五	二三	一、二、一一、一二
巻一二六	二一	
巻一二七	一四	三—六、一五
巻一二八	一四	
巻一二九	一三	三、四、六—八
巻一三〇	一五	一一、一二

貴重書

音義上　一八　六ノ八、一二

中　二四　一ー四、一四ー六、二五

下　一三　一ー十ー七、一〇

鈇叢　巻六ノ六

九ノ八、九

一三ノ一ー二、七、一二、一四

一八ノ三〇

二一ノ二六

二三ノ八、九

三七ノ一ー三、一五、三〇

四三ノ八

四五ノ一八

四六ノ八、一五

四七ノ三

四八ノ一七、一八

五〇ノ一六

五六ノ一七

五七ノ四

五八ノ一七

六〇ノ七、八、一〇、一一

六一ノ五、六

六二ノ二五

七〇ノ二〇—二

七一ノ五

七三ノ一〇

七六ノ二〇

七七ノ二四、二七

七九ノ六、一六

八二ノ二三、二四

八三ノ一七

八四ノ八、一七

八八ノ二〇、二三

九〇ノ一三、一九

八五ノ一四

八六ノ七、二七

八七ノ六、四

九一ノ五、九、廿一

九二ノ五、六、二八

九三ノ六、一三

九四ノ一、五（十六ト訂）一九、二〇

九八ノ一三、一四、二二

一〇〇ノ二〇、二一

一〇二ノ二五、二六

一〇六ノ一〇一二

一〇九／一〇

一一二／二四

一二四／九

一二五／三、四、二三

一二七／一二

一三〇／五

音義中 一七

刻工

八ホ 丁 口 大 子 友

才 六 元 公 天 以

正 生 艮 伯 伯茂 余

戌 彦 良 東 美 范

呂〉 茂 惪

印記

「葱石讀書記」（白文長方印）「葱石圖書記」（朱文方）一九[illegible]

「吳內湘校勘書籍印」（朱文方）

「式古訓齋藏書」（白文方）　清閔華辭

「世珩珍藏」秘（白文方）聚学軒（朱文楕円）

「聚學書藏」（白文方）　劉世珩

隋書　八五巻　唐魏徴等奉勅　元大德刊　四八　貴

「隋書目録」

天聖二年公牘

元大德中饒州路刊本。イハユル大德九路十七史（傳存スルモノハ八史乃至九史）ノ一。毎半葉十行　行二十二字、細線黒口、雙邊。版心之方ニハ字數又ハ「番泮」「路学」「龔（又饒）学」「饒州」（巻三三）「余（又餘）干学」「忠定」「平州」「初菴書院」（巻一五、一七）「梁平」「長薌」（八巻三）「錦江」（四巻下）「浮梁」（六巻五）「双渓」（七巻六）等ノ文字、下方ニ往々刻者姓名アリ。「堯（饒）学」ハ饒州、路学ノコトニテ「路学」又同ジナルベク、「番津」トハ鄱陽津学即チ鄱陽県学、「餘干」「楽平」（平州ハ楽平州カ）ハ饒州路管下ノ州学、「浮梁」ハ同ジク浮梁州学、初蒼書院ヲ始メ、忠定・長薌・錦江・双渓ハ皆書院ノ名ナリ。

大徳九路本トハ、大徳九年、太平路学官ガ、十七史ニ善

本ヲ得ガタキ故ヲ以テ、江東建康道肅政廉訪司ニ十七
史ノ刊刻ヲ陳請シ、ヨッテ、九路ガ寧國・徽州・饒州・集
慶・太平・池州・信州・廣德ノ八路及ビ行省ニ直隷シタ路
ニ準ズベキ鉛山州ヲ併稱セシ、イハユル九路ガ該司ノ命ヲ
承ケテ刊行シタルモノヲイヒ、史記、兩漢、三國、隋、南、北、唐

稍疑フベキ ト補セラル

ノ八史及ビ五代史傳存ス。ソノ内隋書ハ宋刊ナキ傳來セズ故

ニ殆ド明修ヲ見ザル本書ノ如キハ特ニ重ズベシ。

紙數

目錄 一九 巻一 二四 巻二 二三
巻三（起）一六 巻四 一七 巻五 四
巻六（起）一八 巻七 二五 巻八 二〇
巻九 一七 巻一〇 二二 巻一一 三六
巻一二 三五 巻一三 二六 巻一四 三六
巻一五 三五 巻一六 二七 巻一七 四〇（二十五之二十六アリ）
巻一八 四〇（附十二）巻一九 四〇 巻二〇 三三
巻二一 三七 巻二二 二六 巻二三 二五
巻二四 二三 巻二五 二四 巻二六 三一
巻二七 二一 巻二八 三一 巻二九 二〇
巻三〇 二三 巻三一 二三 巻三二 三六
巻三三 二八 巻三四 三四（八ノ九アリ）巻三五 三五
巻三六 九 巻三七 一四、 巻三八 一四、
巻三九 一五 巻四〇 一六 巻四一 一四

卷四二 一八 四三 八 四四 六
四五 一九 四六 一四 四七 一四
四八 一六 四九 一四 五〇 一二
五一 一一 五二 八 五三 一二
五四 一〇 五五 一二 五六 一二
五七 一八 五八 一八 五九 一〇
六〇 一四 六一 九 六二 一六
六三 一六 六四 一五 六五 二〇
六六 二四 六七 一六 六八 一三
六九 一四 七〇 二三 七一 二〇
七二 一〇 七三 一六 七四 一二
七五 二二 七六 二〇 七七 一二
七八 二三 七九 九 八〇 一五
八一 一六 八二 八 八三 一八

巻八七　二三　八五　一六

補写　目録ノ七　巻四ノ六七、一〇、一二

巻一五ノ一三　巻二三ノ九

巻四二至四全部　巻四八ノ一一、一二

巻六六ノ二三後半二七

補配　巻七ノ一二　巻二〇ノ三、七、二七、二八

巻二一ノ五、三一　巻二二ノ[illegible]九

巻二七ノ二　巻二五ノ一、二三

巻二六ノ三一　巻五三ノ八―一二

巻五八至六三　巻六五ノ一一―七、一六―一八、二〇

巻六六全　巻七〇ノ二一

巻七一ノ三、四　巻八三ノ一八

巻八五ノ一三―一六

右ノ文書ノ紙背ハ続用、但巻六五ハ他ニモアリ

巻三四ノ一〇、一三、二七、三〇

二五ノ六、二七　　以上一手

巻五一ノ一、二

考異　百衲本巻二十二、廿二十七葉アリ、第九葉第十五行

「劉思遠謀乱諸王」ノ「謀」「亂」ノ間一葉多シ

刻工　丁　丁義之　丁福　丁應　丁禮之

万　士　士中（陶）　子　子芳

子榮　彡　之　中　云

仁　元　元秀（朱元秀）　元明　午

壬　文　斗　斗翁（昌江人）　方

木　王　王三　王永（王永壽）　王永壽（金川人）

王林甫　王德元（金川人）　付　付正文　包

王安　王林甫　可　正　永（王永壽）

王甫（范）　生　仲　同　朱

朱元秀　朱禾　羊　臣　伯
伯禾　呈（呈美中）　呈美中　吕　吕茂
志　成　杉　肖　言
周元信　季七十（僉川）　孟　宜　宗
宗瑞　忠　東　東于　東廬
林　信（周元信）　南（程南翁）　南翁（程）　柴
洪　珍　珍叟　相　美中
范五南　瑹　徐艾山　時　海
常　張　張伯上　張伯瀼　張克石
張清之　梓之　清　祥　章良之
翏　陶　陶士中　陶吉　傳　傳繼之
彭　景　程　程南翁　程道鎮（昌江人）
童　華　袷　貴　貴和
栒　楊　楊茂　萬　道

道鎮　　掌　　趙伯川　　德　　德元(王)

鄭　　鄭口清　　嚴

題跋　陸心源手跋

張月霄藏書志載有元本隋書末亦有天聖二年題名五行今春見于上海千頃堂書坊每葉十八行行二十二字五行志及百官志亦有缺文余呂宋值過昂置之今歸洪琴西觀察(察)余所藏殘本隋書每葉十八行行十九字共紹興官本史書相同故目爲宋板細審之恐亦元人翻本耳宋本既不得見此雖元刻完善如新亦希世之秘笈矣

湘公其寶藏之存齋又題

又

隋書八十五卷

湘文觀察所藏末有天聖二年五年月十一日
上御藥供奉藍元用奉傳聖旨云云五行
版心有路学浮学饒学堯学番洋餘千樂平
平州初菴書院忠定錦江長薌等字盎元
翻宋也大德乙巳孔文聲跋太平路所刊漢
書云江東建康道廉訪使元太平路學之請
徧牒九路以十七史艱得善本今本路以西漢
書率先云云所謂九路者建康道所屬寍國徽
州瑞州建康池州太平信州廣德鉛山也余
所見者太平路漢書每卷題曰太平路新刊
漢書寍國路刊後漢書每卷末有寍國款
按題名池州刊三國志有朱天錫跋信州刊
北史每頁版心有信州路学字建康路刊新
唐書前有大德丁未成明瑞序序後有建康

路監造各官題名此本刻雖無序跋以版心字推之則瑞州路刊本也其曰路学者瑞州儒学也浮学者浮梁縣学也饒学者饒州学也堯即饒之省文番洋者鄱陽学也餘干者餘干学也 樂平者樂平州学也故又曰平州元初饒州樂平浮梁餘干皆爲州仍隷瑞州路至元十四年始升饒州爲路以鄱陽浮梁樂平餘干德興安仁屬之隋書刊于大德乙巳故仍隷瑞州忠定書院錦江長薌皆書院名忠定書院在餘干縣琵琶洲趙忠定與朱子講道之所長薌書院在浮梁縣景德鎮慶元二年李齊愈建錦江書院在安仁縣宋倪玠講学之所初菴書院在德興縣元学士傅立號初菴捐俸置田奏設山長尚時雖牒各学刊刻書院之有餘貲者亦預其役

耳各學之版明初入南監正德嘉靖遞有修
補至嘉靖修補後版心路學等字已十不存一
矣此本無一修版版心之字一一明晰其爲元版
元印無疑也汲古毛氏所刊隋書譌脱最甚如經
籍志序繩木棄而不用句不用譌作一所據龍圖
握鳳紀句握譌非紀譌欲五服圖儀一卷下脱表
服礼圖一卷六字此外不可枚舉然此本亦有
脱誤五行志東魏武定五年秋大雨七十餘日元瑾
劉思逸謀殺云云謀字下脱八字十年十二月條侯景之
亂句亂字上脱三十三字而以亂字連于武定五
年條謀字下中脱五條共計脱四百餘字百官
志上大業二十擬威雄等號下脱懷德執信明節横朔馳
義同班擬武猛等號安朔寧河掃寇靜朔二十
五字明嘉靖修瑞州本　武英殿本汲古本皆

不缺此又元本不如他本之也我
朝刊刻二十四史皆據善本
天祿琳琅書目有嘉定本隋書為汲古毛氏
舊藏抄即殿本及毛本所從出宜乎
非元季官書所及矣時
光緒三年中秋後二日碩翁陸心源題

又

湘翁此書得之張芙川當時以為宋刊元修本余既為
題跋湘翁歎以末有天聖二年敕行仍是宋版格式
為疑請列五証以明之宋版官書出于廟諱嫌名闕筆
維謹間有疏脫亦十之一二耳或空其字注某宗廟諱某宗嫌名及今上御名今上
嫌名字此本于宋朝廟諱字見缺筆一証也宋世官書
字皆極精非北魏體即顏歐體坊刻稍草率亦尚整齊

缺

齋此本字顯草二証也元人及明中葉以前翻宋本以原書上版者缺筆避諱悉仍宋舊如今所行徐氏三禮鄭注王版柯板史記嘉版文選之類則寫上版則否其証三也元明人刊書凡宋朝官階題名不刻則已刻則必仍宋式如方所行州經縣經嚴州本文鑑嘉靖本金陀粹編之類此本末數行亦此例耳其証四也余所藏隋書為嘉靖修本末之二頁亦嘉靖十年所修天聖二年五行亦仍宋式其証五也得此五証 法翁亦當擊節稱快矣

趙烈文

余家天放樓所藏隋書亦有是本惟堯山番洋字寥寥無幾版心已有正德嘉靖修補年號不如湘公本為元刊元印之足珍也然

全書無破損鈔補劃又互有短長

光緒丁亥王正月假觀斠對遂題

此歸之靜洴生趙烈文記

印記

「[illegible]」（朱文方）

「心香一瓣」（白文方）乙

7、

「董氏玄宰」（朱文方）

「宗伯學士」（朱文方）

7、

「小琅嬛福地」（朱文楼々方）

清張燮文

「心閒神睟」（白文方）

「在處有神物護持」（朱文方）　「元本」（朱文橢円）　清張蓉鏡

「田居放叟曾觀」（朱文長方）

「宗湘文珍藏印」（朱文長方）

「張氏圖籍」（朱文方）　「　　」（朱文方）　「勤襄公五女」（白大方）　卷一末

「振衣滄海月濯足洞庭秋」（白文大方）　卷一末

歐「硯情飲仰」（白文方）

「能靜經眼」（朱文長方）

「方氏若衡曾觀」（白文長方）

「清河伯子」（朱白文方）

「陳鑾曾觀」（白文長方）

清、陳鑾

「張燮藏書」（白文大方）

清、張燮

「倚青閣」（白文方）

「孫鎬」（白文方）

「豐謀則字芭溪」（朱文方）

「」（白文長方）

「禮蓮室」（朱文方）

「眞晉之印」（白文方）「寶齋」（朱文方）

十七

「琴川望秩」（白文方）「姚印晚眞」（白文方）

清姚晚眞

十六

「咲芙」（朱文方）

清張蓉鏡

清 張燮 「張燮」（白文方） 「子繇」（朱文方）

清 錢蓉鏡 「蓉鏡珍藏」（朱文方）

清 錢大昕 「錢大昕觀」（白文方）

清 張蓉鏡 「張印蓉鏡」（白文方）

「鈞翁讀過」（朱文方）

清 張蓉鏡 「張蓉鏡印」（白文方） 「蓉鏡」（白文方）

七三
主末

癸

「小嫏嬛福地」（朱文長方） 「蓉鏡張燮」（朱文方） 「癸丑封臣」（白文方）

「　」（朱文方）　十五

「　」（朱文方）　十九

清、姚晚真
「芙川女士姚晚真印」（朱文方）　十七

清、方若蘅
「心蓮室」（白文方）
「若蘅」（朱文方）

清、張燮
「味經書屋」（朱文方）

清、錢大昕
「錢竹汀」（朱文方）
「錢大昕觀」　二〇

「御仙館」 ／ 三二

「中書一辨」（白文方） ／ 七二

「張」（白文方） 清、張蓉鏡 ／ 七二

「小瑯嬛福地張氏藏」（白文方） 清、張燮 ／ 六二

「小瑯嬛福地張氏收藏」（朱文方） 〃 ／ 七二 末

「平生減產爲收書三十年來萬卷餘寄語兒曹擇勤雒誦莫餉館蟫魚芙友氏識」（朱文大方）

「張伯元別字芙川」（白文方）　清　張蓉鏡　二八

「[illegible]蓉友」（朱文方）

「蓉鏡珍藏」（朱文方）　清　張蓉鏡　三五

清 張蓉鏡 「蓉鏡」（白文方） 五一 未

「古色古香」（白文方） 模様アリ 五七 未

清 張蓉鏡 「張蓉鏡印」（白文方） 六三 未

明 周天球 「周印天球」（朱文方） 六九 七〃

「小嫏嬛清閟藏書」（白文方） 七〇

「廷敬」（朱文方） 八〇

「寳鏡」（白文長方）

「餘事人」（白文長方）

「臣伊湘印」（白文方）

「張印蓉鏡」（白文方）

「琴川張氏小琅環藏書」（朱文方）

清、張蓉鏡

「國立中央圖書館攷藏」

八〇

八〇

識語

康熙辛亥立秋日觀

吳趨趙棻玉（二二末）

唐書直筆新例　附唐書新例須知　宋呂夏卿 清寫（孔宋）　一貴　中

序跋無

清代影宋鈔本。毎半葉十四行、行二十五字、白口、左右雙邊。舊藏印記ナク、從ッテ誰家ノ影鈔本ナルカ、明ニシ難シ。底本ハ南宋初年刊本カ。

四庫史評類收入。新唐書ノ編纂ニ參與セシ撰者ガ、

ソノ執筆ノ體例ヲ論許シタルモノナリ。卷次ヲ分タザレド、

帝紀第一、列傳第二、志第三、摘繁文闕誤第四ニ分

ケ、唐書新例須知ヲ次ニ列ス。晁氏ニ四卷新例須

知一卷ト記セルモノニ符合ス。

紙數　三八

刻工　毛　王　王益

朱　朱言　李

李加謀　易　明

印記　「國立中央圖書館攷藏」

通鑑總類　零本一巻（巻九）　宋沈樞編　元至正刊（明修）　二貴

序跋缺

繆記　劉影　鄧新目　不載

元至正刊／明修本。毎半葉十一行、行二十三字、細黒口、左右
雙邊。版心上方ニ字數、下方ニ刻工名アルモノ多シ。
匡郭内縦八寸強、横五寸五分。宋諱、恒（一九葉五行 三四葉四行）
・桓（四七葉五行）ノ二字ヲ缺クヲ見ル外、玄・眩・敬・驚・

弘・殷・貞・徴・樹・豎・讓・桓（分大郎）・構・慎・郭等ノ各字、殆ド缺筆セルヲ見ズ。莫目ニ元至正中刊本ヲ擧ゲ、舊京書影ニ元刊本ヲ録シ、首ニ泰定元年樓鑰ノ序及ビ至正二十三年周伯琦ノ序アリトイフ。蓋シ、コノ書ト同種ナリ。劉影ニ同種残本十五卷ヲ著録シ、宋刊本トイヘルハ失攷ナリ。

元刊大字本 宋刊本ニ似タリ。

黒口部分明初修版タルベシ。

本書、四庫史鈔類收入。原二十巻、通鑑中ノ事蹟ヲ二百七十一門ニ分ケ、毎門標題ヲ立ツ、毎門ノ長短一様ナラズ。此巻ニハ諫諍・諂諛・品藻・論時政・知典故ノ各門アリ。

紙數　巻九　七〇　印記　中央圖書館

刻工　中、任、元、王、世、古、圭、東、原、祥、番、趙

國語 零本三巻（巻一、六至八） 呉韋昭注 明刊本弘治刊 一貴

序跋缺

繆記 劉影 鄧新目 不載

弘治明刊本。每半葉十行、行二十字、注雙行、小黒口、雙邊。

清宮舊藏の天祿琳琅書目ヲ按ズルニ、確實ニ當ルモノナシ、或ハ後編巻九元版史部中九葉ニ見ユルモノ是カ。

天祿琳琅書目版本ヲ明記セズ。莫目ニハ明ノ樊川ノ許宗魯ノ宜靜書堂刊本ヲ擧ゲ、行款一致ス。又張一鯤本ヲ擧グ。此本ハ靜嘉堂ニ弘治中覆宋刊本トアルモノト同版ナリ。該書ニハ弘治十七年李士實ノ序アリ。

紙數　卷一六　九　卷一七　一四　卷一八　一四

印記　「五福五代堂古稀天子寶」（朱文大方）「八徵耄念之寶」（朱文大方）「太上皇帝之寶」（朱文大方）

以上前後表紙裏

「天祿繼鑑」（白文方）「乾隆御覽之寶」（朱文橢円）

「天祿琳琅」（朱文方）

「管理中英庚款董事會保存文獻之章」（朱文方）「國立中央圖書館攷藏」

註陸宣公奏議　零本一巻（巻二）（宋郎曄）元至正一四刊　一　貴　中

「註陸宣公奏議序」（權德輿）

至正甲午翠巖精舍刊語

「經進唐陸宣公奏議表」（紹興二年）

「進讀奏議劄子」（蘇軾）

「――――目錄」

元至正甲午（一四）翠巖精舍重刊本。每半葉十二行

行二十二字、注雙行、小黑口、四周雙邊。匡郭内縱五寸

九分半、橫三寸九分弱。巻一末に「至正甲午仲夏」翠巖

精舍重刊」ノ兩行木記アリ。刊語ニイフ、

中興奏議本堂舊刊盛行于世近因回
禄之變所幸元版謝疊山先生經進批
點正本猶存於是重編新繡梓切見棘闈
天開第以經史時務是書也陳古今之
得失酌時務之切宜故頒與天下共之
幼学壯行之士倘熟乎此則他日敷奏
大廷禹皐陳謨不外是矣
至正甲午仲夏翠巖精舍謹誌

ト。巻前ニ「漱香居士邵碩村閲」ノ墨書ヲ有ス。

四庫收入。駢文ヲ以テ實用ノ奏議ヲ巧ニ作レル唐ノ陸贄ノ奏議ノ注ニシテ、凡十五卷。靜嘉堂ニ完本ヲ藏ス。卷一末ニ木記ヲ有〔刻〕スルハ元末明初ノ建刊本ニ往々見ル所、本書ノミノ特徵ニ非ズ。

紙數　序表七　目錄三

卷一　一三

印記　「國立中央圖書館攷藏」

（新刊）名臣碑傳琬琰之集　零本六巻（巻二〇—二五）　宋杜大珪編　宋刊　一冊　中、

序跋缺

宋刊零本。巻二十至二十五ノ六巻ヲ存ス。毎半葉十五行、行二十五字。白口、左右雙辺。匡郭内縦六寸一分半、横四寸二分半。

四庫傳記類收入、厚前集二十七巻、中集五十五巻、下集二十五巻。静嘉堂ニ鈔配ノ完本アリ。

紙数　巻二〇　六　巻二一　五　巻二二　一四
　　　巻二三　九　巻二四　二一　巻二五　三

補写　巻二二ノ四、五
　　　巻二三ノ三、五

缺葉　巻二二ノ八

印記　「国立中央図書館攷藏」

歷代道學統宗淵源問對

二卷首一卷　元黎溫編　元刊　ま

三黄中

「道学統宗授受之圖」

「龍馬圖」

「神龜圖」

「河圖之圖」

「洛書之圖」

「伏羲八卦之圖」

「文王八卦之圖」

「洪範九疇總圖」、

「先天六十四卦」

「方圖之圖」

「六十四卦方圓圖說」

「通書太極圖」

「太極圖説」

元刻〔明初〕建安日新書堂刊本。圖説ノ末ニ「日」新」鼎形木記アリ。序目缺、巻首「授受之圖」ニ遺像三十面アリ、呉草廬ニ終ハニ、拙ハニ巻二ニ末部屋部ニ終ハルガ如シ、果シテ然ラバ、巻三ヲ存スベキナリ。然レドモ、遍ク諸目ヲ按ズルニ同種本ノ徵スベキモノナシ。

本巻首「後学臨川呂軒黎溫編集」「後学臨川謝軒黎西清謄正」ノ両行アリ。問答體ニテ三十家ノ詩記學說等ヲ記ス。

紙數　首　三四　巻一　四二　巻二　四八

印記　「國立中央圖書館攷藏」

東南進取輿地通鑑　存三〇卷（卷一至三〇）宋趙善譽［撰］　宋刊　　六貴・十（実）

「東南進取輿地通鑑序」（趙善譽）

繆記　劉影　　鄧新目　不載

南宋刊本，毎半葉十三行、行二十三字。白口（或細黒

口）左右雙邊。匡郭内縦六寸一分半、横四寸強。版心

上方間、字數アリ。目錄首「孝節先生趙善譽撰」

ト題ス。宋諱、朗（巻三ノ二ウ八ノ一〇）マデ闕キ、郭（巻

二ノ二ウ一二）闕ネ（敏カ）カズ、又序（序ウ一二）闕ク、寧宗頃ノ刊本ナルベシ。

四庫未收。清ノ黄丕烈舊儲（郁松年）、士禮居藏書題跋記著録、但シ黄氏手跋二通ノ内、第一通ハ三十三字ノ乙ニシテ、第二通中、六十三巻ヲ三十六巻ニ謬ル。寿考「考」字ヲ「攷」ニ作ル。蕘圃藏書題識巻三ニ轉録、ソノ目ニハ「揭陽丁氏」（所藏者ヲ）ニ作ル。

本書ハ第二本ノ存在ヲ知ラズ。黄氏ノイフ如ク、

宋志史鈔類ニ「讀史輿地考六十三巻」（一名輿地通鑑）ニ、直齋書
錄解題ニ「南北攻守類考六十三巻」ニ作リテ著錄ス。
　自序ニヨレバ、通鑑ニ基キ、正史ヲ參考シ、
南北ノ武事ヲ類纂シ、地志ニヨツテ現狀ヲ攷ヘ、攻守ノ所
在ヲ究メ、論評及ビ地圖ヲ加ヘタルモノナリ。巻一至七ハ、
呉・蜀・晉・宋・齊・梁・陳ニツキ、各攻守地理總圖ニ
攻守始末總論アリ、巻八至十八三國、十九至三十晉

ノ各時代ノ其時ノ攻守形勢ニツイテ、圖・地理攷・事迹始末アリ。巻三十謝元部符ニ終リ、以下缺。目録ノ末ヲ破キ、宋刊残葉ヲ以テ補フ。但シ夙ニ佚シタルモノハ、如ク、明代ノモノト覺シキ書題簽ニ上下ニ分テリ。別ニ各冊ニ加ヘラレタル、巻次ヲ記入シタル題簽ハ黄丕烈手寫ニ係ルモノナラン。

紙數

自序　一　目録　紙七（七丁缺 末葉存）

巻一　四　巻二　三　巻三　八

巻四　三　巻五　二　巻六　五

巻七　三　巻八　六　巻九　七

巻一〇　六　巻一一　五　巻一二　五

巻一三　七　巻一四　四　巻一五　四

巻一六　八　巻一七　三　巻一八　七

巻一九　五　巻二〇　四　巻二一　四

巻二二　三　巻二三　五　巻二四　四

巻二五　五　巻二六　三　巻二七　八九（外ニ七缺）

巻二八　五　巻二九　四　巻三〇　五

黄氏手跋　三

缺葉　目録　七丁末ヨリ第二葉（末葉存）

卷二七ノ七　卷三十一

印記

「東吳宋克」（朱文方）「日」（朱文方）

「　家」（白文方）

「劍光閣印」（白文方）「劍光閣」（白文方）「從龍私印」（朱文繳亡方印）

「太華山人」（細朱文方）

「黃印丕烈」（白文方）「蕘圃」（朱文方）「士禮居藏」（白文方）「復翁」（白文方）

「黃印丕烈」（白文方）　清　黃丕烈

「汪印士鍾」（白文方）「三十五峯園主人」（朱文方）「汪士鍾藏」（白文長方） 清・汪士鍾

「郁印松年」（白文方）「泰峯」（朱文方） 清・郁松年

「葉恭綽」（白文方）「玉父遐眼」（朱文方） 近人、葉恭綽

「管理中英庚款董事會保存文獻之章」（朱文長方）

「國立中央圖書館收藏」

手跋

黃丕烈

嘉慶十三四年間各有大僚購辦備　貢書籍一時故家盡出其所藏以求善價余得見所未見書亦頗不少其中或大價未售或價大而書殘者尤不售以此余間得一二焉此殘宋刻本東南進取輿地通鑑三十卷其一也初是書之名余友周丈香嚴爲余言之香嚴見諸伊戚所謂硤消白鐵三百金特就香嚴一決書之宋刻與否而價之直不直本所弗計香嚴知其爲宋刻并詫以爲向所未見故爲余言之余則性喜讀未見書者也遂蹤跡之而書已他往矣蓋書爲無錫故家物持來無與論價者即持去余深以未見爲恨昨歲有鐫碑人王農初爲余助刊趙碑費余稍有以贈之且爲之轉告一二友人王頗德余余素稔其與無錫故家某某熟託其物色此書久而果以書來謂伊友人轉訪而得之者索直如前余

懇其留閱者累月議價再三未諧仍取去此己巳季冬事也今歲春王公偕書主人之甥孫君持書来云主人姓顧係涇陽先生八世孫家世業儒此書尚是涇陽先生從都中寄歸者有手札藏在家中故累代寶之迄今欲贈人者因族人有廿一史一部質在他所以此書之價贖歸耳余重其書并重其藏書之人且其去書之意仍在乎得書是不可交臂失之也許以五十金議遂成為誌其顛末如此庚午夏四月十三日佞宋主人黃丕烈識

又

東南進取輿地通鑑自来藏書家惟傳是樓著錄然止云二十卷一本亦不詳刻鈔字樣則徐氏

之書非即是本矣此書名目在宋已非一定檢宋史藝文志史鈔類云趙善譽讀史輿地考六十三卷一名輿地通鑑陳氏書錄解題云南北攻守類考監進奏院趙善譽撰進以三國六朝攻守之變暨古事以攷今地每事為之圖亦作六十三卷茲所存者殆一半差弱序全目佚三十卷後割補之痕宛然三國六朝之總圖總論具存其每事為一圖至晉而止書之殘毀勵存者正賴此宋刻祖本豈非天壤間奇物乎 復翁記

茅山志 零本二巻（巻一〇・一一）元劉大彬 元刊 一 貴

序跋缺

繆記 劉影 鄧新目 不載 鄧書

元末刊本（寫刻）。每半葉十三行、行二十二三字、細黒口、左右雙邊。匡郭内縦七寸二分強、横四寸八分五厘。首行題「茅山志樓觀部第九篇巻之第十」、次行「上清嗣宗師劉大彬述（造）」、巻十一ハ霊植検第十篇ナリ。田元末明

初ノ寫刻本ナレド、大元ト稱シ、擡頭セルヲ以テ、ナホ元末
ノ刻ナラン。
本書、四庫地理部存目五著錄、道藏洞眞部記
傳類收入。茅山ハ江蘇省句容縣ノ東南ニアル
靈山ニシテ、著者ハ四十五代ノ宗師タリ。
表紙ノ識語ニヨッテ羣碧樓鄧氏ノ舊儲ナルヲ
知ル。但シ、鄧氏ノ印記ナシ。

紙數　卷一〇九　卷一〇四

識語　表紙ニ鄧邦述ノ手識

「茅山志元刻殘本ニ卷十三葉

羣碧樓檢記」

印記　「國立中央圖書館攷藏」

（致堂）讀史管見　三〇卷　宋胡寅、宋寶祐刊（明修）　三〇　貴

「讀史管見序」（嘉定著雍攝提格　猶子大壯）

寶祐二年劉震孫跋」

繆記　劉影　鄧新目　不載

宋寶祐二年劉震孫刊於宛陵郡齋本。每半葉十二

行、行二十三字、白口、左右雙邊。版心上方：字數　下方

ニ刻者姓名アリ。匡郭内縱六寸五分、横四寸六分弱。間：

宋諱避缺不定、慎字諱

慎、敦字缺、郭廓不缺。（ミ）

補修頁アリ、字數刻者ナク、修版年號アリシモノ、如ク、皆
年號迄ヲ除キ去レリ。補版往々雙邊ヲ交フ。又、巻
四ノ第二十一葉ノ如キ、字數アルモノアリ。紙背ニ明ノ成化十年中
江南ノ戸口冊等アリ、巻四第十四葉、二十五葉、二十六葉、巻五ノ第十
二葉、二十七葉、巻六ノ第一葉等ニ年號アリ。巻四ノ第二十一葉
巻六ノ第二十六、七葉等ノ字樣ヨリ按ズルニ、成化・弘治
間ノ補修ニ係ルモノト思惟セラル。

紙數

	原刻	補修	成弘間補修
胡序	三	一（二）	
劉序	一	一（一）	
卷一	二九	六（二、六、七、一八、二二、二三）	
卷二	二八	一（一二）	
卷三	三〇	七（一一、一六、一八、二二、二三、二八、二九）	
卷四	二四	五（一三—一六、二七）	一（二一）
卷五	三二	一（一）	
卷六	二八	二（一〇、二三）	二（二六、二七）
卷七	二九、五	〔三〕五（三、一七、二七、三二、上卅）	
卷八	三三	五（五、二一、二五、二七、二九）	
卷九	三一	三（二七—二九）	
卷一〇	二三	一四（一、三、七、一三、一五、一六、一八、二九—三三、三五、三六）	

巻一一	三一	一一（四・五・一〇－一三・二三・二六・三七・三七・三九）	
巻一二	二四（一七－八行ノ補ナリ、可検）	六（一四・二二・二四・二五・二八・二九）	一（三二）
巻一三	二一	一四（二－四・七－一〇・一四・一七・一八・二一－三四）	
巻一四	二一	一八（一－四・八・一一・一二・一五・一六・一八－二〇・二三・二五・二六・二九・三一・三八）	
巻一五	一九	一五（一・二・五－八・一一－一六・一九・二〇・三二）	
巻一六	二九	四（七－九・一九）	
巻一七	二四	九（四・五・九・一〇・一六－一九・二一）	一（七）
巻一八	二七	九（七・八・一三－一六・二五－二七）	
巻一九		鈔補　三二	
巻二〇		鈔補　三五	
巻二一	三〇	四（二一・二八－三〇）	
巻二二	三四	二（八・二六）	
巻二三	三三	二（一二・三二）	
巻二四	三〇	二（一五・一六）	

卷二五 二九 五（一、二、五）
卷二六 三五 二（四 三六）
卷二七 三二 二（二、二、三〇）
卷二八 三一 三（二一、五五 二二）
卷二九 三三 二（一〇、二八）
卷三〇 二六

補寫 卷一九 全
卷二〇 全

缺葉 卷二九／一一四
卷三〇／五

刻工 山 才 仪（儀） 元 元吉
尤 尤必成 尤迁 尤淫 尤達
文生 木 水 王 王杞
王宜中 王桂 王鼎 再 仲

共 危文 君 吴 宋平

成 改 汪思中 迁 京

季升 杞 宜 宜忠 金

金通 思中 拱 范 桂

張 康 康季 曹仪（儀） 曹文仲

陳 森 程成 逵 新

楊思成 潘 潘永季 誘 誘辰口

儀（仪） 劉 劉元吉 劉拱 劉森

慶 蔡文生 鍾 鍾季升

神刻部分 黄丕郎

印記

「植」（朱文方） 「海日樓」（白文方）

清 沈曾植

「彭城楚殷氏讀書記」（白文長方）

「季振宜印」（朱文方）「滄葦」（朱文方）

清 季振宜（僞）

「霞秀景聚之室」（朱文方）

「禾興」（朱白文方）一

「子城父」（白文方）

「霽野」（朱文方）玄三

「國立中央圖書館攷藏」

西山題田讀書記　存本一卷（乙下之三）　宋眞德秀　宋刊（元延祐五修）　一貴

序跋缺

繆記　劉影　劉新目　不載

宋刊本ニシテ元明ニ傳來、屢次補刊セラレタルモノト同版ヲ

但シ本書ハ補修延祐ニ止マルヲ以テ貴ブベシ、且

清室舊儲タリ。

毎半葉九行、行十七字、小字雙行、白口、左右雙邊。

補修紙葉、版心下部に「延祐五年補刊」、文字あり。匡郭内縦七寸一分、横四寸九分弱。

紙數　原刻　五九　補刻　四（四一、四二、四五、四六）

刻工　補刻新分　志　宸

印記　「五福五代堂古稀天子寶」（朱文大方）「八徵耄念之寶」（朱文大方）「太上皇帝之寶」（朱文大方）
「朱卬子瞻」白（朱文方）「習氏家藏」（朱文方）

「天祿繼鑑」（白文方）　「乾隆御覽之寶」（朱文楕円）

「天祿琳琅」（朱文方）

「管理中英庚款董事會保存文獻之章」（朱文長方）

「國立中央圖書館攷藏」

江南經畧　八巻　明、鄭若曾（四庫全書零本）　清、呉履寫（補寫）　一四貴

序跋　缺

繆記　繆新目　不載

文瀾閣四庫全書零本。提要序目ヲ缺ク。巻一上、巻七下ハ近年ノ鈔補ニ係ル。原鈔本毎冊首尾ニ各「古稀天子之寶」「乾隆御覧之寶」ノ大方印アリ。壬子文瀾閣所存書目巻三ニ「舊鈔存巻七、巻八下」トアリ。

此本トアハズ、其後ノ佚出カ、猶考フベシ。
本書ハ四庫子部兵家類收入、明ノ嘉靖三十一年
倭寇大ニ浙江ヲ侵ス。ヨッテ郷里ヲ憂ヒタル撰者
ガ、大江ノ南タル蘇松四郡ニツイテ、實見シタル
所ノ山川要害ヲ記シ、江海ノ形勢ヲ圖シ、水陸
ノ官兵ヲ列シ、防倭ノ策ヲ説キシモノ。隆慶二年
呉郡ノ刊本、康熙中鄭起泓ノ刊本傳ハル。

紙數　卷一上補鈔　五四　卷一下　九二
卷二上　六六　卷二下　五二
卷三上　一〇四　卷三下　九九
卷四上　三〇　卷四下　七三
卷五上　四二　卷五下　四一
卷六上　二五　卷六下　二七
卷七上　二五　卷七下補鈔　四九
卷八上　五〇　卷八下　六六

補寫　卷一上　全部
卷七下　全部

缺葉　卷一上／二九

印記　「古稀天子之寶」（白文大方）　「乾隆御覽之寶」（朱文方）

「希古右文」（朱文方）

「臣劉之泗敬藏之印」（朱文方）

「　」（白文長方）

「國立中央圖書館攷藏」

末

（至大重修）宣和博古圖錄　三〇卷　宋王黼等奉勅撰　元至大刊（明修）　一五　貴

無序跋

繆記　劉影　鄧新目　未載

元至大刊大字明初修本。每半葉八行、行十七字（注文雙行、）白口、左右雙邊。版心上方ニ字數、下方ニ刻工ノ名アルモノ多ケレド、ソノ磨滅シタルモノ亦少カラズ。匡郭内縦九寸六分、横七寸五分弱。（匡郭磨滅ノタメ多少不正確ナリ）

磨滅缺字缺版缺葉亦少カラズ。傳本往々アリ。巻中亂丁多キヲ以テ、静嘉堂所藏同版本ト比較スルニ、巻次全ク亂レタリ。ヨッテ同本及ビ同庫所藏明覆元刊本ヲ以テ精査シ、順序ヲ正シ、重複ヲ去リ、紙數缺葉ヲ明ニス。其中、次ノ三葉ハ各缺版ニ補片ヲ上下濕リニ合セ印行シタルモノ、静嘉堂所藏本ハ然ラズ。

又、巻十一ノ第二十葉、巻二十九ノ第二十七葉ハ静嘉

堂所藏本ハ各上半ヲモ存スルヲ以テ、刊者ノ印刷ニ前

後ハ近シトイヘド、彼微シク早印ナルガ如シ。

巻二十三　上　第十三　下第十九葉

巻二十四　上　第四　下第二十六葉

外巻二十六、第四ノ上ハ巻八ノ第二葉ナリ

「博古圖」ノ原題簽若干ヲ存ス。

本書四庫子部譜録類收入。

紙數

巻一 三七	巻二 二五	巻三 二八
巻四 二七	巻五 三七	巻六 二八、（二十二九アリ）
巻七 二七（二十至二十三一アリ）	巻八 四五	巻九 二四
巻一〇 二六	巻一一 三三（十一至十二缺）	巻一二 三一（二一至二五一葉缺）
巻一三 二四	巻一四 三一	巻一五 四七
巻一六 三缺	巻一七 二五	巻一八 三七
巻一九 五六	巻二〇 三六、	巻二一 二七
巻二二 三一	巻二三 三〇	巻二四 三二
巻二五 二九	巻二六 四五	巻二七 四二（二一至二二アリ）
巻二八 四〇	巻二九 三五	巻三〇 三四（五之六アリ）

缺葉

巻一ノ 三ジ、八、二ジ、一二、一三ジ、二〇ジ、二四ジ、二八、二九ジ、三一ㇾ、三八、四三ㇾ、四五ㇾ、

巻二 六ㇾ、七、八ㇾ、一一、一二、一三、一七、一八、二〇、二五、二七、

二八、三六、

卷三　四、八、一一、一三、一四、一六、二六、二七、二八、三一、

三五、三六、

卷四　一、三、一四、一五、一七、二一、二五、　二七、二九、三三、

三五、四〇、

卷五　一、三、四、九、一一、一六、一八、二二、二三、三七、四　三八、

四四、四五、四七、五二、

卷六　七、八、一一、二〇、二二、二四、二五、三一、

卷七　二、一〇、二一、二三、二四、二六、二七、三三、三五、三六、三九、

卷八　六、一三、一四、二一、二二、二五、三四、四〇、五三、五四、

卷九　二、七、一〇、一三、一六、一七、一八、二六、二九、三一、三二、三四、

卷一〇　五、一一、一二、一三、一五、一八、一九、二〇、二一、二二、二三、二五、三七、

卷一一　七、二一至二二（筆）、二三、三四、三六、四〇、

卷一二　二、四、一八、二〇、二一至二三（筆）、二六、二九、三二、三三、

巻一三　五、六、一〇シ、一五シ、二六、二八、二九シ、三〇シ、三二シ、

巻一四　六、七、一〇、二五、二六、二八シ、三二シ、三四、三五、三七、四〇、

巻一五　三シ、一〇シ、一六、一七、二〇、二五、二七、三九、五六、

巻一六　一シ、四、六、一六、一八、二四、三三、三四、三六、四一シ、四四、
四六、四八、

二一二八再訓ヲ要ス　三四

巻一七　二シ、六シ、一〇、一四シ、一八、二一、二四シ、二九、三四、

巻一八　一、七、二七シ、三〇シ、三二シ、三七シ、四一シ、四四シ、四五、

巻一九　六シ、二四、二六、

巻二〇　一シ、七、九シ、一七、一九、三〇、三四、三七、三八シ、四四シ

巻二一　四、八シ、一三シ、一七、二七、二八シ、三一シ、三三シ

巻二二　一五、三三シ、

四再訓ヲ要ス

巻二三　二シ、一四（五）、一六シ、一九（一三ノ下ニアリ）、二一シ、二四シ、二六シ、二九シ、三四、三六、
三八シ、四三シ、四四シ、

巻二四　二六（四ノ下ニアリ）

巻二五　一五（静本缺）、二四ジ、二七ジ、三一ジ、三二ジ、

巻二六　七、八、一四ジ、二七、三二、三六ジ、四四ジ、四八、

巻二七　三ジ、二九ジ、三二ジ、四七ジ、

巻二八　二四ジ、三〇ジ、三一ジ、四四ジ、四五ジ、

巻二九　一ジ、三、一四、

巻三〇　一ジ、二ジ、一一、一二、

右表中

「ジ」ト旁注セルハ　静嘉堂所藏本寫本ナリ

他無印ハ　〃　刊本ナリ

刻工　八　于　子　元　太

太初　文玉　占　永　玉

朱　何　伯元　李　李伯英

沈　沈貴　汪　彔　林

金　侯　信　春　柳

洪　孫　徐　徐宗　桂孫

張　晟　梅　陳　陳寧

勝　貴　楊　壽　齊

鄭　鄭宗彥　謝桂孫

印記

「琴川張芸

鏡心賞」（白文方）　清、張蓉鏡

「國立中央圖書館攷藏」

考古圖 一〇巻 宋呂大臨撰 元刊 六貴

「ーーー記」（元祐七年、呂大臨）

大德己亥陳才子題

〃 陳翼序

無名氏序 以上の後落備

「考古圖所藏姓氏」

元大德刊本。每半葉八行、黒口、雙辺。匡郭内縦五寸九分、横四寸二分。首「考古圖第一」次行「默齋羅更翁考訂」ト題ス。稍後印ニ係ル。

世ニ元刊本トイフモノト同ジ。静嘉堂孤本ト同種ナルベク、或ハ明初ニ降ルカモ知ラネド、暫ク舊ニ從フ。

紙數　序例　一〇　巻一　二四　巻二　一九
　　　巻三　四三　巻四　五四　巻五　二一
　　　巻六　一三　巻七　一五　巻八　一一
　　　巻九　三三　巻一〇　二四

缺葉　序例　九

卷一ノ一四
卷三ノ二
卷八ノ六、一二、一三
卷九ノ一一、一二、二三、二四

印記

「會稽鈕氏世學樓圖書」（朱文方）

「國立中央圖書館攷藏」

明・鈕石溪

紺珠集　　一二貴

十三巻（四庫全書底本）
編者未詳　清嘉慶寫（補寫）

提要

「原序」（紹興丁巳、王宗哲）

繆記　鄧新目　不載

文瀾閣四庫全書零本。巻七・十一ハ近年ノ鈔補ニ係ル。

原鈔本毎冊本文首尾ニ各「古稀天子之寶」「乾隆御覽之寶」ノ大方印アリ。壬子文瀾閣所存書目巻三ニ「十二冊、補鈔」トアリ。閣中佚出ノモノヨリ更ニ失ハレシモノナリ。

本書ハ四庫子部雜家類雜纂收入。晁志ヲ引イテ一説ニ朱勝非ノ編トナス。曾慥ノ類説ヲノ如ク、魏晉唐宋ノ小説家ノ書約一百四十部中ニ見エル故事ニ成語ニ名物ノ類ヲ摘出シ、説明ヲ加ヘタルモノ。巻十三ノ一ハ諸集拾遺ト題シ、補遺ナリ。引用書中、時ニ逸書アリ。

紙數 提要 二 卷原序 一

卷一 三八 卷二 四二 卷三 四二

卷四 四二 卷五 四三 卷六 四二

卷七補鈔 四一 卷八 三八 卷九 四二

卷一〇 四〇 卷一一補鈔 四一 卷一二 三〇

卷一三 三九

補寫 卷七 全部

卷一一 全部

印記 「古稀天子之寶」（白文大方） 「乾隆御覽之寶」（朱文大方）

「稽古右文」（朱文方）

「不薄今人愛古人」（白文長方） 国立中央図書館攷藏

末

類說　六〇巻　宋曾慥編（四庫全書本）　清嘉慶寫（補寫）　三〇貴

提要

目録

總記　鄧目　不載

~~文瀾閣~~江浙四庫全書寫本。卷十三至五、十七至二十、二十一至四、三十九至四十一、四十二・三、四十四・五、四十六至八、四十九至五十、五十一・二、五十三至五、五十六・七、五十八至六十ノ十二冊ハ近年ノ鈔補ニ係ル。原鈔本毎冊提要ヲ除キ本文首尾ニ各「古稀天

子之寶」「乾隆御覽之寶」ノ大方印アリ。壬子文瀾閣所存書目卷三ニハ「四十冊、計補鈔者三十一冊、舊鈔存卷二十五、六、卷三十一至三十三、卷三十五六、卷四十一、卷四十三至四十九」トアリ。ヨッテ、之ヲ文瀾閣本トイフニハ不一致甚シ。故ニ、此本ハ文瀾閣以外ノ文宗・文滙二閣ノモノカ、尚攷フベシ。

本書四庫子部雜家類雜纂ノ屬ニ收入ス古今四部
紹興六年編纂。
ノ書籍約二百六十部ヨリ故事逸語ヲ摘錄シ、説明
ヲ加ヘタルモノ、類説トイフトイヘドモ書內容ニヨリテ
分類スルコトナク、原書ゴトニ收ム。原書ノ順次亦同
類ノモノヲ一巻中ニ收メタルコト多シトイヘド、必並亦
嚴密ナラザルナリ。且底本ハ通行本ニヨリシモノ、如ク
校訂ヲ加ヘタランモ、尚誤脫ヲ見ル。舊鈔善本ノ

勝レルニ若カズ。底本トナリシモノカト思ハル、天啓刊

本ヽ別ニ解題ス。

紙數

提要	二	巻一目	四	巻一	二九
巻二目	三	巻二	二七	巻三目	四
巻三	二六	巻四目	六	巻四	四〇
巻五目	六	巻五	三二	巻六目	七
巻六	四〇	巻七目	五	巻七	三一
巻八目	五	巻八	三三	巻九目	三
巻九	二六	巻十目	三	巻十	二四
巻十一目	三	巻十一	二六	巻十二目	四
巻十二	二八	巻十三写補	四一	巻十四写補	一九

卷十五 写補	三一	卷一六目	六	卷一六	四三
卷一七 写補	二八	卷一八 写補	二九	卷一九 写補	三四
卷二〇 写補	二八	卷二一目 写補	六	卷二一 写補	三一
卷二二目 写補	三	卷二二 写補	二四	卷二三目 写補	四
卷二三 写補	二四	卷二四目 写補	二	卷二四 写補	一八
卷二五目	四	卷二五	二〇	卷二六目	五
卷二六	三〇	卷二七目	四	卷二七	二七
卷二八目	二	卷二八	二七	卷二九目	四
卷二九	二九	卷三〇目	四	卷三〇	三二
卷三一目	四	卷三一	二七	卷三二目	二
卷三二	三〇	卷三三目	五	卷三三	二九
卷三四目	六	卷三四	四四	卷三五目	六
卷三五	三〇	卷三六目	五	卷三六	三一
卷三七目	五	卷三七	二六	卷三八目	五

卷三八　三五
卷三九目　写補　五
卷三九　写補　二三
卷四〇目　写補　四
卷四〇　写補　二一
卷四一目　写補　四
卷四一　写補　二九
卷四二目　写補　五
卷四二　写補　三一
卷四三目　写補　七
卷四四三　写補　四三
卷四四目　写補　五
卷四四　写補　三三
卷四五目　写補　四
卷四五　写補　二二
卷四六目　写補　三
卷四六　写補　三一
卷四七目　写補　四
卷四七　写補　三〇
卷四八目　写補　二
卷四八　写補　一七
卷四九目　写補　五
卷四九　写補　三二
卷五〇目　写補　三
卷五〇　写補　二〇
卷五一目　写補　六
卷五一　写補　四二
卷五二目　写補　四
卷五二　写補　二五
卷五三目　写補　三
卷五三　写補　二五
卷五四目　写補　五
卷五四　写補　三一
卷五五目　写補　五
卷五五　写補　四〇
卷五六目　写補　五
卷五六　写補　三六
卷五七目　写補　五
卷五七　写補　三六
卷五八目　写補　五
卷五八　写補　二六
卷五九目　写補　四

卷五九鈔補二五　卷六〇目鈔補四　卷六〇二一

補寫　卷一五三至一五

卷一七至二四　全部

卷三九至六〇

印記

「古稀天子之寶」（白文大方）　「乾隆御覽之寶」（朱文方）

「　」（白文長方）　「希古右文」（朱文方）

「臣劉之洄敬藏本印」（朱文方）

「國立中央圖書館攷藏」

(新雕)皇朝類苑　七八巻目一四巻　宋江少虞編　元和七刊(古活)　一五　貴　史

「皇朝事實類苑序」(紹興十五年、江少虞)

「〃　後序」(汪保)

「皇朝類苑總目」

元和七年僧瑞保跋

元和七年後水尾天皇勅版活字印本ノ原装。寺

田望南及ビ劉氏嘉業堂ノ印記アリ。

紙数　略

海錄碎事　二八　貴

三二卷（四庫全書底本）
宋葉廷珪編　清末ニ傳寫（補寫）

提要

繆記

鄧新目　不載

江浙四庫全書底本。卷六、七上、七下、八上、八下、九上、九下、

十上ノ八冊ハ近年ノ鈔補ニ係ル。原鈔本 提要ヲ除キ、

每冊首尾ニ各「古稀天子之寶」「乾隆御覽之寶」

ノ大方印アリ。壬子文瀾閣所存書目 卷三 二八「舊鈔

存巻十上、巻十七至末レトアリ。符セズ。故ニ類説一致セザルニ又此書ノ本一致アリ。故ニ、全亡ト傳ヘラル、文宗・文淵ニ蔵ノ残本カ、疑フベシ。

本書四庫類書類収入。編者ハ幼ヨリ讀書ヲ好ミ、借讀ノ書ノ要ヲ録シ、數十冊ヲ成ス。名ツケテ海録トイヒ、ソノ文片段ヲ成スモノヲ雑事トイヒ、細碎ナルヲ碎事、出所不明ナル故事ヲ海録未見事、起原明ナルヲ海録事詩始・詩人ノ佳句ヲ海録警句圖、作詩ノ由ヲ著スヲ海録ニ本事詩ト名ヅケタリ。碎事ノ文字最モ多ク、内容一字ヨリ四字マデノ之ノ多ケレバ初名ヲ一四録トヨブ。紹興十九年自序、此本鈔。内容十六部五百八十餘門ニ分ツ。文政十三年松崎慊堂校刻本流布スルヲ以テ、内容ノ傳來ハ稀ナルニ非ズ。

紙數

提要 二 卷一 六一 卷二 六三

卷三上 五六 卷三下 五五 卷四上 三四

卷四下 六一 卷五 九三 卷六 寫補 六九

卷七上 寫補 五四 卷七下 寫補 五四 卷八上 寫補 五四

卷八下 寫補 五六 卷九上 寫補 九一 卷九下 寫補 九〇

卷一〇上 寫補 六八 卷一〇下 六八 卷一一上 四九

卷一一下 五五 卷一二 八三 卷一三上 四六

卷一三下 六二 卷一四 四一 卷一五 二九

卷一六 四八 卷一七 二九 卷一八 五三

卷一九 六二 卷二〇 四七 卷二一 六九

卷二二上 七二 卷二二下 九二

補寫 卷六至一〇上 全部

印記 「古稀天子之寶」（白文大方） 「乾隆御覽之寶」（朱文大方）

「希世古文」（朱文方）

「　」（白文長方）

「臣劉之泗敬藏之印」（朱文方）

「國立中央圖書館攷藏」

玉海

二〇四巻 附 周易鄭康成注一巻・詩攷一巻・詩地理攷六巻・踐阼篇集解一巻・急就四巻・漢藝文志攷證一〇巻・漢制攷四巻・通鑑地理通釋一四巻・通鑑答問五巻・六經天文編二巻・周書王會一巻・小学紺珠一〇巻・姓氏急就篇二巻

宋王應麟編　元至元刊（有缺）　二〇〇冊

「玉海序」（至元四年、胡助）

「玉海序」（至元六年、李桓）

玉海指揮（至元三年、浙東道宣慰使司）

「玉海目錄」

元至元中慶元路學刊本。初印ナラザレド、補配部分ヲ除キ、嘉靖補修ノ紙葉ナキハ尚ブベシ。半葉二十行、行二十字、白口、左右雙邊。匡郭内縱　寸　分、橫　寸　分

印記

「集賢閣學士趙」（白文方）「碧梧紅豆山房」（白文長方）

「珍藏」（白文長方）

「牧齋」（朱文方）

「公魯拔讀」（白文方）

「畏齋藏書」（朱文方）

「寅白」

「劉之泗」（白文方）「公魯」（朱文方）「罨染樓」（朱文長方）

〔增廣事聯〕詩学大成　三〇巻　元林楨編　元至順三刊　一六　貴　中

皇慶元年毛直方引

「新編增廣事聯詩学大成目録」

元至順壬申(三)建安廣勤書堂刊本。十四行小字双行三十二字、小黒口双邊、無耳。匡郭内縦六寸六分半、横四寸三分弱。目録末ニ「至順壬申仲秋」廣勤書堂重刊」ノ木記アリ。本邦傳来本。

紙數

引	一	目錄	一〇	巻一	一二
巻二	二五	巻三	一五	巻四	一三
巻五	一八	巻六	一七	巻七	二一
巻八	一一	巻九	一四	巻一〇	八
巻一一	一七	巻一二	二一	巻一三	一六
巻一四	八	巻一五	二三	巻一六	八
巻一七	一四	巻一八	九	巻一九	一四
巻二〇	二九	巻二一	一三 欠葉不明	巻二二	一四
巻二三	二一	巻二四	一五	巻二五	二五 半葉
巻二六	二三	巻二七	二一	巻二八	一七
巻二九	一〇	巻三〇	一二		

巻二五ノ二五 半

跋 [illegible]

巻一六ノ九 ↓

印記 「讀杜艸堂」（朱文方） 寺田盛業（望南）

「向黄邨珍藏印」（白文方） 向山榮五郎（黄村）

永樂大典　殘本三卷（卷一三九九一、二〇四七八、二〇四七九）明解縉等奉勅編　明寫　二貴　土庫

明鈔本。包背原裝。一冊ハ三未七十二戯　戯文二十七、一冊ハ二質

職。二冊ヲ一套ニ收メ、外題ニ「二冊」、「戯」、「職」民國九年

得于倫敦。遐庵」トアリ。遐庵トハ近人葉恭綽ニ

シテ、彼ガ英京ノ骨董肆中ヨリ獲タルモノナリ。

第一冊戯ハ戯文三種、即チ小孫屠・張協狀元・宦

門子弟錯立身ヨリ成ルノ皆佚書。元代ノ南戯ナラント
イハルヽ。他ニ類例ナキヲ以テ、初鈔本ヲ以テ流傳、後馬
廉ハ、古今小品書籍印行會ノ名ニヨリテ、民国二十年
之ヲ仿古活字ヲ以テ印行シ、已ニ流布ス。青木博士之
ソノ内容ヲ紹介セラレタリ。大典戯文ハ巻一三九六五ヨ
リ、本巻ニ至ル二十七巻ニ三十三種収メラレ、別ニ北曲タル
雜劇ハ巻二〇七三七ヨリ二〇七五七ニ至ル二十一巻ニ収メラルレド、本巻ノ外皆佚セリ。

第二冊職ハソノ總説トモイフベキモノ、外、六職、八職、九職、（以上簡単）内職（宋會要ノ引文甚シ）閣職（職略、中興會要ハ山堂考索ニヨレルカ）貼職ヲ巻二萬四百七十八ノ内容トシ、牙職（宋會要ヲ引ク）館職（祖宗官制外集多シ）幕職（爲政楷範、書林事類外別集）三班奉職（別集ニヨリ引ク）ヲ次巻トス。

紙數　巻一三九九一　六。

巻二〇四七八　二〇、　二〇四七九　三〇

印記

「菦圃中英庚款董事會保存文獻之章」（朱文長方）

「國立中央圖書館攷藏」

(新刊)四家錄　存　殘本　元至正二刊　二貴

「新刊四家錄後序」(至正壬午、釋慧從)

繆記　鄧新目　不載

元至正二年大明禅師寺住持刊本。毎半葉十行、行十八字、細黒口、雙邉。後序ニヨレバ四家錄トイフ名ナルベキモ今、雪竇顯和尚頌古(釋遠塵編)・天童覺和尚頌古(釋信悟編)ノ二種ヲ存ス。海日樓藏ノ書箋ニヨレバ、凡ニ半ヲ佚シタコノ二種ノミナリシヲ知ル。各序アリ。前者首、匡郭内、縱五寸九分、横三寸七分半。後者ノ末ニ施刻、助緣ノ僧侶ノ名ヲ列ス。

紙數　雪竇序　二　雪竇　三〇、半

天童序　二　天童　三六

後序　二

缺葉　雪竇三一後半↓

刻工　胡善甫　高士元　趙祥　趙祥卿

印記　「長宜子孫」（朱文方）　「唐道意齋藏書」（白文方）

「印」（白文方）「姚楳光氏」（白文方）

「」（朱文方）「麐瑋」（白文方）

「國立中央圖書館攷藏」

天目中峯和尚廣錄　三〇卷　元釋明本撰　慈寂編　元刊　一〇　中帋

「口天目中峯和尚廣錄表」（元統二年）（善達密的理）及劄

「――――序」（揭傒斯）

元統二年釋明瑞跋

「――――總目」

元末刊本。每半葉十四行、行二十四字、小黑口、左右雙邊。匡郭內縱六寸五分強、横四寸二分強。（卷七・八・九・十二上・十五・十六・二十五・二十六・二十七下・二十八末ニ刊行助緣者名アリ。）[illegible]藏印記ハ張月霄愛日精廬ヲ初トシ、吳城・孫鐍・張蓉鏡等頗ル多シ。張志不載。

撰者ハ天目山佛慈圓照廣慧智覺禪師中峯和尚明
本本承ニ云ヘ、ソノ山房夜話一卷東語西話一卷續集
二卷語錄十卷別錄十卷ヲ（門人が）褒錄シタルモノ、卷一上下
示衆、二小參三拈古、頌古、四・五法語、六書問、七佛
事、八佛祖讚、九自讚、十題跋、十一山房夜話、十二
信心銘闢義解、十三楞嚴徵心辯（辨）見或問、十四別
傳覺心、十五金剛般若畧義、十六幻住家訓、十七

擬寒山詩、十八東語西話、十九、二十同續集、二十一賦、二十
二記、二十三箴・銘、二十四序、二十五記説、二十六文、
疏、雜著、二十七至三十偈頌ヨリ成ル。

紙数

巻一上　一九　巻一下　一三　巻二・三　一〇
巻四上　一二　巻四下　一三　巻五上　一〇
巻五下　一一　巻六　六　巻七　三
巻八　八　巻九　七　巻一〇　四
巻一一上　一二　巻一一中　一四　巻一一下　一二
巻一二上　一四　巻一二中　一二　巻一二下　一〇
巻一三　八　巻一四　五　巻一五　一一
巻一六　五　巻一七　九　巻一八上　一一
巻一八下　八　巻一九　一一　巻二〇　一一
巻二一　三　巻二二　七　巻二三　三
巻二四　六　巻二五　九　巻二六　七
巻二七上　八　巻二七下　四　巻二八　四
巻二九　一一　巻三〇　五

欽筆 巻四下ノ一
巻二三ノ三
巻三ノ二一↓
印記「子孫保之」（朱文大方）
「豊謀課」
別字（朱文方）
「芝溪」
「孫鎬」（白文方） 孫鎬
「呉城」（朱文方）
「敦復」（朱文方） 呉城
「地」（朱文方）

「愛日精廬藏書」（朱文方）　「張印月霄」（朱文方）　清張金吾

「曾藏張蓉鏡家」（朱文方）　「蓉鏡」（朱文連珠方印）

「蓉鏡珍藏」（朱文方）　清張蓉鏡

「姚印晼真」（白文方）　清姚晼真

「在處有神物護持」（朱文方）

「迪園」（朱文方）

「孫康士印」（白文方）

「淨思」（白文方）　「式」（白文方）

「韓印逢禧」（白文方）

「虞山孫慶增觀」（朱文長方）

清　孫慶增

「士五」（朱文方）　「許肯士印」（白文方）

「希世寶」（朱文長方）

「佛乘仙館」（白文方）

「許廷鑅升階氏又名逸函齋前」（朱文方）

「蓉鏡」（白文长方）

「味經書屋收藏」（白文長方）

「禮月蓮室」（朱文方）

「琴川望秋」（白文方）

「錢印維城」（白文方）

「稼軒」（朱文方）

肇錫

「肇錫余以嘉名」（朱文方）

「文休承印」（朱文方）

「待問」（朱文連珠方）

「从東」（白文方）

「宋湘文珍藏印」（朱文方）

「停云」（朱文圓）

能

「能靜經眼」（朱文方）

清張蓉鏡

「蓉鏡」（白文小方）　「虞山張氏」（朱文方）　「寄本」（朱文長方）

清儀克中

「京克中」（白文方）

「麻翁仁」（朱文方）

「奉勤堂」（白文方）

「孝修」（朱文方）

「道華」（白文方）　　清席佩蘭

「臣印廷志」（白文方）　　清陶廷志

「悟真仙館」（白文方） 「心蓮室」（白文方）

「若蘅」（朱文方） 「赤芝」（朱文方） 清、方若蘅

「國立中央圖書館攷藏」

識語

道光壬辰七月虞山拙經老人黄廷鑑」向笑夕川

仁兄先生借觀曾見述古鈔本不遠也宜善藏之 一上 木

此書元刻罕見讀之真能明心見性靜極覺

如也　乾隆癸卯八月　蘭坻氏　叠讀畢誌 一五下末

道光庚寅弍月錢福昌借讀 十二中末

道光辛卯八月皖桐女士方氏　若蘅　叔
芷氏假觀一月，靜恭妙理，頗有悟機
幸識歲月，時益桂始華也。 二十九末

嘉慶己卯三月虞山女史席佩蘭道華氏敬讀

道光乙未八月合江陶廷蓮志假讀

道光己丑九月儀充中還邗江渓川兄出觀，因展一遍 三十末

佛國禪師語錄　釋顯日　古刊　二　貴　中𣲀

元、泰定三年李克雲石如芝跋

元泰定二年釋清茂敘

舊刊本。每半葉十一行、行二十字。白口、左右雙邊。匡郭内縱六寸四分強、横四寸九分。邦人ノ藏印并ニ書入ナシ。

佛國禪師初住下野州東山雲巖禪寺語錄　侍者妙環編

住相州淨妙禪寺語錄　侍者玄仁編

金寶山淨智禪寺語錄　侍者妙康編

住相州巨福山建長禪寺語錄　侍者妙環編

再住淨智禪寺語錄　侍者妙準妙環編

普說

法語

頌古

住下野州東山雲巖禪寺高峯和尚勅諡佛國禪師問

答　參學比丘　慧廣　編

ヨリ成ル。

紙數　雲巖　三五　淨妙　三

淨智 五 建長 九

再住淨智 七 普說 六

法語 五 頌古 二

問答、序共五 印答跋 一

印記 「埭沈氏」（朱文方） 「海日廛」（白文方）

清沈曾植 本

曹子建集　一〇巻　魏曹植　明刊（銅活）　二貴

「曹子建集目録」

繆記　鄧新目　未載　劉書

明銅活字印本。半葉九行、行十七字。

莫郘亭ノ舊藏。書皮ニ手識アリ。

紙數　目録　七　巻一　六　巻二　一六

巻三　八　巻四　八　巻五　一四

巻六　一五　巻七　九　巻八　一八

巻九　三〇　巻一〇　一一

補寫　巻一〇ノ八―一一

識語　莫友芝

「曹子建集上　一之六
賦　詩」　（上冊表紙）

「曹子建集下　七之十
頌　贊　銘　章　表　令　文　七　九　序　書
誄　哀辭　論　謳　說
陳思王集如皋冒辟疆氏舊藏明本
同治丁卯仲春客維揚所收更持還金
陵初夏重裝爲二冊郘亭眲叟記
「莫有芝」

印記

「莫有芝圖書印」　（朱文長方）

清、莫友芝

清、莫繩孫

「莫印繩孫」（白文方）「莫繩孫字仲武」（朱文長方）

「名賢集翠書畫」（朱文方）「冒巢民老人七十歲寶彝棣棠香樓閣書畫楚秘後收藏印記」（朱文方）

近人、劉承幹

「吳興劉氏嘉業堂藏」（朱文長方）「劉印承幹」（白文方）「翰怡」

「國立中央圖書館攷藏」

九家集注杜詩　一八貴

三六巻（四庫全書底本）　宋郭知達　清乾隆寫（補寫）

提要

淳熙八年郭知達序

寶慶元年曾噩序

繆記

鄧目　不載

江浙四庫全書零本。巻二十九、三十八鈔補ニ係ル。原鈔本毎冊提要ヲ序文ヲ除ク首尾ニ「古稀天子之寶」「乾隆御覽之寶」ノ大方印アリ。壬子文瀾閣所存書目巻四

二八、「十八冊補鈔」トアレド、文瀾閣目補ニヨレバ巻十九一冊ハ舊鈔ヲ獲タルガ如シ。然ラバ、此本ガ文瀾閣本ニシテ彼ガ他ノ二閣ノ零本ナルカ、彼ガ文瀾閣本ニシテ、此ガ他ノ二閣ノ何レカナルベシ。近人貴池ノ劉世珩舊藏。

本書ハ固ヨリ四庫収入。九家トハ王洙・宋祁・王安石・黄庭堅・薛夢符・杜田・鮑彪・師尹・趙彦材ノ九人ナリ。

紙數

提要 二　郭序 一　曾序 二
卷一 四五　卷二 五六　卷三 五一
卷四 三一　卷五 三二　卷六 三二
卷七 二六　卷八 二三　卷九 二四
卷一〇 二四　卷一一 三七　卷一二 三二
卷一三 四八　卷一四 五一　卷一五 四二
卷一六 三四　卷一七 三九　卷一八 三九
卷一九 五六　卷二〇 五〇　卷二一 三四
卷二二 二七　卷二三 二四　卷二四 三一
卷二五 二〇　卷二六 二〇　卷二七 二五
卷二八 二四　卷二九補鈔 五三　卷三〇補鈔 六〇
卷三一 三四　卷三二 三七　卷三三 二〇
卷三四 二八　卷三五 二二　卷三六 三二

補寫 卷二九 全部
卷三〇 全部

印記 「古稀天子之寶」（白文大方） 「乾隆御覽之寶」（朱文大方）

「聚學書藏」（白文方） 「世珩珍祕」（白文方） 近人、劉世珩

「臣劉之四敬藏」（朱文方）

「希古右文」（朱文方） 「 」（白文長方）

「國立中央圖書館攷藏」

（集千家註分類）杜工部詩　二五巻（首二巻、文集二巻缺）　二四冊　貴　中

唐杜甫撰　宋徐居仁編　黄鶴補注　明初刊　元刊（明初印）

「杜工部傳序碑銘」

「集注杜工部詩姓氏」

「杜工部詩年譜」

明初三峯精舍廣勤書堂刊印本。十二行二十字、注雙行二十六字、小黒口、雙辺、匡郭内六寸五分弱、横四寸二分弱、碑銘末ニ「廣勤書堂新刊」門類末ニ「三

峯書舍」鐘形ノ「廣勤堂」鼎形木記アリ。至正八年
又ハ皇慶元年勤有堂刊本　十四冊
圭山書院刊本ノ再印ナラン。閣庫ニ一部ヲ藏ス。

(五百家註音辯)昌黎先生文集 四〇卷 唐韓愈撰 宋魏仲举編 刊(古活) 八冊 貴

序目缺

繆續記ニ云フ著錄本 劉書

蝴蝶装ニ改装。

元和寛永中刊古活字印本。毎半葉九行、行十七字、注雙行、無界、小黒口、雙邊。匡郭ノ縦七寸二分半、横五寸八分。「古活字版之研究」著錄第二四四圖。慶長元年兪良甫刊本ヲ飜印セシモノナリ。

袁寒雲・嘉業堂舊藏・繆續記ニハ序ノミヲ缺トナセルモ、書中插入ノ嘉業堂ノ藏書簿ニハ「缺十一至十三、二十五至二十八」トアリ。「明嘉靖刊本」「八冊」ニ作ル。事変前已ニ失去セシナリ。

紙數

卷一	五八	卷二	五五	卷三	三〇
卷四	四二	卷五	五九	卷六	二六
卷七	三一	卷八	五七	卷九	三三
卷十	三八	卷十四	四五	卷一五	一六
卷一六	三〇	卷一七	二三	卷一八	二二

卷一九　二六　卷二〇　二一　卷二一　三二
卷二二　二一　卷二三　二六　卷二四　一八
卷二九　一五　卷三〇　二九　卷三一　二五
卷三二　二三　卷三三　一八　卷三四　一六
卷三五　七　卷三六　一三　卷三七　二四
卷三八　一四　卷三九　二六　卷四〇　二四

缺葉
卷一一至三　全部
卷二五至八

印記
「有宋荆州田氏七萬五千卷堂」（朱文木方）　「潛叟祕笈」（朱文方）
「寒雲秘笈珍藏之印」（朱文長方）

清袁克文

「吳興劉氏嘉業堂藏書記」（朱文長方）　近人・劉承幹

「國立中央圖書館攷藏」

（増廣註釋音辯）唐柳先生集　四三巻外集一巻　別集外集各二巻　附録・集傳・後序文各一巻
唐柳宗元撰、宋童宗說注　張敦頤音辯　潘緯音義
元刊　　一二册　中

「柳文音義序」（乾道二年、陸之淵）
「唐柳先生文集序」（劉禹錫）
「————————諸賢姓氏」
「〃　目録」

元刊本。每半葉十三行、行二十三字、小字雙行。匡郭内縱六寸五分弱、横四寸、巻首第二至四行「南城先生童宗說註釋」「新安先生張敦頤音辯」「雲間先生

「潘緯音義」ト題ス。刊記ノ徴スベキモノナク、又刻段ノ
迹ナク、殆ド初印ニ庶シ。本書ノ明初刊本ハ元刊
本ニ似タルモ、此本ハナホ元刊ナラン。明ノ葉盛菉
竹堂ノ印記アリ。揚州[illegible]堂所藏
外集十巻ト二巻ト別ナリ。
共ニ詩文　本ト同版ナラン。
劉影舊京書影

紙数
附序　四　補刻附旧鈔　一七　巻一　一三
巻二　九下缺　巻三　一二　巻四　七
一〇　六　五

卷八 九	卷九 一二	卷一〇 一〇
八	一三 一一	一〇
一八	一〇	八
六	一一	八
卷二〇 一二	二一 一六	八
二三 七	七	一一
二六 一〇	六	六
二九 七	一一	九
三二 七	九	一一
三五 五	八	一四
三八 一一	一一	一三
四一 八	四二 一九	四三 二〇
目錄 外刊附 二	附錄 一三	外篇目錄 二
外篇一 四	外二 八	外三 二

外四 五　外五 三　外六 四
七 四　八 四　九 六
一〇 五　列上 一三（上ノ六重複）　列下 二一
外上 七　外集下 二一　集佚 一四
遺文 八

缺葉　巻八ノ六
巻三七ノ一四
列集下ノ七（六ヲ誤リテ重複挿入）

印記
「葉氏菉竹堂藏書」（朱未用）
「葉氏藏書」（朱未方）　明・葉盛
「国立中央図書館攷藏」

白氏文集　七一巻　唐白居易　元和四刊（古活）　五〇　貴

「白氏長慶集序」（長慶四年、元稹）

連屬目錄

「龍門重修白樂天影堂記」（陶穀）

繆記　不載　劉書

元和四年那波道圓校印本。每半葉九行、行十六字、界口、雙邊。匡郭内縱七寸五分半、横五寸四分。「古活字版之研究」著録。第二四一図　金鑲玉ニ改装、刊語ノ一葉ヲ去ル。

巻中ニ往々江戸時代ノ補寫アリ。ソノ中ニハ、巻三十一ノ如ク、原版損壞ノ爲ノモノアラン。又、巻三十八マデ、唐本一本トノ校合、音注、時ニ字解ニ關スル江戸時代ノ書入アリ

紙數

序	八	巻一	三一	巻二	三一
巻三	二〇	巻四	二一	巻五	二二
巻六	二三	巻七	二一	巻八	二〇
巻九	一八	巻一〇	二六	巻一一	二〇
巻一二	二六	巻一三	二五	巻一四	二四
巻一五	二八	巻一六	二八	巻一七	二九
巻一八	二二	巻一九	二六	巻二〇	二五

卷二一	二三	卷二二	一三	卷二三	一七
卷二四	一九	卷二五	一七	卷二六	一八
卷二七	二〇	卷二八	二三	卷二九	一六
卷三〇	二六	卷三一	一九	卷三二	二二
卷三三	二二	卷三四	二九	卷三五	二四
卷三六	二二	卷三七	二五	卷三八	二四
卷三九	三九	卷四〇	三九	卷四一	二一
卷四二	二七	卷四三	一六	卷四四	一六
卷四五	三二	卷四六	三三	卷四七	二九
卷四八	三四	卷四九	二八	卷五〇	二七
卷五一	二六	卷五二	二九	卷五三	二六
卷五四	二八	卷五五	二四	卷五六	二六
卷五七	二四	卷五八	二四	卷五九	二九
卷六〇	二五	卷六一	三五	卷六二	二二

巻六三 二〇 巻六四 二六 巻六五 二〇

巻六六 二六 巻六七 二二 巻六八 二四

巻六九 三二 巻七〇 一八 巻七一 二一

補寫

（巻一ノ一六

巻三ノ四ー八

巻一二ノ二三

巻二五ノ一

巻二六ノ一三

巻三一ノ一〇八行 ～ 一四六行 （此部分版木壊レタルカ）

巻四二ノ三ー一〇

巻四三ノ二ー六、九

巻五二ノ一五

巻五八ノ一三

缺葉 巻八ノ二一 刊語

印記

「吳興劉氏嘉業堂藏書記」

「國立中央圖書館攷藏」

附箋

傳藏園手書柳蓉邨宛返遂ノ

信箋ヲ插入ス。

(經進周曇)詠史詩 三卷 唐周曇 清寫(影宋) 一貴

序目 缺

繆記

鄧新目 不載

近人影宋鈔本。每半葉十二行、行大二十字、小雙行二十九、三十字。卷首次行「守國子直講臣周曇撰進」ト題ス。天祿琳琅書目後編卷六(オ一五葉)著錄ノ宋刊本ヲ影寫シタルモノ。印記蠹蝕ヲモ摸寫シタリ。

本書四庫未收。唐虞ヨリ隋ニ至ル時代ヲ門ニ分ケ、七絶約二百餘首ニ詠ジタルモノナリ。史實及ビ論評ニ關スル詳注アリ。

紙數　巻上　一七　巻中　一〇　巻下　一二

印記

「味滄草堂」（朱文方）

「貴陽趙氏壽堂軒藏」（朱文長方）

「國立中央圖書館攷藏」

鐵牛翁遺稿　（四庫全書底本）宋何景福　清嘉慶寫　一貫

「鐵牛翁小傳」

繆記　鄧新日　不載

文瀾閣四庫全書零本。本文首尾ニソレゾレ「古稀天子之寶」「乾隆御覽之寶」大方印アリ。壬子文瀾閣所存書目巻四三九張後ニ同族何夢桂ノ潛齋文集ヲ著錄シ、「舊鈔」ト記シ、「總目・簡明目錄附鐵牛翁一巻、閣鈔缺」トアリ。即チ、鐵閣中

缺佚セルガ此本書ナリ。故ニ、首ニ提要ナシ。提要ハ潛齋
文集ノ首ニ存スルナリ。原裝。本蒐書中原裝ノ四
庫全書本ハ此書ナし。傳來亦他ト別系統ナルコト、蒐
藏印記ノナキニヨリテ知ルベシ。
何氏ハ宋末ノ人ナリ。本書ハ明刊潛齋先生文集ニモ附刊。

紙數　小傳　一　本文　一八

印記　「國立中央圖書館攷藏」

百正集（四庫全書零本）三卷　宋連文鳳　清寫　二冊

提要

繆記　鄧新目　不載

文瀾閣四庫全書零本。本文首尾ニソレゾレ「古稀天子之寶」「乾隆御覽之寶」大方印アリ。モト一冊ナリシヲ二冊ニ分ケタルヲ知ル。壬子文瀾閣所存書目卷四（四十四張後）ニ「一冊補鈔」トアリ。卽チ閣中ヨリ佚出シタルモノナリ。

連氏ハ宋末元初ノ人タリ。本集ハ知不足齋叢書ニ入ル。

紙數　提要　二　卷上　一七

卷中　一六　卷下　一三

印記

「國立中央圖書館攷藏」

范文正公集 零本 編者未詳 元天暦刊 二貫

繆記

鄧新目 不載

元天暦中刊ニ范全集本中ノ零本。附刊十五種ノ内三種ヲ存ス。即チ「諸賢賛頌論疏」「諸賢詩頌」「諸賢論頌」是ナリ。論疏第一葉後半葉第十、十一、十二各行修補ノ際誤黏セリ。

第十行 惡尔俯初以范希文事得罪

第十一行 峽流落累年比呂公罷相始

第十二行　碑言西事呂公擢用希文盛稱

毎半葉十二行、行二十字。細黑口、左右雙邊。版心

之方ニ往々字數アリ。静嘉堂ニ完本アリ。

紙數　論疏　二七　　詩頌　六

　　　論頌　六

缺卷　范文正公集　二〇巻

　〃　別集　四巻

　　　遺文　一巻

　　文正公尺牘　三巻

　范文正公政府奏議　二巻

范文正年譜 一卷
年譜補遺 一卷
言行拾遺事錄 四卷
祭文 一卷
范文正公鄱陽遺事錄 一卷

吳中遺跡 一卷
洛陽志 一卷
遺跡 一卷
朝埜僉言 一卷
褒賢集 一卷
褒賢祠記 二卷
范忠宣公文集 二〇卷

印記

「虞山錢曾遵王藏書」（朱文長方）　清錢曾

「汪印士鐘」（白文方）　清汪士鐘

「李之印」（白文方）

「木彊人」（白文方）

「國立中央圖書館攷藏」

樂府詩集

一〇〇卷目二卷　宋郭茂倩編　元至正刊（明修）　三二　貴

元至正元年周慧孫序

「樂府詩集序」（至元六年、李孝光）

無作者姓氏

「樂府詩集目録」

繆記　劉影　鄧新目　不載

傅目　著録

元至正刊本。（明補修）每半葉十一行、行二十字、細黑口、左右雙邊。

匡郭内縱七寸三分半、横四寸九分弱。版心字數ノ有無

一定セズ。初印本ニ非ズトイヘドモ、修補殆ドナキハ（頗ルザ）
為スベシ。
甲寅（民國三）莫棠手識ノ傳增湘、
陸貽典（勅先）校本ヲ以テ手校、手跋アリ。
本書ハ四庫集部總集類收入。上ハ堯舜時代ノ歌謠
ト傳フルモノヨリ、下ハ唐五代ニ至ルマデ、主トシテ樂府體ノ
作品及ビ擬作ヲ十二類ニ分ツメテ輯メタルモノ、毎類説

明ヲ加ヘ、作品ヲ列スルニ時代ノ先後ヲ以テシ、毎題解題ヲ加ヘ、古詞ヲ前ニシ、擬作ヲ後ニシ、古詞中本詞ヲ前ニ列ス。解題亦詳備、タヾ旬数ノ標準ヲ一定セズ、作品ハ源流擬作ヲ兼収シタルハ蕪雑ノ嫌ナキニシモ非ズ。

紙数

用序	三	李序	三	姓氏	二
目録上	七七	目録下	六二	巻一	一四
巻二	一〇	巻三	一六	巻四	一五
巻五	一〇	巻六	一五	巻七	一七
巻八	一三	巻九	一五	巻十	一四

卷一一 一二 卷一二 一四 卷一三 一四
卷一四 一四 卷一五 一三 卷一六 一四
卷一七 一二 卷一八 一七 卷一九 一七
卷二〇 一五 卷二一 一〇 卷二二 九
卷二三 一一 卷二四 一〇 卷二五 一一
卷二六 一四 卷二七 一二 卷二八 一四
卷二九 一二 卷三〇 一二 卷三一 一〇
卷三二 一四 卷三三 一四 卷三四 一一
卷三五 一〇 卷三六 一四 卷三七 一一
卷三八 一二 卷三九 一四 卷四〇 一二
卷四一 一四 卷四二 一〇 卷四三 一〇
卷四四 一二 卷四五 一一 卷四六 九
卷四七 一五 卷四八 一三 卷四九 一二
卷五〇 一一 卷五一 一〇 卷五二 一四

卷五三	一五	卷五四	一〇	卷五五	一一
卷五六	一五	卷五七	一五	卷五八	一二
卷五九	一五	卷六〇	一一	卷六一	一二
卷六二	九	卷六三	一一	卷六四	一二
卷六五	一〇	卷六六	一二	卷六七	一〇
卷六八	九	卷六九	八	卷七〇	九
卷七一	一一	卷七二	九	卷七三	一一
卷七四	一一	卷七五	九	卷七六	一一
卷七七	一〇	卷七八	一〇	卷七九	一五
卷八〇	一六	卷八一	一二	卷八二	一三
卷八三	一二	卷八四	一二	卷八五	一三
卷八六	一一	卷八七	一一	卷八八	一五
卷八九	一四 [illegible]	卷九〇	一二	卷九一	一一
卷九二	一〇 [illegible]	卷九三	一〇	卷九四	一〇

卷九五　一一　卷九六　一四　卷九七　一三
卷九八　九　卷九九　一三　卷一〇〇　一二

補寫
周序、二
目錄上、六九、七〇
目錄下、四五、四六、四九、五〇　計二一葉分
卷三、一一、一二
卷一四一、七、八
卷一八、九、一〇、一七
卷二三、二
卷二六、一一、一二、上半
卷二七、七、八
卷三〇、一一、一二
卷四一、一二

卷四七ノ一四

卷六二ノ九

卷六七，五一八

卷六八ノ七

卷六九ノ一、二

卷八六ノ一、二

卷九二ノ八下半、九下半

卷九五ノ五、六

缺葉

姓氏三、一

卷七二ノ一、二

刻工

原刻部分 寸 方 代 朱 肖

於 彥 施惠 張

明修補刊　王林　王佛　吳五　高泰
張振　舒閔　舒閔星

識語　近人：傅增湘（自筆）
丙辰四月二十八日校畢　增湘

近人　莫棠（自筆）
元刊本樂府詩集汲古本所從出也嘗見明代刊本多嘉靖補刊之葉藏書家所著錄大抵相同此本首尾無一補版　在明初未入南雍以前傳摹幸亥乱後盜竊天一閣范氏書之一予見而論價不諧遂為柳君蓉邨所得屬為審定因記　甲寅九月獨山莫棠

清、陸貽典（傅增湘寫）
庚辰仲冬朔借虎定遠侯本補勘畢　勅先識

清、陸貽典（〃）

近人・傅增湘（自筆）

印記 「藏園」（朱文方）「江安傅沅叔藏書印」（朱文長方）

「傅晉生胡素行夫婦長生安樂」（朱文方）「傅增湘」（白文方）「書潜」（朱文方）

「傅沅叔藏書記」（朱文長方）「沅叔手校」（朱文方）「傅忠謨」（白文方）

向借馮氏校本勘一過距今已二十八年矣頃從毛黼季借得亡友趙

靈均馮本

清、陸貽典（〃）

清、陸貽典（，）

「雙鑑樓」（朱文方）　「藏園」（朱文方）　「江安傅沅叔藏書記」（朱文長方）

「增湘」（白文方）　「藏園」（朱文方）　「藏園點勘羣書」（朱文長方）

「沅叔」（朱文橢円）　「雙鑑樓藏書印」（朱文長方）　「洗心室」（朱文方）

「沅叔」（朱文小方）卷七十二　「懷廬」（白文方）本　雙鑑樓（朱文長方）

以上　近人・傅增湘

「國立中央圖書館收藏」

樂府詩集

一〇〇卷目二卷
宋郭茂倩編　元至正刊（補寫）　四〇貴

「元至正元年周慧孫序」　缺、
「樂府詩集序」
作者姓氏　缺
「樂府詩集目錄」
緣記　劉影　不載
鄧書

元至正刊明修本。傅氏舊藏本ト共ニ前後ノ印本ナリ。
缺葉欄版一致スル所アリ。傅本ノ陸貽典ノ跋ヲ鄧邦（羣碧樓主）

述移寫ヲ了シ、手跋ヲ加フ。

補寫

樂府詩集序 一、二

目録上

目録下 四五、四六、四九、五〇

卷三、一二、一三

卷二八、二七

卷三〇、一一、一三

卷四三、一〇

卷六二、九

卷六七、五一八

卷六八ノ七下半
卷六九ノ六二
卷九二ノ五、六
卷九五ノ五六
卷一〇〇ノ一二

缺葉　周慧孫序
李孝先序ノ三
作者姓氏
卷一二ノ六二

識語　陸氏ノ外
叡邦述（自筆）
己未十一月校竟　邦述

又

乙未之歲江安傅沅叔同年借得陸勑先手校樂府詩集以元刻本過校

中大同七班ノ外

印記「羣碧樓」（朱文長方）「元刻本」（朱文長方）「羣碧樓」（朱文長方）

近人、鄧邦述

（迂齋先生標註）崇古文訣　四冊

三五巻、（巻五—七、一四—三五缺）宋樓昉編　元刊

寶慶丁亥姚瑤跋

「迂齋先生標註崇古文訣目録」

綴記　劉彰　鄧新目不載

元刊麻沙本。毎半葉十一行、行二十一字、小黒口、單邊。

時ニ旁注アリ。匡郭内縦四寸九分半、横三四寸二分半。（巻三）。

舊彰書影ト同版。

「四庫總目」集類收入。

本書ハ先秦ヨリ宋朝ニ至ル古文ヲ選録シ、評ヲ加

ヘタルモノ。宋刊本ハ靜嘉堂ニ二十巻ヲ傳フ。此書

殘本ニ

紙數　姚跋　三　目錄　一五　巻三　一〇（一丁二アリ）

巻四　一二　巻八　一五　巻九　一四

巻一〇　一一　巻一一　七　巻一二　一二

巻一三　六

缺葉　巻一、二

巻五至七 ─ 全缺

巻一四至三五

印記　中央圖書館

「眞文忠公」續文章正宗　二〇卷　宋眞德秀編　宋刊　一〇冊

「眞文忠公續文章正宗目錄」

宋刊元明修本。每半葉十一行、行二十一字、白口、左右雙邊。版心ニ字數、下方ニ刻工名アリ。匡郭内縱七寸四分半、横五寸五分。宋諱愼缺、郭不缺。

本書四庫總集類收入。北宋ノ文ヲ選錄シ、卷一ニ論理、三至十六敍事（更ニ分ツ）、十七至二十論事。ニ分ツ。

紙數

目錄	一五	卷一	二七	卷二	二七
卷三	三四	卷四	四四	卷五	二五
卷六	二七	卷七	三六	卷八	三六
卷九	四三	卷一〇	三〇	卷一一	一五
卷一二	二一	卷一三	三七	卷一四	三五
卷一五	二三	卷一六	三〇	卷一七	二六
卷一八	三九	卷一九	一八	卷二〇	一

缺葉 卷五 一、二

卷二〇 一 （有卷末）

刻工 原刻部分 士 友 友真 毛 王

同 宋 朱通 宋 芦

芦洪 洪 章 稽 通

董 董囗文

補刻新刊 弓 之 文正 乏 正

玉泉 仲和 因 李 汪

肖 和 明 徐天祥 翁

祥 璟 趙 應

印記

本館以朱文大方印（筆）

「國立中央圖書館攷藏」

唐人集 残本 明刊（銅活） 六貴

序跋 缺

識記 鄧新目不載

明銅活字印本。毎半葉九行、行十七字、細黒口、左右雙邊。匡郭内六寸一分半、横四寸強。總名ヲ知ラズ。駱賓王集二巻、楊烱集二巻、沈佺期集四巻ヲ存シ、別ニ同ジ活字印本ノ李嶠集三巻、陳子昂集二巻、張説之集八巻 唐玄宗皇帝集二巻、虞世南集

一巻ヲ存スルモ、傳來ヲ異ニシ、本ノ大小亦一様ナラザルヲ以テ別ニ著錄ス。コノ三種、清ノ田耕堂舊藏。

本書ト同種ノモノ果シテ錢家印行セラレシカ、明ナラズ。叢書擧要ニモ該當スルモノナシ。靜嘉堂文庫ニ傳存スルモノ、陸存齋舊儲ニシテ、

杜審言集二卷　孫逖集一卷

沈佺期集四卷　王勃集二卷

駱賓王集二卷　虞世南集一卷

許敬宗集一巻　唐玄宗皇帝集二巻
嚴武集一巻　李嘉祐集二巻
ノ十種アリ。之ニ十唐人集ノ名ヲ附セルモ、假題ノミ。
彼此合スレバ十四家ナリ。

八千巻樓書目ニハ巻十九

唐八家合集四十二巻　不著編輯者名氏　明活字本

ヲ録シ、江蘇省立國學圖書館圖書總目巻四十四
ニハ、之ヲ改メテ

唐人小集十八家六十七卷　闕名　明活字本

トナス。同目卷三十一ニヨリテ検出スレバ、十八家ト八

虞世南集一卷　唐太宗集二卷

許敬宗集一卷　李嶠集三卷

張説之集八卷　儲光羲集五卷

唐玄宗集二卷　嚴武集一卷

高常侍集八卷　皇甫冉集二卷

皇甫曾集二卷　李嘉祐集二卷

錢考功集十卷　韓君平集三卷

戴叔倫集二卷　劉隨州集十卷

羊士諤集二卷　李益集二卷

ニシテ、初盛中三唐ニ渉リ、之ヲ前ニ者ト對照スレバ、合セテ二十家トナル。外ニ瞿目巻十九ニ常建集二巻アリ、或ハ同種本カ。然ラバ併セテ幾家ナルカ、愈明ナラザルナリ。暫ク記シテ、後攷ヲ竢ツ。

紙數

駱賓王集序 一 〃卷上 二六 〃卷下 三〇

楊炯集卷上 一九（一五葉稀乃）卷下 一一

沈佺期集卷一 一二 〃卷二 一二 〃卷三 一六

〃卷四 六

印記

「田耕堂藏」（朱文方）

「劉承幹字貞一號翰怡」（白文方） 「吳興劉氏嘉業堂藏書印」（朱文方） 直人劉承幹

「國立中央圖書館攷藏」

〔唐人集〕　残本　明刊（銅活）　三貴

序跋缺

識記　鄧新目　不載

明銅活字印本。前書ト同種ノ活字ナリ。但シ、白紙欄印本ナリ。張説之集八巻、唐玄宗皇帝集二巻、虞世南集一巻ヲ存ス。

紙數　張從之集卷一　一一　卷二　一〇
卷三　一〇　卷四　一一
卷五　一二　卷六　一〇
卷七　一〇　卷八　一二
唐玄宗皇帝集卷上　七　卷下　一〇
虞世南集　一一

印記　「後王旦一日主」（朱文方）　「松江讀有用書齋金山守山閣兩後人韓德均錢潤文夫婦之印」（朱文長方）

「張」「珩」（朱文連珠方印）　「德均審定」（白文方）

「蔣祖詒讀書記」（朱文長方）

韓應陛

「古婁韓氏應陛藏陽父号珍藏善本書籍印記」（朱文長方）

「韓應陛鑒藏宋元名鈔名校各善本于讀有用書齋印記」（朱文長方）

「韞輝齋」（白文方）

「甲子丙寅韓德均錢潤文夫婦兩度攜書避難記」（白文方）

「和蕭敕政瀚郁氏珍藏」（朱文方）

「烏程蔣祖詒藏」（朱文長方）

「張珩私印」（白文方）

「韞輝齋圖書印」（朱文長方）

「甲寅人」（朱文長方）

「國立中央圖書館攷藏」

〔唐人集〕　零本　明刊（銅活）　二十貫

序跋　缺

繆記　鄧新目　不載

明銅活字印本。前書卜同種ノ活字ナリ。李嶠集二巻ヲ存ス。叢書ノ零本トシテ單行本扱ヲナスベキモ、別々トナルコトヲ恐レ、便宜零本トシテ此ニ附ス。

紙數　巻上　一二　巻中　一七　巻下　二一

缺葉　巻中ノ一　巻下ノ一〇

印記

「陳留郡人」（白文方）「柳華閣侵簃僑竹里人家」（朱文長方）

「御賜蘊眞逸」（朱文長方）

「字儋衡」（白文方）

「翰墨流香」（白文方）

「文元發」（朱文方）

「大興馮氏畫數齋珍收藏圖書記」（朱文長方）

「管理中英庚款董事會保存文獻之章」（朱文長方）

「國立中央圖書館攷藏」

唐人集　　零本　　明刊（銅活）　　一貫

序跋　缺

鈔記　鄧新目　不載

明銅活字印本。[redacted]書ト同種ノ活字ナリ。陳子昂集二巻ヲ存ス。便宜上此ニ録ス。

紙数　巻上　二〇　巻下　一四

缺葉　巻上　二一ー末

印記　「沈印誠」（白文方）「瀋陽」（朱文方）

「家傳碧落清居」（白文方）

「游于象帝之印」（白文方）

「管理中英庚款董事會保存文獻之章」（朱文长方）

「國立中央圖書館收藏」

知稼翁詞 （四庫全書零本）宋黄公度 清赤慶寫 一貴

提要

繆記 鄧新目 不載

文瀾閣四庫全書零本。本文首尾ニ各「古稀天子之寶」「乾隆御覽之寶」大方印アリ、壬子文瀾閣所存書目巻四ニ「補鈔」トアリ。即チ佚出セルガ是ナルベシ。原前表紙ヲ存ス。

庚辰（民國二十九年）羅振常ノ手識アリ。

紙數　提要二　本文一一

識語

此乃吾浙文瀾閣藏本咸豐中因髮匪亂散出者此次杭垣被兵西湖上閣書事先又捆載他移將來能否珠還有無損毀均不可知則此碩果僅存者顧可不視為鴻寶乎庚辰仲春檢閱再誌

「羅振常讀書記」

印記

「古稀天子之寶」（白文大方）

「乾隆御覽之寶」（朱文大方）

「上虞羅氏終不忘齋藏書」（朱文長方）

「希世古文」（朱文方）

「國立中央圖書館攷藏」（白文長方）

270

遺山樂府　三卷　金元好問　朝鮮刊　三貴

「遺山自題樂府引」

「遺山樂府目錄」

繆記　未載

朝鮮李朝初期刊本。每半葉十行、行十八字、小黑口雙邊。首次行「太原元好問裕之」卜題ス。匡郭内縱五寸二分半、横三寸五分強。本邦傳來、「養安院藏書」印記アリ。曲直瀬氏舊藏。森志未著錄。

辛巳（民國十六年）吳庠手識アリ。文中イフ所、湾園ハ陶湘、天津在住ノ藏書家、趙叜雲名ハ萬里、徐森玉名ハ鴻寶、共ニ國立北平圖書館ニ員。

紙數　引ニ　目錄ニ　卷上ニ一

卷中ニ五　卷下ニ八

補寫　引ニ

目錄ニ

卷下ノ二八後半

識語　近人、吳庠

遺山樂府弘治五年高麗本最晚出亦最□以長篇詞題後來五卷本率多不識不獨溢出詞二十餘闋也伯宛吳氏曩從藏園傅氏借得彊邨朱氏初校刻之據俗本改字伯宛極不謂然涉園陶氏再影刻之雅存真面訛謬頗多今年春趙君斐雲由舊京南來云別見一高麗本因介老友徐君森玉託斐雲轉借以來三卷同闋數次序亦同所微異

於

者弘治本半葉十行行十七字此則半葉十行行十八字刀刻渾厚頗□弘治本後跋月城李氏所謂舊本者卽此刻取涉園本細校數過凡訛奪處皆可校正良足快心所尤可珍貴者弘治本中卷原闕第二十二葉朱氏校刻時不知據何本補入二三闋文非置勿論惟虞美人桐陰別院宜清曉畫一闋其詞題僅存題蘇小小圖五字而此本則為祕書監觀美人圖戲書所見蘇小髻後插金鳳釵鳳嘴插萱草一枝凡二十五字非此則詞尾倒插一枝萱草鳳釵頭將不知所謂矣下卷尾葉殘缺其半有無後跋不可得知細玩卷端遺山引言之刀法與遺山樂府目錄六字猶佔二

行之款式」此刻尚在元大德間不知森玉以爲何如校畢坿記敬

言辨深借伯宛璧封滂園諸老皆不及見之也辛巳四月吳庠眉孫 眉孫

印記

「養安院藏書」（朱文長方） 日本曲直瀨氏

「枕山書房」（朱文長方）

「　　　」（朱文方）

「國立中央圖書館攷藏」

經部

一 易類

周易

一〇巻 魏王弼、晉韓康伯注、唐陸德明釋文 明嘉靖刊（味經堂） 四乙 中劉

無序跋

明嘉靖中趙府味經堂刊本。九行十八字。卷十八周易略例（魏王弼撰唐邢璹注）ナリ。清ノ莫友芝舊藏。「莫友芝圖書印」朱文長方印、及ビ莫彝尊・莫繩孫ノ舊藏印記アリ。劉氏嘉業堂舊藏。

周易兼義（一名周易注疏）九巻 附周易畧例、周易音義各一巻

魏王弼・晉韓康伯注 唐孔穎達等疏（畧例）魏王弼撰 唐邢璹注（音義）唐陸德明 明嘉靖刊（附刻）李元陽

五 乙

史 劉

「周易正義序」（唐 孔穎達）

明嘉靖中李元陽校刊本。イハユル閩本十三經注疏ノ一。白紙印本、ナホ早印ニ係ル。（「易經註疏」ノ原題簽ヲ存ス。）近人丁福保舊藏。「丁福保印」白文方印、「丁福保鑒藏經籍圖書」白文方印アリ。又、吳興ノ周氏言々齋舊藏、「（曾留）吳興周氏言々齋」白文長方印「言言齋善本圖書」朱文

長方印アリ。劉氏嘉業堂舊藏。

易傳集解

一七表（甲）周易集解略例（略）魏王弼撰　唐邢璹注　明嘉靖刊（三六）（聚樂堂）
唐李鼎祚　一八乙

中（庚）

「刻李氏周易集解序」（嘉靖丁巳、潘恩）

「刻周易集解序」（〃、朱睦㮮）

「周易集解序」（李鼎祚）

明嘉靖丁巳（三六）宗室朱睦㮮聚樂堂刊本。八行十八字。版心上方ニ「聚樂堂」ノ三字アリ。「揥」ノ印アリ、

明治初年本邦ヨリ逆輸入セラレタルモノ。

本書四庫收入。此本傳本稀ナリ。

易解附錄（秘册彙函零本）一卷　漢鄭玄注、明胡震亨補　明萬曆刊　一函　中

秘册彙函本易傳（唐、李鼎祚）十卷ノ附錄トシテ刊行セラレタルモノナリ。清ノ惠棟ノ補注ヲ書寫補入ス、ソノ筆、者明ナラズ。

周易傳義　（巻題周易）一〇巻首一巻
宋程頤傳、朱熹本義　明正統刊（司禮監）　一二乙　中刻

司禮監欽奉聖旨刊誥（正統十二年）
「易傳序」（元符二年、程頤）
「易圖」（朱子）
「易說綱領」
「上下篇義」
「易五贊」、
「筮儀」

明正統中司禮監刊本。八行十四字。巻首
天字　頭
「周易巻之一」、次行三行「程頤傳、朱子本義」ト題ス。

卽チ、四庫收入ノ易傳及ビ周易本義ヲ合刻シタルモノナリ。卷首ニ捺サレタル「廣運之寶」ハ正統帝ノ印記ナリ。劉氏嘉業堂舊藏。

周易傳義（巻頭周易）宋程頤傳 朱熹本義 一〇巻首一巻 明刊 一〇丙 中刻

明刊本（大字）。司禮監刊本ヲ覆刻シタルモノナリ。「古里瞿氏記」ノ舊藏印記アリ。鐵琴銅劍樓ノ舊藏カ。劉氏嘉業堂舊藏。

周易程朱傳義（巻頭周易 宋程頤傳 朱熹本義）二四巻首一巻 明嘉靖刊（吉澄） 一二丙 中刻

福建巡按監察御史開州吉澄校刊本、巻七・一一・一六・二一・二四ニ木記アリ。版心ニ刻者姓名アリ。次ニ列スル覆刻本ニハ刻工ナク、巻七・一一・一六・二一ニハ原木記、巻末ニハ「福建建寧府知府曲梁楊一鶚重刊」ノ木記アリ。

周易傳義大全　零本一冊（卷之二）　一乙
明胡廣等奉勅編　明刊　中度

皇白

明刊本。十二行十七字，中二十字，小雙行二十二字「天祿琳琅」白文方印「乾隆御覽之寶」朱文橢円印「天祿琳琅」朱文方印アリ。

天祿琳琅書目後編卷十二著録。

古文周易傳義約説　一二巻　明方獻夫　明嘉靖刊　四冊　中

明嘉靖中（辛丑（一五四一））半洲蔡公刊罝ロ本。（大行十二字注雙行。）程朱ノ傳義ヲ約説セル意。

ソノ古文ヲ稱スルハ上下經ト十翼ト各自篇ヲ成セバナリ。

嘉靖甲子（庚（一五九））自序。「秦峯」ノ印記アリ。清ノ郁松年舊藏。

本書四庫存目、傳本稀。

周易本義通釋

二巻十傳一〇巻
宋朱熹本義　元胡炳文通釋　明正德刊(明經書院)一〇乙　中

「本義通釋後序」(正德十五年、胡珙)

明正德中九世孫珙輯校本。十一行二十四字。(上下經ト十翼トハ巻次ヲ別ニス。)翰林院舊藏。大方印アリ。

本書四庫收入。元ノ延祐中ノ作。朱子ノ本義ヲ諸家ノ説ニヨリテ補ヒシ書ナリトイフ。

楊氏易傳　二〇卷　宋楊簡撰　明劉日升・陳道亨校　明萬曆刊　二函　十二冊

明萬曆刊本。乙未（萬曆二三）序。清ノ王鳴盛（「王鳴盛印」白文方印「鳳喈」朱文方印）・朱澂（「結弌廬藏書印」朱文方印）ノ藏書印ヲ捺ス。劉氏嘉業堂舊藏。

四庫收入本ハ提要ニヨレバ此本ナリ。經義考著錄ノ慈湖易解十卷ハ書名卷數共ニ異ナリ、提要ハ校者劉等妄改シタルモノ、原書ノ眞ヲ傳ヘザルモノカト疑フ。本書ハ心性ヲ以テ易ヲ說クトナス。

易說（東萊易說）二卷
舊題宋明呂祖謙 明崇禎刊（浣花居） 二乙 中

序跋缺

明崇禎中茅氏浣花居刊本。八行十八字。版心下方ニ「浣花居」ノ三字アリ。國學圖書館目ニヨリテ、崇禎中ノ刊行ナルヲ知ル。

本書四庫存目著錄。提要ニ、實ハ呂喬年ノ麗澤論說集錄ノ前ニ卷ヲ鈔出刊行シタル僞書

ナリト断ズ。　且、序文ヲ缺クヲ以テ別置ノ要ナキ似

タレドモ、此書ハ四庫館蒐本ノ一ニシテ、表紙ニ

「乾隆三十八年十一月浙江巡
撫三寶送到鮑士恭家藏
易說（「口字朱書」）壹部
計書貳（「朱書」）本」

ノ朱印、卷首ニ翰林院ノ大方印ヲ捺シタル外、書中ニ

「總辦處閱定擬存目」ノ朱印ヲ捺シ、「易說」「重本」ノ墨

書アルヲ紙片ヲ插入ス。コノ紙片ハ他ノ存目ノ
底本ニモ殆ド傳存セザルヲ以テ、之ヲ別置ス。存目著
錄本ハ江西巡撫採進本ナリ。

周易要義

一〇卷首一卷　宋魏了翁　清寫　四乙　十

無序跋

清寫本。十行二十二至四字書寫。「牧庵流覽所及」校

印記ハ清ノ吳翊鳳用ヰシ所、「周印星詒」白文方印、「季貺」白文方印、「祥符周氏瑞瓜堂圖書」白文方印「星詒印信」白文方印「星詒」朱文方印、「季貺」朱文方印「瑞瓜堂印」朱文方印」等ハ清ノ周星詒

ノ藏印ナリ。

本書ハ九經要義ノ一ニシテ、注疏等ノ文ヲ題ヲ設ケテ編錄シタルモノナリ。四庫收入。未刊本。

易大全纂　殘本　明羅萬化　明寫（自筆）　三乙　中

無序跋

朱格

明寫本。版心上方ニ「有是園」ノ三字アリ。有是園ハ著者讀書ノ處ナリ。自筆稿本ナルベシ。九行二十二字。上下經ニ止マリ、上經ノ下冊ヲ佚ス。宣統元年、天祿辟邪室主人ノ手識一葉ヲ附ス。イフ、萬化、字ハ康洲、會稽ノ人。王陽明ノ弟子ナリト。

四庫未收。大全ヲ編錄シタルモノカ、異日攷フベシ。

易經精編　二四巻首一巻　明朱綬　明嘉靖刊　八丙　中到

明嘉靖中家刻本。十行二十字。劉氏嘉業堂舊藏。

本書四庫未收。宋學ヲ以テ易ヲ說ク。嘉靖甲申（三）ノ自跋ニヨレバ、撰者ハ正德壬申（七）官ヲ辭シ、翌年ヨリ十二年ノ歳月ヲ費シテ之ヲ成シタルモノ。綬、字ハ文佩、嘉興ノ人、翰林院檢討ヲ以テ致仕ス。嘉靖元年、年八十。

讀易餘言　五卷（卷三至五缺）明崔銑　明嘉靖刊（崔氏家塾）　一函　中

明嘉靖中崔氏家塾刊本。十行二十字。卷三至五ヲ缺ク。靜嘉堂ニ完本アリ。「泰峯」ノ印記アリ、清ノ郁松年舊藏。

本書四庫收入。提要ニイフ、程傳ヲ以テ主トナシ、カネテ王弼・吳澄ノ說ヲ採ル。朱子ノ本義ト頗ル異同アリト。嘉靖庚子（一九）自序。

周易義叢　一六巻首一巻　明葉良佩　明嘉靖刊　八函　史刻

明嘉靖刊本。十行二十二字。「補刻」（例ヘバ巻九ノ三アリ。）劉氏嘉業堂舊藏。

本書ハ四庫存目著錄。古來ノ注釋ヲ彙編シ、自說ヲ加ヘタルモノ。諸家ノ說ハ時代ノ順ニシ、本義ノミ首ニオク。皆出處ヲ注記ス。末ニ「測曰」ト標シテ自說ヲ加フ。嘉靖二十六年自序。本邦重安藏書目未著錄。

周易説旨　二巻首一巻　明羅倫撰　陳禹謨編　明萬曆刊　四丙　中

明萬曆中南昌府知府何樹官刊本。十行二十二字。萬曆辛卯（一九）陳禹謨序。

四庫未收。本邦重要書目未載。首ニ周易ノ卦辭ノ爻辭・九六・彖傳ノ象傳ノ文言傳ノ十翼ノ上下經（併）ノ義ヲ説キ、本文ハ朱子ツイデ呉氏其他ノ説ニ或ハ本ツキ或ハ之ヲ補フ。羅氏ノ集ハ別ニ（四庫）集中ニ收ム。

冥冥篇　共五巻　明蘇濬撰　蘇廷楠校　清寫　二乙　中

「冥冥篇序」（萬暦癸巳六、二、黄文炳）

「題冥冥篇」（男 廷楠）

「冥冥篇叙」（門人 李光縉）

「冥冥篇序」（蘇濬）

清寫本。九行十九字。板本ノ寫カ。翰林院ノ大方印アリ。

本書四庫存目著録。心学ヲ以テ易ヲ説ク。二氏ノ影響アリ。本邦重要藏書目未著錄。

像抄　四巻又二巻 明録一本　明萬曆刊　一二丙　中刻

明萬曆刊本。十行二十一字。萬曆四十一年自序。劉氏嘉業堂舊藏。

四庫存目著錄。本邦重要書目未載。提要ニイフ、陳摶ノ數学ヲ敷衍シタルモノト。巻一卦圖、巻二繋傳、巻三附錄各書（書札）、巻四附錄雜吟咏。別ニ上經巻上、下經巻下アリ。

易參（卷頭易經）五卷　明喻安性　明萬曆刊　一〇兩　虫損

明萬曆刊本。九行二十字。萬曆甲寅（四三）鄒元標、翌年

用汝登序。劉氏嘉業堂舊藏。

四庫未收。本邦重要書目未載。喻氏、字ハ中卿、東

越ノ人。目錄ニ「易參」ト題ス。上下經各二卷、繫辭・說卦

・序卦・雜卦共一卷。大旨、易ヲ以テ人事ヲ說ク、故ニ、イ

フ身ヲ以テ易ヲ會スト。

二　書類

書經集註　一〇卷　宋蔡沈　明萬曆刊　一二丙　中

明萬曆甲刊巾箱本。九行十七字。

亟近人劉世珩舊藏。「貴池劉世珩鑑藏經籍金石書畫記」ノ小方印アリ。

書集傳 （巻頭書一）六巻 書圖一巻 書序一巻 首一巻　一五乙
宋蔡沈集傳 元鄒季友音釋 明正統刊（司禮監）　中型

司禮監欽奉聖旨刊語（缺）
「書集傳序」（嘉定己巳、蔡沈）
「書圖」
「朱子説書綱領」
「書序」
「書序」末
明正統中司禮監刊大字本，八行十四字。巻首頭「書
巻之一」、次行「蔡沈集傳」ト題ス。正統ノ刊語ナケレ

ド、撫刻極メテ精、圖書寮目ニイフ官刊本ナルベシ。
姚振宗快閣師石山房・劉氏嘉業堂舊藏。首ニ
師石山房ノ識語一葉ヲ冠ス。

書集傳（卷頭書）宋蔡沈集傳 六卷 首一卷（卷五缺） 元鄒季友音釋 明刊 五丙 十

明刊大字本。司禮監刊本ヲ覆刻シタルモノナリ。書圖ナシ。「風雨樓」ノ朱文方印ヲ捺ス。近人鄧實舊藏。

書傳會選　六巻　明劉三吾等奉勅撰　明嘉靖刊（味經堂）　六丙　中廻

明嘉靖中趙府味經堂刊本。九行十八字、版心上方ニ「味經堂」ノ三字アリ。

四庫收入。蔡傳　朱子ノ歿後ニ成リ、議スベキアリ。ヨリテ、三吾翰林ニ職ヲ奉ジ、太祖ニ上聞シテ許サレ、勅命ニヨリテ、天下ノ儒士一堂ニ會シ、漢代石渠閣白虎觀ノ先例ニ倣ヒ、校定ヲ行ヒ、當レルハ存シ、誤レルハ正シ、諸家ノ説ヲ採リテ備ハラザルヲ補フ。劉氏嘉業堂舊藏。

靜嘉堂ニ同種本アリ。

書傳大全　一〇卷　書圖一卷首一卷書序一卷
明胡廣等奉勅撰　明刊（官刊）　二二乙　中列

「書傳大全凡例」

「書傳大全圖」

「書集傳序」（嘉定己巳、蔡沈）

「書説綱領」

「書序」

「書序」在

明官刊大字本。十行二十二字。題（摩）簽若干ヲ存ス。八、十七冊

劉氏嘉業堂舊藏。

禹貢論　二卷、禹貢後論一卷、禹貢山川地理圖一卷　宋程大昌　清寫　六乙　中

「禹貢論叙」（淳熙四年、程大昌）

「禹貢後論序」

「禹貢山川地理圖序」（淳熙四年、程大昌）

「程尚書禹貢論圖序」（淳熙辛丑、彭椿年）

淳熙　辛丑陳應行跋

清鈔本。九行二十二字。無界。「曹溶之印」白文方印。卷中硃校アリ。

「潔躬」朱文方印ヲ捺ス。清ノ曹溶（棣亭）舊藏。

末ニ清ノ顧沅ノ手跋アリ。

此書曹倦圃藏。係旧抄本。与通志堂本多地理志且按四庫亦異。辛亥午月十五日。得于四明書肆。可宝也。藝海樓主人記

本書四庫収入。通志堂經解ニ（又トド圖ノ敘説ナシ）清芬堂叢書本ニハ地理圖ナク。指海ニハ地理圖ノミアリ。論ハ前人ノ失攷ヲ糾シ、河川ヲ主トス。後論ハ河汴ノ水患ヲ論ズ。圖ハ關係ノ古今ノ山川圖ニシテ、辨又ハ敘説ヲ加フ。

禹貢論　殘本　存巻上・禹貢山川地理圖巻上　宋程大昌　清寫（影宋）　二甲　中

「禹貢論叙」（淳熙四年、程大昌）

「禹貢山川地理圖序」（淳熙四年、程大昌）

清影宋鈔本。十二行二十二字、無界。精鈔ナレド、残缺ナルハ惜ムベシ。本文ハ前本ト同一系統ナリ。宋諱桓ヲ闕ト避クコト（九）亦同ジ。

静嘉堂目ニ影宋鈔本トアルモノ影鈔本ナラズ。本書愈尚ブベシ。

（姑蘇新刊）禹貢說　明鄭曉撰　徐胤錫校　明隆慶刊　一乙　忠

隆慶二年徐胤錫跋

明隆慶中門人徐胤錫校刊本。十二行二十四字。

劉氏嘉業堂舊藏。

本書四庫存目著録。本邦重要書目不載。鄭ガ嘗ツテ舉業ノ爲ニ徐ニ授ケシモノヽ、禹貢ノ本文ヲ引イテ詳說ス。提要ニイフ、ソノ內、閻若璩取リシモノアリト。

禹貢匯疏　一二卷圖經二卷附一卷　明茅瑞徵　明崇禎刊　六丙　中

明崇禎中吳興茅氏刊本。九行二十字。

四庫存目著錄。崇禎壬申(五)自序。禹貢ヲ說イテ、漕運農政ノ便ニ供セントシタルモノ。圖經上ハ鄭曉ノ圖ヲ訂シタルモノナリトイヒ、全圖・九州圖・導水圖等、同下ハ諸家ノ說ニ基イテ補ヒシモノ、歷代京都行政・河源漕河河套等ノ圖、各二十四圖ヲリ成ル。本文、九州九卷、

導山・導水各一卷、九州所同至末一卷、皆經文ヲ錄シ、
注疏ノ要ヲ採リ、東坡傳ノ長ヲ引キ、大全諸家ノ長
採ルベキヲ錄シ、自說其他ヲ「箋」ト標シテ加フ。蔡傳
ハ別行スベキヲ以テ、訂定ノ部分ニ限レリ。附錄ハ「神禹
別錄」ト題シ、傳說ニ奔ル。
傳本多カラザル如キモ、閣庫・京都研究所ニアリ。

三 詩類

毛詩鄭箋纂疏補協　漢鄭玄箋明屠本畯纂疏補協　明萬曆刊

二〇丙　中刻

明萬曆中去鬖堂刊本。十行二十字。内閣文庫ニ同種本ヲ藏ス。劉氏嘉業堂舊藏。

四庫未收。音釋補協ハ少久注記ス。

詩集傳（卷頭詩）二〇卷　詩圖一卷　首一卷　詩序一卷　一二七　中刋
宋朱熹　明正統刊（司禮監）

「詩傳序」（淳熙四年、朱熹）
「詩傳綱領」
「詩圖」
「詩序」

明正統中司禮監刊大字本。八行十四字。卷頭「詩卷之一」次行「朱熹集傳」ト題ス。正統ノ刊語ナク或ハ覆刻本カモ知レズ、未攷。朱子ノ刪リシ詩序附刊。劉氏嘉業堂舊藏。

詩集傳　（巻頭詩）宋朱熹　二〇巻　明萬曆刊　一六丙　中

明萬曆刊巾箱本。九行十七字。前出書經集註ト共ニ五經ノ一トシテ刊行セラレシモノナラン。近人劉世珩舊藏。印記アリ。

呂氏家塾讀詩記　三二卷　宋呂祖謙　明嘉靖刊（覆宋）　二〇乙　中

嘉靖辛卯陸釴序（缺）

「呂氏家塾讀詩記敍」（淳熙壬寅朱熹）

明嘉靖刊本。十四行十九字，左右雙邊。宋諱ヲ往々缺クヲ以テ宋刊本トイフモノアレド非ナリ。「元本」ノ印ヲ捺セド亦非ナリ。本書卷末一葉ヲ補寫ス、本記アリシカ。補寫ノ文字亦妄ニ記セルガ如シ。

内容萬暦刊本ヨリ多シ。例ヘバ卷一第七葉論語ノ一

條、彼ニナタ、シ。

近人劉世珩舊藏。印記アリ。又五松居士（　）

宋版ト鑑定シタル手識アリ。

呂氏家塾讀詩記 三二卷 宋呂祖謙 明刊 一〇丙 中

明刊本。前者ノ覆刻ナリ。頗ル近似スレド匡郭稍

大、文字多少差アリ。後印補修トイヒ難キヲ覚ユ。

卷二十七ノ第二十九・三十ノ兩張ハ原缺ナリ。萬曆刊

本ハ此本ヨリ出ヅ。

詩緝 三十六巻首一巻 宋嚴粲 明嘉靖刊（味經堂） 一二丙 中（刻）

明嘉靖中趙府味經堂刊本。九行十八字。版心上方ニ「味經堂」ノ三字アリ。靜嘉堂・尊經閣ニ同種本アリ。劉氏嘉業堂舊藏。

四庫收入。圖書寮ニ元刊本アリ。天保刊本通行ス。

詩經疏義會通　二〇巻 首一巻 圖一巻 小序一巻　元朱公遷撰 明何英補 明王逢編　明嘉靖二刊　二四乙　中[illegible]

「詩集傳疏義序」（至正丁亥、朱公遷）

「詩經疏義序」（淳熙の年、朱熹）

「讀詩凡例」

「詩經疏義凡例」

「詩經疏義外綱領」

「ーーーー小序」

「ーーーー綱領」

「詩經大全圖」

明嘉靖二年福建書林劉氏安正堂刊本、十一行二十

一字、字様ヲ見テ、初心者ハ元末明初刊本トナサンモ
本書ハ正統中初版、安正堂（弘治・萬曆間ノ福建ノ
書坊）重刊本ナリ。巻頭ニ「書林安正堂劉氏重刊
ノ文字、巻末ニ「癸未年仲夏安正書堂刊」ノ木記ア
リ。書林清話著録、嘉靖二年ノ刻トナス。巻首序
例全ク静嘉堂所藏同版本ト同ジ。正統甲子何英
ノ後序ハ共ニ缺クカ。朱子ノ序ノ首ニ「黄虞稷印」

ノ印記アリ。半「貞臺舊儲ナリ。劉」氏嘉業堂藏。」

本書四庫收入。輔廣（潜庵）ノ説ヲ擴充シ、概不朱子ノ説ヲ敷衍ス。古注疏ノ如シ。後同里ノ王逢及ビソノ门人何英、衆説ヲ採リテ補ス。大全圖ノ如キ、一見舊本ニ非ザルヲ見ルベシ。故ニ、細領ノ首才二至四行「後学番易朱公遷克升疏義」野谷門人王逢原夫輯録」松塢门人何英積中增釋」トアリ。推安

ニヨレバ、正統中書林華氏刊本ハ詩傳義詳釋發明ト題シ
版心ニ詩傳會通トアルガ如シ。

詩傳大全　二〇卷圖一卷首一卷詩序一卷
明胡廣等奉勅編　明刊（官刊）　一二乙　中（刘）

「詩傳大全凡例」
「詩傳序」（淳熙四年、朱熹）
「诗傳大全綱領」
「詩傳大全圖」
「詩序」末

明官刊大字本，十行二十二字。劉氏嘉業堂舊藏。

詩聴　二卷（卷下缺）　明馮時可　明萬曆刊　一函　中封

明萬曆刊本。九行十八字。版心ニ「元敏天池集」トアリ。劉氏嘉業堂舊藏。

四庫未收。萬曆己丑（一七）自序。詩序及ビ朱子ノ説ヲ取捨シ、足ラザルハ私意ヲ以テシ、各篇ノ作意内容ヲ説明シタルモノナリ。諸目ニ見エズ。

葩經旁意　明 逯一喬　明萬曆刊　一冊　中

明萬曆刊本。九行十九字。

四庫未收。萬曆癸丑（四一）曾廷彥ノ序。擧子ノ爲ニ各風各什各頌ノ內容ノ大意ヲ敍述シタルモノ。諸目ニ見エズ。

詩經類考　三〇巻　明沈萬鈳編　明崇禎刊　一六丙　[illegible]

明崇禎刊本。十行二十字。劉氏嘉業堂舊藏。

四庫存目著錄。崇禎中ノ作。詩經ニ見ユル名物典故ヲ分類輯錄シ、注解諸家古書ノ説ヲ引イテ釋シタルモノ。巻四至二十五ヲ本文ト觀ルベク、天文・時令・地理・列國・人物・宗族・官制・飲食・服飾・宮室・器具・珍寶・禮・樂・井田・封建・賦役（咸用）・刑獄・兵制・四夷・

禽虫・草木ノ各考ノ門ニ分ツ。多クハ細目アリ。前後ニ古今

論詩（本文辨）ニ逸詩・音韻、國風異同・小雅異同、大

雅異同・三頌異同ニ（併セテ說詩異同）・羣書字異ノ各考各一巻アリ。

韋壽氏詩經攷定　二四卷首二卷　明韋調鼎　明崇禎刊　二〇丙　中刊

明崇禎中门人新安ノ潘璁校刊本。十行二十字。劉氏嘉業堂舊藏。

四庫未收。崇禎庚辰（一三）自序。撰者幼ヨリ集傳ヲ讀ミ、先王父及ビ黄守拙ニ質シ、四家ノ異同ヲ究メ、諸書ニ攷ヘ、諸家ヲ引イテ語句ヲ解キシモノ、諸目ニ見エズ。

詩經圖譜慧解　一〇卷　清高儕鶴　清康熙寫（自筆）　二〇甲　中

「後愚詩説」

「詩義參詳」

「——————引義」附家訓

後序

清康熙中自筆稿本。九行二十二字。「高印儕鶴」白文

「蓼莊」朱文方印アリ。

四庫未收。諸家ノ説ヲ引キ、自己ノ説ヲ加ヘ、各篇各章

ヲ解釋批評ス。又、各篇ノ精密ナル圖ヲ加フ。圖ハ二南ノ

首ニ最モ多シ。高字ハ蓼莊、長洲ノ人。後序ニヨレバ、
魏仲初ノ詩脈及ビ凌濛初ノ聖門傳詩嫡冢ニ採リテ大
庚午（康熙二九）ヨリ丁亥（同四六）ニ至ル間ニホボ稿ヲ成
シ、己丑ノ冬、増修了リシナリ。

韓詩外傳 一〇巻 漢韓嬰 明嘉靖一八刊(芙蓉泉書屋) 五 乙 中

「———序」(嘉靖十八年 無名氏)

「韓嬰小傳」

楊祐序(缺)

「跋———後」(嘉靖己亥、薛來)

明嘉靖己亥(一八)薛來芙蓉泉書屋刊本。九行十八字。版心下方ニ「芙蓉泉書屋」ノ文字アリ。静嘉堂ニ同版本ヲ藏ス。

四庫收入。此本ハ傳存ノ諸本中最モ佳本トイハル。

詩外傳　一〇巻　漢韓嬰　明沈靖刊（通津草堂）　四乙　中

「韓嬰小傳」

明沈靖中州蘇獻可通津草堂刊本。九行十七字。版心下方ニ「通津草堂」ノ四字アリ。

清ノ石研齋秦恩復舊藏。「秦伯敦夫」「臣恩復」

ノ兩白文方印「石研齋」秦氏印」ノ朱文長方印アリ。

朱筆ヲ以テ挍ス。光緒癸巳（一九）孝劭手跋ニ、秦

氏ノ手挍ナリヤ否ヤヲ疑フ。何本ヲ以テ挍シタルカモ明

ナラズ。朱字芙蓉泉本トモアハザルナリ。

韓詩外傳　（漢魏叢書零本）（沈大成手校本）　漢韓嬰　明末刊　一〇巻　一乙　中

無序跋

漢魏叢書零本。脱文多シ。学福齋沈大成手校本。「松江沈氏」「藏本」朱文、「沈印」「樹鏞」白文ノ兩方印アリ。

巻頭ニ左ノ手識アリ。

乾隆丁亥閏秋七月沃田老人沈大成校於潭西之学福齋時年六十有八

四　禮類

周禮

一二卷　漢鄭玄注　明嘉靖刊（覆宋）　六冊　史劉

明嘉靖中覆宋刊本。八行十七字。版心往々刻工名アリ。劉氏嘉業堂舊藏。

周禮復古編（周禮集説本）宋俞庭椿　明成化刊　一函　中

明成化中周禮復古編附刊本。次、卷頭書名ノ下、モト「卷第十二」トアリシヲ破リ去ル。次行、「吳興後學前鄉陳友仁君復編」トアルハ、周禮集説ト共ニ友仁ガ校補シタレバナリ。張瑄ノ序首前半葉ヲ缺ク、「題周禮集説後」トテ、又集説ノ跋ナリ。

本書四庫收入。冬官司空ハ全部亡ビタルニ非ズ。

他ノ五官ノ各六十ヲ越エタル各職ハモト冬官ニ屬スルモノナリトシ、之ヲ摘出説明シ、世婦環人複出者併ヲ説ク。説牽強附會ナリトノ定説ナリ。

內閣文庫・靜嘉堂ニ同版本アリ。

禮經會元 四巻 宋葉時 明刊 八乙 中畫

至正乙巳潘元明序

至正二十六年陳基序

「竹埜先生傳」

至正二十五年葉廣居跋

明刊本。十一行二十四字。静嘉堂・東方文化学院ノ目ニ暫ク舊ニ従ヒテ元刊本トナシタルモノ同版本ナリ。サレド、明版ナルベシ。

四庫收入。每卷二十五篇、卷一首禮經ノ註疏、卷四末補亡、コノ三篇ハ總論トイフベク、他ノ九十七篇ハ經義ニシテ、內六篇ニ附圖アリ。復古編ニ從ヒテ、冬官亡ビズトナシ、周禮ヲ立テシモ誣ヒシモ劉歆ニアリトナス。妄說多シト定評セラル。

比較的傳本多ク、內閣ニモアリ。

太平經國之書　一一卷　宋鄭伯謙　明嘉靖刊　四冊　乙　庚

「太平經國書序」（嘉靖丙申、高叔嗣）

「一一一一一總序」（鄭伯謙）

明嘉靖丙申（一五一五）山西布政司刊本。十行二十二字。

本書四庫收入。書名ハ周公此書ヲ以テ太平ヲ致セリトイフニ採ル。問答體ニ各官設置ノ所以ヲ説ク。單

行本傳來サレ。靜嘉堂ニ同版本ヲ藏ス。

周禮集說

（周禮復古編共 一二巻 綱領四巻）元陳友仁編　明成化刊

一二乙

中刻

「――――序」（至正戊子、陳友仁）

「――――凡例」

「――――綱領」

「――――春官綱領」

「――――夏官〃〃」

「――――秋〃〃」

「題――――後」（成化甲午、張瑄）年月官銜ヲ識リトル

明成化中刊本。十一行二十二字。巻十二ハ周禮復古編ナリ。陳友仁友人沈雨則正ヨリ無名氏撰ノ集說ヲ

得訓詁詳ナラザルヲ補ヒ、賈氏王氏ノ疏説及ビ前輩諸老ノ議論ヲ附シテ成シタルモノナリ。「王印」「士禎」朱文方印「池北書庫」朱文長方印アリ。清ノ王士禎（漁洋）舊藏。又「唐棲朱」氏結一廬」圖書記」序首「朱學」勤修」伯甫」ノ二朱文方印アリ、清ノ「朱學勤舊藏。

四庫收入本ハ十卷、是十一卷。綱領ハ總論ニシテ、

巻一天官總論、二天官、三地官、以下各官二巻。

經本文ニ附スルニ王・鄭・賈ソノ他諸家ノ説ヲ以テス。

輪輿私箋　二卷圖一卷　清鄭珍　精寫（歸樸齋）　二丙　中（庚）

清末臨清徐氏（徐坊梧生）歸樸齋鈔本。末ニ
己丑五月借余友郭筱堂（恩銘）藏本逐寫　梧生記
ノ徐氏手跋アリ。丁巳自序　辛酉　男知同跋アリ。
四庫未收。同治七年獨山莫友芝單刊本及ビ碧
琳琅館叢書本　皇清經解續編本　廣雅書局刊本
等通行ス。廣雅本ニ比スルニ大差ナキモノヽ如クタヽ

鄭知同ノ跋ナク、彼ニハ嘉慶二十五年勞經原、光緒乙酉李宗蓮跋アリ。

儀禮　一七巻　漢鄭玄注　明正德刊（陳鳳梧）　四甲　史刻

「重刊儀禮序」（正德辛巳、陳鳳梧）

明正德中廬陵陳鳳梧刊黑口本。十行二十字。卷頭首行「儀禮卷第一」次行「漢鄭玄註」ト題ス。陳序ニイフ、宋以來、王安石科舉ニ本書ヲ罷メシタメ、數百年間、學校講ゼズ、書肆陳セズ。經生學子復是經有ルヲ知ラズ。陳サヨリ是ニ志シ、京師ニ官タルニ及ビ購求シテ手ヲ放タズ、湖南ニ督学タルニ及ビ、經文ヲ刻シテ庠序ニ頒ツ。サレド經文難讀、註釋アルニ非ズンバ通ズベカラズ。鄭注ヲ訪求シテ日ニ抄シ、月ニ錄シ、積ムコト數年ニシテ全キヲ獲、洊臺ニ任ニ就キ、明刑ノ暇、自ラ校正シテ、鋟梓シテ傳ヲ廣ムト。

此本傳本少シ。本邦諸家ノ目ニ見エズ。「荃孫」朱文長方印「江陰繆荃孫藏書印」朱文長方印アリ。清末繆

荃孫舊藏。繆續記卷一第十葉著錄。劉氏嘉業堂舊藏。

儀禮 一七巻 漢鄭玄注 明嘉靖刊（覆宋） 六乙 中刻

無序跋

明嘉靖中覆宋刊本。八行十七字。白口、版心下方ニ往々「王」「仲」「清」「受」「信」「周永日」（二ノ五、六）「師島」（三ノ二）「起淏」（三ノ六）「李安」（四ノ十二）「王良知」（五ノ二）「子策」（八ノ十五）「袁電」（十二ノ十二）等（外單字）ノ刻工名、毎巻末ニ經注字數アリ。

劉氏嘉業堂舊藏。

儀禮　一七卷（卷五至八、二七缺）　漢鄭玄注　明嘉靖刊（覆宋）　六乙　中（海）

無序跋

明嘉靖中覆宋刊本。前書ト同版。卷一至四、九至十七第一葉ヲ存ス。沈氏海日樓舊藏。同氏手識一葉ヲ摘シ、海源閣藏本ニヨリテ嚴州刊本ノ覆刻ナリト斷ズ。

儀禮注疏　一七卷　漢鄭玄注　唐賈公彥疏　明閩人詮校　明嘉靖刊　一二乙　中刻

「儀禮注疏序」（賈公彥）

明嘉靖中刊本。イハユル閩人詮本ナリ。卷頭第二・三行「直隸常州府知府遂昌應檟刊行」ト題ス。「雲輪閣」朱文長方印「荃孫」朱文長方印アリ。清末繆荃孫舊藏

「提督直隸學政監察御史餘姚聞人詮校正」

刊印稍後ニアリ。

繆記卷一 経の学 著錄。

内閣文庫ニ同版本ヲ藏ス。尊經閣未查。

經禮補逸　九卷附一卷　元汪克寬　明弘治刊　二甲　中

「環谷汪先生真像」

弘治六年程敏政贊

「經禮補逸序」（洪武二年、曾魯）

「〃」（汪克寬）以上在首

弘治十年程敏政跋

明弘治刊（汪氏後裔）本。十三行二十六字。「鄭杰之印」白文、「鄭氏注韓居珍藏記」朱文長方印（「注韓居士」白文方印）アリ。清ノ鄭杰舊藏。

四庫

儀禮之屬ニ收入。各種經傳中、禮ニ關スル文ヲ摘録シテ五禮ヲ以テ統べ、「愚按」ト標シテ自説ヲ記シ、諸家ノ説ヲ引ク。五禮ニ更ニ子目ヲ設ク。吉禮四巻、凶禮二巻、軍禮・賓禮・嘉禮各一巻。行狀、及ビ刊行啓・募助刊書疏等ヲ附録トス。

傳本稀、靜嘉堂ニ同收本アリ。

經禮補逸 九卷附一卷 元汪克寬 清初寫 一乙 中

「――序」（汪克寬）

弘治六年程敏政贊

「――――序」（洪武二年、曾魯）

清初鈔本。十行二十四字。明弘治刊本ニヨル鈔本。翰林院ノ大方印アリ。兩淮鹽政採進四庫全書底本。書皮ニ

乾隆三十八年四月兩淮鹽

政李質穎送到馬裕家藏

經禮補逸　壹部

計書　朱書　壹本

ノ印記アリ。提要注記ニ「兩淮馬裕家藏本」トアルニ

符合ス。

禮小戴記纂言　（米澤禮）「一名禮記纂言」　三十六卷　二四甲

元吳澄撰　明正德刊　中刻

「新刊禮記纂言序」（正德庚辰、王守仁）

自序

「禮記纂言後序」（正德庚辰、魏校）

明正德中寧國守胡汝登刊本。十行二十（至四字不等）、注雙行、低一格二十三字。黒口雙邊。卷頭首行「禮記」、次行、上方「小戴記」下方「臨川吳文正公纂言」ト題ス。劉氏嘉業堂舊藏。

四庫收入ニ禮記ノ各篇中ノ同類ヲ一括シテ改編シ、三十六篇ノ次第亦之ヲ改メタリ。每節每句音ヲ注シ、自他ノ説ヲ注トナス。

此本傳本ナシ。

禮記集説 (巻頭禮記一)一六巻　元陳澔　明正統刊(司禮監)　丁六乙　十本

司禮監欽奉聖旨刊語(正統十二年)

「禮記集説序」(陳澔)

「―――― 凡例」

明正統中司禮監刊大字本。八行十四字。巻頭「禮記巻之一」次行「陳澔集説」ト題ス。巻首ニ正統帝ノ印信ナシ。

禮記集說 〔卷頭禮記〕 元陳澔 一六卷 明正統刊（司禮監） 八 朱丙 中函

明正統中司禮監刊本。前ト同種。末ニ缺葉アリ。「山陽丁晏」藏書」朱文方印アリ、清儒丁晏舊藏。劉氏嘉業堂舊藏。

禮記集説 三〇卷 元陳澔 明刊 一六丙 中

明巡按福建監察御史安重校刊黑口本。九行十七字。

卷末ニ「巡按福建監察御史安重校正」ノ蓮牌木記アリ。

禮記集傳　（原名禮記集説）　一〇卷　元陳澔　明刊嘉靖刊　一〇冊　中　刻

嘉靖明刊本。九行二十二字。版心下方ニ「湖廣官書」ノ四字アリ、刻工上方又ハ上魚尾中ニアルハ珍シキコトナリ。

春秋經傳刊語ニヨルニ、巡按湖廣監察御史張氏刊五經ニナリ。

禮記集說大全　三〇卷　明胡廣等奉勅撰　明刊（官刊）　一八甲　中二〇

「——凡例」
「——總論」
「——序」（陳澔）

明官刊大字本。十行二十二字。包背裝。原裝絹表紙（首冊前表紙缺）ニテ、壁簽ノ大部分ヲモ存ス。劉氏嘉業堂舊藏。

禮記集說大全　三〇巻　明胡廣等奉勅編　明刊(補配)　二四兩　十(劉)

明刊本。十一行二十一(十九至廿)字。不等。巻九至十八九行十七字ノ集說本ヲ以テ眩目ス。劉氏嘉業堂舊藏。

禮記輯覽　八卷　明徐養相　明隆慶刊　八　丙　中

明隆慶刊本。十一行二十字。翰林院ノ大方印アリ。

四庫存目著録。隆慶辛未（五）自序。經文各章ノ一句ヲ標出シ「某々長節」ト題シテ訓ズ。諸家ノ長ヲ集メテ觀覽ニ備フルモノト自序ニイヘド、提要ニハ新注ヲ出デズ、科擧ノタメニ作リシ書ナリト評ズ。「尊經閣ニ同種本アリ。

檀弓叢訓 二卷 明楊慎 明刊 二乙 中

「――――敘錄」（楊慎）至治十五年張志得跋 圏

明正德慎刊里口本。八行二十四字、批點ヲ加フ。劉氏素

業堂舊藏。

四庫存目著錄。鄭孔陸黄呉諸家ノ説ヲ採リ、陳騤

ノ謝枋得二家ノ批評ト傳フルヲ加フ。張跋ニ張自ラ少補

ヲ加ヘタル由ヲイフ。

儒行集傳 二卷 明黄道周 明崇禎刊 二丙 中(刻)

明崇禎刊本。九行二十字。劉氏嘉業堂舊藏。

四庫禮類收入。

大戴禮記 二巻 舊題漢戴德 明刊 土函 中

明刊寫刻本。十行二十字。淳熙乙未韓元吉、至正甲午鄭元祐二序アリテ、ソノ二首ノ首ニ「大戴禮記序二首」トアリ。本文誤刻多シ。「藏園籍觀」朱文方印「傅増湘」白文方印アリ。近人傅増湘・董康手澤。

三禮考註 六四卷 旧題元吴澄 明成化九刊 一〇乙 中

「一一一一序」（成化九年、羅倫）

「一一一一跋」（成化癸巳、謝士元）

「一一一一序録」

「一一一一跋」（楊士奇）

「求校一一一一書」（夏時正）

三禮考註綱領

「書新刋一一一一後」（成化九年、夏時正）

明成化癸巳（九）建昌知府長樂謝士元重校刊本。十一行二十四字、黑口。

楊士奇ノ跋ニイフ 吴朱子

ノ意ヲ用ヰテ考定シ、儀禮十七篇儀禮逸經八篇儀禮傳
十篇周官六篇、考工記ヲ別ニ一巻トナシタルコト公ノ文集中ノ三
禮叙録及ビ虞文靖公ノ行狀ニ見ユ。長老ノ言ニ州邑中ノ康
震宗武学ヲ公ニ受ケ、本書ヲ藏ス。亂後、郡中ノ晏壁
彦文康ノ孫ヨリ得、遂ニ掩ウテ己ノ有トナス。作 近歳鄒侍
講仲熙ノ家ニテ壁ノ録シタル初本ヲ見タルニ注中「澄曰」ト稱
スルヲ「先君曰」ニ改メ、「澄按」トアルヲ「愚謂」ニ改ム。塗抹

ノ迹隱々トシテ見ルベシ。曲禮八篇ノミ塗改ナシ。遂ニ鄭ト各
一本ヲ錄シ、塗改ノ處ハ舊ニ從フ。篇數敘錄ト差アリ。又、
老長ノ言ニ、澄晩年考訂ヲ加ヘントシテ及バズ、没スルニ臨
ミ孫當ニ口ヅ其意ヲ授クト。羅序ニイフ、後人亂リシモノ、
成化庚寅（六）大理寺卿仁和ノ夏公（時正）江右ニ巡撫トナリ
江西按察司副使夏（寅）[正夫]聞ニ得、夏ハ編脩張廷祥ニ、張ハ
祭酒胡若思ニ得、胡ノ本ハ楊士奇ノ錄セシモノ、謝ハ夏時

正ノ命ヲ受ケテ上木シ、羅ニ校正ヲ属スト。

四庫存目著録。呉ノ著ナラザルベシト疑フ。三禮ト

ハ周禮・儀禮・曲禮ヲ指ス。周禮十六巻、巻一至三天官、

四・五地官、六至八春官、九・十夏官、十一・二秋官、十三・四

冬官、十五・六考工記、巻十七至三十三儀禮正經、巻三

十四至九儀禮逸經（公符・明堂・諸侯遷廟・諸侯釁

廟・奔喪・投壺）、巻四十至五十四儀禮傳（禮記各篇

ヲ以テ宛ツ）、巻五十五至六十四曲禮（盛德三巻、入官・立孝

・内則・少儀・表記・學記・樂記）ニ分ツ。

内閣・靜嘉堂ニ旧版本アリ。

二禮集解　一二卷　明李黼　明嘉靖刊　一二乙　中

「………序」（嘉靖七年、李黼）

明嘉靖刊本。九行十八字。版心下方ニ刻工名アリ。

四庫存目。二禮トハ周禮及ビ儀禮ヲイフ。各六巻。注疏及ビ先儒ノ議論ヲ採録シ、足ラザルハ己ノ意ヲ以テ補フ。内閣文庫目ニ嘉靖十六年刊本トアルモノ同版本カ。

三禮編釋 二十六巻 明鄧元錫 明萬曆刊 一二丙 史

明萬曆中浙江布政司左布政使平陵史繼辰等刊本。

十行二十一字。劉氏嘉業堂舊藏。

四庫存目。三禮トハ古曲禮・周禮・儀禮ヲ指ス。今ノ三禮ノ稱ハ謬ナリ。曲禮ハ李經綸イフ、禮ノ本ト。故ニ、之ヲ先ニス。經ニ記アリ。記ハ經ノ未ダ備ハラザル所ヲ記スモノ、故ニ各經ニ次グニ記ヲ以テス。巻一・二曲禮、三

曲禮記、四至十儀禮、十一至五周禮、本經ニ注スルニ鄭玄
・鄭沖・孔穎達・賈公彥・程朱・黃幹・楊復・方慤
父・吳澄・陳澔・何喬新・王應電等ノ說ヲ以テシ、
己ノ意ヲ加フ。卷十六ノ首ニ「禮記編繹小序」アリ。王制
・夏小正・月令其他ニ戴・考工記・孝經・家語等ノ文ヲ
ソノマヽ或ハ改編シテ卷末マデニ錄シ、禮記ト題ス。
內閣文庫ニ同版本ヲ藏ス。

儀禮經傳（儀禮經傳通解）三七卷、續二九卷　宋朱熹（續）宋楊復　明正德刊　一〇乙　中刻

「刊儀禮經傳序」（正德辛巳、劉瑞）

嘉定癸未張虙跋

〃　楊復跋

〃　陳宓跋

楊復跋

「儀禮目錄」

「一一集傳目錄」

「乞修三禮劄子」（嘉定丁丑、朱在）

明正德中杭郡漕推官刊本。十一行二十字。南京國子監刊本　漫漶

セルニヨッテ、校刻シタルモノ。劉氏嘉業堂舊藏。
四庫通禮收入。儀禮ヲ經トシ、禮記及ビ諸經史書
所載ノ禮ニ關係アル文獻ヲ本經ノ下ニ附シテ、注疏諸
儒ノ說ヲ列ネントシタルモノ。初名儀禮集傳集注
故ニ「儀禮集傳」ト題セル卷アリ。儀禮各篇ノ
次ハ序舊經ニ從ハズ。

家禮集説　共四卷　明馮善　明成化一五刊　六乙　中(刊)

「文公家禮序」（朱熹）
「家禮集説序」（宣德九年、馮善）
「――凡例」
明成化己亥（一五）刊黒口本。八行十八字。卷末ニ（凡例）「成化己亥四月吉日重刊」ノ木記アリ。劉氏嘉業堂舊藏。
四庫未收。宣德壬子（七）、馮ノ父歿シ、善刻意治喪、後、儒余日章・醫施中立、相ツイデ歿シ、家禮ニ遵ウテ

喪ヲ治ムベキヲ遺命ス。乃チ人ヲ介シテ善ニ向フアリ。後同

志張思安・瞿公厚・李桓仲ト校讐編ヲ成シテ名ヅク。

通禮一巻、冠禮一巻、喪禮一巻（附註アリ）、祭禮一巻、皆

巻中ニ圖說ヲ插ム。

文公家禮儀節　八巻、明丘濬　明嘉靖刊　四乙　中(刻)

「儀禮家節序」(成化甲午、丘濬)

引用書目

「文公家禮序」

「家禮儀節後序」(弘治三年、章斌)

「重刊家禮儀節後序」(弘治三年、吳廷舉)

「重修家禮儀節後序」(嘉靖己亥　左承祐)

明嘉靖刊本。八行十六字。劉氏嘉業堂舊藏。

四庫存目。本書廣州・太學・福建書坊ニ屢刻セラ

ル。重刻本ナレド、書品佳ナリ。卷一通禮、二冠禮、三昏

禮、四至六喪禮、七祭禮、八家禮雜儀。

律服考古錄 二卷 清楊峒 清寫 二册 壹

自序 在于本文之首

清寫本。「文淇按」ノ按語ハ劉文淇カ。

四庫未收。五服ノコトヲ著者ニ問ヘル人アリ。律文ニ採リ、經トナシ、儀禮及ビ歷代制度ノ同ジカラザルモノヲ分類ニヨリテ記シ、禮律ニ關スル衆說ヲ加フ。京都ノ東方文化研究所ノ目錄ニヨレバ、聖譯樓叢書（光緒中武進李氏刊本）ニ入ル。

五 春秋類

春秋白文 二巻 明嘉靖刊 一帖 乙 十虔

無序跋

明嘉靖刊本。二十行二十字。枡形。郭内縦五寸三分、

横五寸九分。「毛扆之印」白文「虞山毛氏汲古閣收

藏」朱文「希世之珍」朱文各方印アリ。版心ヲ去

リ、半葉ツツ帖装ニ改メ「宋槧春秋白文二巻

都武拾寿閣」ト内郭ニ書シ、外板ニ「宋板春

秋、光緒丁亥」筱軒藏弁持贈」衎翁」ノ文字ヲ

刻スレド、宋諱闕カズ、紙質亦宋板ニ似ズ、明末

清頃ノ刊本ナルベシ。

春秋經傳集解　三〇巻　晉杜預　明嘉靖刊（覆宋）　一〇乙　中（刻）

「春秋序」

「後序」

明嘉靖中覆宋岳珂刊本。八行十七字。劉氏嘉業堂舊藏。

靜嘉堂ニ同版本アリ。宋代ノ讀本タル岳本ノ覆刻本ナリ。

春秋經傳集解　三〇巻　晋杜預　明嘉靖刊（覆宋種德堂）　二八甲・十

「春秋序」

「春秋諸國地理圖」

「後序」

明覆宋淳熙中阮氏種德堂刊本。莫目ニイフ嘉靖翻刊宋種德（堂刊）本ニ當ルベシ。（春秋名號歸一圖二巻及ビ前巻缺）（欠部分）十行十八字、注雙行二十二字、白口、左右雙辺、匡郭内縱四寸九分弱、横二寸三分半。巻末補寫、原本記ソノ中ニアルモ疑フベキ一因ナリ。

「項子京」家珍藏」ノ朱文長方印ナリ。

明ノ項子京ノ旧藏。

首ニ乾隆乙卯（六〇）王存赫ノ之ヲ宋刻元印トナス手識アリ。

春秋經傳集解　三〇卷（卷四缺）首一卷　春秋名號歸一圖二卷
晉杜預　明嘉靖刊（覆宋種德堂）　三二冊　中（沈）

「春秋序」
「春秋諸國地理圖」。
「三皇五帝」等世次圖
「春秋名號歸一圖」
「諸國興廢」
「春秋始終」
「春秋圖說」
「後序」

明覆宋淳熙中阮氏種德堂刊本。　本叢書十ノ二十八

冊ト同版。卷末後半葉木記部分缺。卷四ノ部分缺ケ、全冊白紙ヲ以テ補フ。

(精選)(東萊先生)左氏博議句解 一六巻(以下缺) 宋張成招 明刊 八配 中

序跋缺

明刊小型(口本)。十行二十字。巻十六「公孫歸父言魯樂」(宣公十四年)ニ止マリ、以下缺ク。 正徳刊 巻本カ。

博議、宋ノ呂祖謙撰、張ハソノ門人、四庫ニ二十五巻ヲ收入ス。

左氏傳續説　一二卷首一卷　宋呂祖謙　清寫　四乙　中

無序跋

清鈔本。十行二十一字。

四庫收入。往年刊本ナク、續金華叢書ニ刊入セラレシモ、文瀾閣本ヲ底本トシタルナリ。傳説二十卷ヲ補ヘルモノニシテ、首ニ「左氏傳續説綱領」アリ。毎公一卷。

各年ノ事實ヲ標出シ、左傳ノ書法、筆法、史寔等ヲ評論ス。提要ニ呂氏ノ晚年ノ作トナス。
靜素堂ニモ文瀾閣ノ傳鈔本ヲ存スルノミ、明代ニ刊
刻ナカリシナリ。

〔唐荊川先生編纂〕左氏始末　十二卷　明唐正之等編　明刊　一大乙　中刻

序跋缺

明刊本。萬曆初年ヲ降ラザルベク、ナホ嘉靖年間ニ在ルカ。十行二十字。劉氏嘉業堂舊藏。四庫未收。第唐正之、門人金九皋、後學鄭教編次。第唐立之校正。左傳ノ事實ヲ分類編纂ス。卷一、后宗、宦、倖、奸、二〔三〕弑、四亂、盜、五至九鎮、十戰、戎、十

一名臣、十二禮樂、方技、末表ヲ除キ、人又ハ事實ニテ
更ニ分ツ。故ニ史部紀事本末類ニモ收メ得ベク尊
經閣ノ如キ然リ。

春秋公羊註疏　二八巻　漢何休注　旧題唐徐彦疏　明崇禎刊（汲古閣）　四冊　中

明崇禎七年汲古閣毛晉刊本。封面ヲ存ス。ナホ初印本ニ庶シ。「絨盦収藏」白文方印「李芝綬讀書記」朱文長方印アリ。清ノ李芝綬舊藏。余仁仲經注宋刊本ヲ以テ、康熙中何仲友ノ校シタル文字ヲ寫ス。

春秋公羊註疏二八卷 漢何休注 旧題唐徐彥疏 明崇禎七刊(汲古閣) 七乙 中

何休序

明崇禎七年汲古閣毛晉刊本。宋刊本ニヨル何仲友ノ校語、惠棟・段玉裁ノ校語ヲ、陳奐ノタメニ江沅(鄗)ガ過錄シ、奐更ニ江艮庭ノ書ヲ假リ、惠棟ノ(校治)評點ヲ移寫ス。嘉慶中江沅・陳奐ノ手識跋アリ。

識語

嘉慶己巳吳縣江沅詳錄校一過於段氏之七葉衍祥堂，辛未季秋又於南園爲陳師竹臨校此本，市二日許而敝數」「江郎」朱文「臣沅之印」白文「鐵君」朱文

嘉慶辛未之秋，江鐵君師爲奐照錄於南園，奐更假錄艮庭先生，配過惠松崖先生評點，時癸酉小春十八日也。今閱已四十餘年矣，音容雖邈，筆墨猶新。集成公羊，奐述礼，謄清備攷，綴記數語。咸豐紀元孟春之月陳奐師竹甫字也「臣奐」白文「硯友」朱文

春秋穀梁註疏 二〇巻 晉范寗集解 唐楊士勛疏 明崇禎刊(汲古閣) 五冊 中

明崇禎 年刊毛汲古閣毛晉刊本。「李芝綬」讀書記」朱文長方印「緘盦收藏」白文方印アリ、清ノ李芝綬舊藏・李、何仲友ガ宋余仁仲刊ノ經注本ヲ以テ校セルヲ移録シ、文村老民吏二萬巻堂刊殘本ヲ以テ手校セルヲ李玉麟移録ス。咸豐庚中文村老民ノ識語ヲ李玉麟寫シテ序末ニ貼附リ

春秋傳（卷頭春秋）　宋胡安國　三〇卷首一卷　明正統刊（司禮監）　四乙　中（外）

司禮監欽奉聖旨刊語（正統十二年）

「春秋胡傳序」

「諸國興廢說」

「春秋周王世次圖」

「春秋魯公世次圖」

「春秋列國圖」

「春秋總例」

原題簽ノ一部ヲ存ス。

明正統中司禮監刊大字本。八行十八字。劉氏嘉業堂舊藏。

春秋集傳大全 三七卷首一卷 明胡廣等奉勅編 明刊(官刊) 一八乙 劉

「——凡例」

「春秋二十國年表」

「諸國興廢說」

「春秋列國東坡圖說」

「春秋序論」

明官刊大字本。十行二十二字。劉氏嘉業堂舊藏。

春秋經傳　三八巻首三種　明許宗魯編　明嘉靖九刊　一〇丙　中刻

明嘉靖庚寅（九）巡按湖廣監察御史張公祿刊本。九行十七字。版心上方又ハ上魚尾中ニ刻工名、下方ニ「湖廣官書」ノ四字アリ。五經刊刻ノ一。左胡ニ傳ヲ合編ス。春秋集廢從ノ末ニ刊語アリ。劉氏嘉業堂舊藏。

春秋四傳 三八卷首三種 明嘉靖刊 二四 丙 中刻

明嘉靖刊本。九行十七字。版心下方ニ刻工姓名アリ。劉氏嘉業堂舊藏。

420

春秋四傳私考　一三卷　明徐浦　清寫　　二乾　　中

「――――序」（萬曆丁丑、寳）

「――――叙」（萬曆己卯、林熑）

萬曆丁丑、徐繼芳跋

清寫本。明萬曆中孫、徐薦鶚校刊本ヲ寫シタル（騰）

モノ。九行十九字。翰林院ノ大方印ヲ捺シ、前

表紙表二八

乾隆三十八年七月　兩　　朱書

淮鹽政李質穎送到

徐浦春秋四傳私考壹部

「朱書」

計書貳本

ノ朱文長方印アリ。四庫底本ニシテ、提要注記ニ
「兩淮鹽政採進本」トアルニ符合ス。
四庫存目。經文ヲ摘録シ、四傳ヲ比較シ、之ヲ評
論シ、是非ヲイフ。按レ亦少カラズ。僖公ノミ上下
二巻ニ分ル、他ハ一公一巻。

春秋啖趙二先生集傳纂例 一〇巻 同辯疑一〇巻 唐陸淳編 明嘉靖刊 六乙 中（海）

慶曆戊子 朱臨序

「春秋集傳辨疑凡例」（陸淳）（以上在纂例首）

慶曆戊子 朱臨序（在辯疑首）

嘉靖乙未 華察跋

附錄

明嘉靖刊本。十行二十字。「四明盧氏抱經樓珍藏」

朱文「四明盧氏」「抱經堂樓藏書記」白文方印アリ。

四庫收入。纂例ハ陸ガソノ二師ノ說ヲ釋キシモノ、辯疑ハ二師ガ三傳ヲ攻駁セシ言ヲ錄シタルモノナリ。

靜嘉堂ニ同版本アリ。

春秋五禮例宗　一〇卷（卷四至六、序缺）　宋張大亨　清寫　一乙　中

「——————序」（紹聖四年、張大亨）

清鈔本。十一行二十字、清、張蓉鏡舊藏。印記大小頗ル多シ。

四庫收入。春秋ノ事蹟ヲ五禮ニ類別シタルモノ。卷一吉禮、二、三凶禮、四至七軍禮、八、九賓禮、十嘉禮、各子目アリ。卷四至六ノ三卷ハ明初已ニ缺ク。刊本殆ド見ズ。鈔本靜嘉堂ニ二部アリ。

春秋分記　九の巻　宋程公說　清鈔　一七甲　中華

「程氏―――序」（淳祐三年、南光游侶）

開禧二年自序

淳祐三年程公許序

「――――墓誌銘」（劉光祖）

「――――例要」

清鈔本。十行二十字。「臣卯」「星衍」白文方印アリ。且

首ニ孫星衍ノ識語アリ。庚申（民國九）鄧邦述（正闇）

手識アリ、靜嘉堂所藏本ハ此本ニ出ヅ。孫氏識語亦鈔錄ス。

本書四庫收入。刊本ノ存在ヲ知ラズ。開禧乙丑〔元〕自序。公說、父ヨリ春秋ヲ受ケ、專心之ヲ研究シ、亂中山林ニ父ヲ携ヘテ隱レ、成シ、之ノ本書ナリ。淳祐三年弟公許、宜春ニ刊シタリトイヘド傳ラズ。凡ソ年表九卷、世譜七卷、名譜二卷、書二十六卷、周天王二卷、魯六卷、晉、齊、宋、衛、蔡、陳、鄭、曹、燕

秦、楚、吳世本共二十六國、次國二卷、小國七卷、四

表附錄三卷二分冊。

識語

宋程公說春秋分紀九十卷，數典書錄解題及文獻通考合。公說眉山人，官止邛州校官。書作于開禧時，其弟公許牧宜春，刊行之。尚有左氏始終三十六卷、通例二十卷、比事十卷。生平爲春秋之學，甚精詣，其書畧。通典會要體例，始年表，次世譜、名譜，次歷書、天文、五行、疆理、禮樂、征伐、職官諸書，次周、魯及列國世本，次小國、四夷終焉。條理明晰，南宋人著述之最善者。其世譜稱得杜預世族譜及春秋世 一書，世未見傳注，則采之以備遺忘焉。

書稱杜預仿周歷作經傳長歷考諸家歷書開元大衍云云

是公說所見古書採錄甚多今杜氏世族譜及長歷開

元大衍歷無全本春秋世　即掌文總目疑為顧啓期撰

者俱藉此書以爲　壇理書亦有補杜氏釋地所缺者

列國世本應有盧子國據應劭注在廬江郡　公汪不

載　即以盧戎當之　作一地也前有指掌圖有篇後爲

之論頗能該據春秋時勢惟附載啖趙及宋人疑經蹈

之論至不信魯郊論受賜土說猶是宋時結習學者

勿爲所惑而不能捨全書之長此本借自曲阜孔氏抄帙

未見刻本文字械有譌脫悉依原書不致輕改獨怪通志

堂經解刊宋人經學之書遺其有裨經學者何也　孫星衍書

又

全祖望集春秋分記序云其弟滄洲閣學曾上之祕府

而又開雕於宜春予得故明文淵閣藏本其後入於蘭溪

趙少師書庫卷首有云大德十有一年中書劄付行省下
浙江提舉郎上國子監佈書籍者其後列官吏等名

又

郡齋讀書附志春秋分記九十卷右克齋程公説
伯剛所編也其弟公許守宜春刻于郡齋游
丞相仲鴻之序

春秋地考　明季本　清寫　一　乙　中

無序跋

清鈔本。九行十八字。翰林院ノ大方印アリ。四庫底本ナルベシ。

本書ハ春秋ニ見ユル地名ヲ原書ノ順ニ考證シ、今名ト比較シタルモノ。卷首次行ニ「會稽季本私考」トアリ、四庫存目著録ノ春秋私考三十六卷本ノ一部ナルベシ。

春秋實録　一二巻　明鄧來鸞　明崇禎刊　六乙　中

「叙―――」（崇禎壬申、沈演）

「―――凡例」

明崇禎刊本。九行二十一字。「呉城」「敦復」ニ朱文方印「繡谷亭」「續藏書」白文長方印、「竹垞」朱文方印アリ。

翰林院ノ大方印アリ。又表紙（今外表紙ヲ加フ）ニ

朱書

乾隆三十八年十一月浙江巡
撫三寶送到呉玉墀家藏
春秋集録壹部 朱書
計書陸本 朱書

ノ朱文長方印アリ。四庫底本。提要注記ニ「浙江
呉玉墀家藏本」トアルニ符合ス。
四庫存目著録。左ヲ按シテ胡ヲ断ジ、故ニ左傳ヲ
以テ主トナシ、公穀史國及ビ家語・周禮・六經大全等ノ

書ヲ以テ左ヲ補フ。春秋ノ襃貶ハ胡ニ從ヒ、胡ト左トヲ縢スル者ハ是非ヲ削定ス。左傳ノ文ノ經義ニ關スル者ハ之ヲ載スト。科舉ノ爲ニ作リシモノ、毎公一卷。

六孝經類

孝經

附忠經 唐玄宗注 （附）漢馬融撰 鄭玄注 明宣德刊 二乙 中

「孝經註序」（傳注）
「唐明皇御製序并註」
「忠經序」（宣德甲寅、韓陽）
「書忠經表後」

明宣德中蘇郡守南昌況公刊本、七行十五字。合刻本ナリ。「南陵徐乃昌校勘經籍記」朱文長方印、「積學齋徐乃昌藏書」朱文長方印アリ。近人積學齋徐乃昌舊藏ノ此本未見。

孝經五種　明朱鴻編　明萬曆刊　四丙　中

明萬曆刊本。內閣文庫ニ在孝經五種、靜嘉堂ニ孝經（祕籍志ニ孝經直解）トシテ著錄セルモノ、殘本ナリ。靜嘉堂所藏本ニヨレバ、卷一劉向所定今文（此書缺）、卷二文公所定古文、卷三文公刊誤古文（此書缺）、卷四草廬校定古今文、卷五孝經會通（明沈淮）附刊トシテ孝經邇言（明虞淳熙）（靜嘉本缺）、

諸經書孝語、家塾孝經（此書缺）曾子孝實（此書
附録ノミ）。朱鴻ノ跋ハ是此書ニ在リテハ通言ノ
末ニアリ

七　羣經總義類

經典釋文　三〇巻　唐陸德明　清刊（通志堂）　一〇乙　中

無序跋

清刊通志堂經解本。段玉裁ガ臧鏞ニ託シテ宋ノ葉林宗鈔本ト校セシメシモノヲ陳奐ノ師江沅鈔錄シ、嘉慶庚午（一五）辛未兩年、江、陳ノ家ニ寓シ、陳盟校シタルモノ。「碩甫」朱文、「奐印」白文二方印ヲ捺ス外、首ニ左ノ陳奐ノ手識アリ。

釋文全冊本出南宋葉鈔　段若膺師屬武進

臧拜經手校　江鐵君師又過臧校　嘉慶庚午

辛未兩年鐵君師館於奐家奐因於制藝課

餘逐細照校其草鈔全用朱筆若諸家勘語

書於上方用墨筆而亦間用朱筆師師傳

校徵淵源越箋四十年矣今馬生釗

又爲照校一過歸至舊架少狀讀書私

心鄉往恆河猶昔衰老將纘竊恐

先師之舊德易致遺忘也遂補綴

數語于冊　道光二十九年冬十一月陳奐碩甫氏

經典釋文 三〇巻 唐陸德明 清刊(通志堂) 八冊 中

清刊通志堂經解本。咸豐中潘錫爵ガ段・臧・鈕・顧諸家ノ校語ヲ鈔錄シタルモノ。首ニ顧千里ノ識語、末ニ咸豐丁巳(七)潘氏手跋アリ、巻三十末臧鏞ノ識語アリ。

經典釋文　三〇卷　唐陸德明　清刊〔通志堂〕　一〇兩　中

清刊通志堂經解本。道光中、管慶祺、顧段・臧・鈕・顧・江諸家ノ校語ヲ錄シタルモノ。卷末ニ道光二十八年管慶祺ノ手識アリ。又、卷十四末ニ同治七年莫邵亭ノ手識アリ、

同治戊辰閏月莫〔友芝〕借觀此冊九日〔畢〕

發篋門臨一過于通志〔堂單刊撫本礼記釋文〕上下端行及崑山而畢

經典釋文　三〇卷（卷三至六、二五至八缺）　唐陸德明　清刊〈通志堂〉　六　兩　中

清刊通志堂經解本。咸豐中、管慶祺ガ黄丕烈臨寫、紅豆齋惠士惠奇一松崖校本ミノ校語ヲ録シタルモノ。卷末ニ咸豐五年管氏手識アタ、ル外、卷中往々之有リ。

六經圖　宋楊甲　明萬曆刊（既春樓）　六册　乙　中刻

「重刻六經圖序」（萬曆四十三年、顧起元）

「刻六經圖姓氏」

「六經圖序」（乾道元年、苗昌言）

明萬曆中南京吏部尚書署戶部事衛承芳刊本。大易象數鉤深圖・尚書軌範撮要圖・毛詩正變指南圖・周禮文物大全圖・禮記制度示掌圖・春秋筆削發微圖ヨリ成ル。劉氏嘉業堂舊藏。

四庫收入。紹興中楊甲撰。乾道元年知撫州陳森、教授毛邦翰ニ屬シテ補ハシメタルモノ。顧序ニ、新都ノ吳氏宋本ヲ購ヒテ梓人ニ付スト。然レドモ、復宋トハイヒガタシ。提要ニ陳錄引ク所ノ館閣書目ト圖數一致セザルヲイヒ、明人ノ竄亂トナス。

六經奥論　六卷首一卷　舊題宋鄭樵　清寫　二〇　中

「——凡例」

清鈔本。十一行十九字。讀有用齋韓氏舊藏。四庫收入。通志堂經解ニ入ル。提要ニ宋末ノ作ナルコトヲイフ。首總論　六經ノ成立傳來讀法　卷一易經、二書經、三詩經、〔四〕春秋經、五〔禮〕樂經ノ樂書、六周禮經、各成立傳來　内容ヲ說ク。

石渠意見　四巻拾遺二巻補缺二巻附玩易意見二巻（巻二缺）　明王恕　明刊（清修）　四丙　中趙

明刊黑口本。清代補修アルベタレ。劉氏嘉業堂舊藏。

四庫五經總義類存目著錄。巻一大學、中庸、二論語

三孟子、四易、書・詩・春秋・禮記。ノ摘解、、己未

（弘治一二）自題。拾・補共二巻一四書二五經。玩易

意見、易類存目著錄。

〔泉齋〕簡端錄　一二卷　明邵寶撰　王宗元編　明嘉靖刊　六乙　史列

「簡端錄序」〔正德乙亥、邵寶〕

「孔子説經例」

明嘉靖中外孫秦榛重刊本。十行二十字。劉氏嘉業堂舊藏。

四庫五經總義類收入。撰者ガ病餘、讀書簡端ニ記シ、其後之ヲ損益シ、後マトメテ書ニ名ヅケ、門生王之ヲ編次シタルモノ。五經四書ノ各書ニ分ケ、評大部分

ナリ。內閣文庫ニ明刊本アリ。同版ナリヤ否ヤヲ知

ラズ。此書白紙、頗ル清潔。

愼餘錄　二四卷　明李照祥　明〔萬曆〕刊　一二乙　中壷

「愼餘錄序」〔李照祥〕

明萬曆初年寫刻本。十行十九字。

四庫未收。讀書ノ時、反覆抽繹、得ルアレバ夜中トイヘド剳記シテ成シタルモノ。舊說ヲ棄テ、直ニ先聖立言ノ意ヲ求ムレバ、論語ニイフ愼ンデ餘ヲ言フベシトテ書ニ名ヅク。卷一至四周易、五至九尚書、十至十三

詩經、十四至九春秋、二十儀禮、二十一至四禮記、各傳來篇名字義等ヲ說ク、本邦主要藏書目未著錄。

九經考異　附九經逸語　明周應賓　明萬曆刊　一〇巻(两)　中(劉)

明萬曆刊本。九行十九字。劉氏嘉業堂旧藏。四庫存目著録。九經ト八四書五經ヲ指シ、説文、石經殘碑、注疏、史子引用ノ異文ヲ表示シタルモノ。論語、大学、古本大学、中庸、孟子ヲ同丁(張)數ヲ連ネ、周易、尚書、詩經上下、禮記上下、春秋ヲ各張數ヲ改ム。

逸語トハ正經ニ見エズ、他書ニ見エルモノ、逸論語以下、

各條末出典ヲ記ス。

八四書類

大學通考

(版心大学古今本通考) 一二卷 四冊 中型

明劉斯原 明萬曆刊

明萬曆刊本。十一行二十一字。劉氏嘉業堂舊藏。

本書四庫存目ニ「大学古今通考」トシテ著録。提要ニ萬曆戊申(三六)ニ成ルトイフトイヘド、書中成書ノ年ヲイハズ。同年唐士元ノ跋アリ。首ニ例義アリテ、編輯ノ次第ヲイフ。

大学 朱子 定本ニ同 鄭玄 古本(禮記)・同 石經(魏)小篆・同 明道先生改正本ニ同

伊川先生改正本ヲ列シ、卷六以後、眞西山先生大學衍義其他宋元明三朝諸儒三十餘家ノ大學ニ關スル説ヲ擧ク。本邦重要藏書目未著錄。

（重廣陳用之學士眞本入經）論語全解義（版心「論語解」）（論語全解）
宋陳祥道

一〇巻
清鈔（小草齋）　　四　乙　中（刻）

「太學博士陳用之入經論語全解序」（門人章粹校勘）

清初（周氏）小草齋鈔本。版心下方ニ「小草齋鈔本」ノ五字アリ。又「小草」「齋」「鈔本」白文方印、「豫儀周寶客藏密閣（閣）」「藏書之印」白文長方印ヲ捺ス。九行十八字。清ノ周春・朱學勤及ビ劉

氏嘉業堂舊藏。「周」「春」白文方印「松」「靄」朱文方印「松靄藏書」ハ周氏、「朱印」「學勤」白文方印「修」「伯」朱文方印「唐栗」「朱氏結一廬圖書記」朱文方印ハ朱氏ノ印記ナリ。

四庫ニ論語全解ノ名ニテ收入。王安石ノ一派トイフ。刊本ヲ見ズ。靜嘉堂ニ鈔本アリ。

論語異文攷證　一〇卷　清馮登府　清寫　四甲　中庚

道光辛卯ノ某氏序

「序」（嘉慶二十一年、李富孫）

「序」（嘉慶二十二年、馬應潮）

清嘉道間寫本。上梓ヲ企テタルトキノ底本ナリ。十一行二十三字。

四庫未收。經史諸子傳注ニ見ユル異文及ビ前人ノ諸說ヲ輯錄シタルモノ、諸目未載。

孟子集註（卷頭孟子）宋朱熹 七卷附新刊經書總目 朝鮮刊 七冊 中刻

朝鮮刊本。大字、六行十七字、注雙行。末ニ新刊經書總目ヲ附ス。易本義十二卷、易傳六卷、書集傳六卷、書序辨說、書傳音釋、詩集傳二十卷、詩序辨說一卷、詩傳音釋、論語集註十卷、大学章句、大学或問、中庸章句、孟子集註七卷共六十八卷ノ新注本ノ内容解題、底本ヲ明ニス。ヨリテ按ズルニ、此本ハ四書集註ノ殘本ニ非ズシテ、單行本ナリ。劉氏嘉業堂舊藏。

四書註疏大全（殘本）論語註疏解經二〇卷孟子註疏解經一四卷　五冊　中刻
明欽九岳・藍九勅編　明崇禎刊

明崇禎刊本。内閣文庫・尊經閣文庫ニ完本ヲ有ス。禮記注疏中ヨリ摘刊シタル学庸ヲ缺ク。劉氏嘉業堂舊藏。「况印」「周頤」白文「夔笙」朱文ニ方印ハ近時ノ詞人况周頤ノ藏印ナリ。論語ニ正平本ニヨル校正アリ、ソノ底本ハ今静嘉堂ニ傳ハル鈔本ナリ。

大学　附中庸　　明初刊　　二　甲　中

序跋無

明初刊小黑口本。十一行十九或二十字、左右雙邊。

俗間元刊本ト誇稱スベキモノ、明中葉以前刊行ノ

四書ノ零本ナリ。「張珩私印」白文方印「吾與

張氏圖書之記」朱文長方印「韞輝齋」白文方印

ヲ捺ス

章句、「右傳之幾章、釋云々」ノ語ハ錄スレド、語句ノ

解義ハ之ヲ錄セズ。

四書〔集註〕　大学〔章句〕・大学或問・中庸〔章句〕・中庸或問・論語〔集註〕一〇巻・孟子〔集註〕一四巻・序説一巻　〔序説一巻

宋朱熹　明刊〔司禮監〕　二〇乙　中(希)

「大学章句序」〔淳熙己酉、朱熹〕

「中庸章句序」〔〃、〃〕

「讀論語孟子法」

明司禮監刊本〔大字〕。八行十四字。「大学章句序」題下ニ「宋淳祐本四書陳簡莊徽君藏本」ト墨書シ。

巻末ニ

書以宋本為貴況乎四書九人ニ童而習之至白首
不廢者鱣向藏影寫北宋蜀大字本論語孟子音義
頗求得ニ宋本四書今幸得此淳祐丙午泳澤書院刻
本四
書全帙不尤足珍重耶嘉慶十五年七月海昌陳鱣識

ノ朱識アレド、手筆ニ非ザルベシ。

四書〔集註〕　大学〔章句〕・中庸〔章句〕・大学或問・中庸或問・論語〔集註〕一〇巻序説一巻孟子〔集註〕一四巻序説一巻

宋朱熹　明刊　一〇乙　中判

「大学章句序」（淳熙己酉、朱熹）

「中庸章句序」（〃　〃）

明刊、大字本。司禮監刊本ト同ジク八行十四字ナレド、字様稍行體ヲ帯ブ。劉氏嘉業堂舊藏。

四書人物考　四〇卷　明薛應旂　明嘉靖刊　六乙　中刊

「刻――叙」（嘉靖戊午、礪峰康）

「――序」（何其賢）

「――序」（嘉靖丁巳、薛應旂）

「題――後」（翁桂）

明嘉靖刊本。十行二十字。白紙印本。

四庫存目著録。四書ニ載セタル人物ノ行迹ヲ紀傳體ニ記シタルモノナリ。卷一至三紀、以下傳。傳ノ末、隱逸目ニ隱逸・民・獨行・異学・勇力・技藝・嬖倖・女婦・地族・讒毀・叛逆ノ目ヲ立ツ。本邦重要藏書目未載。

四書翼傳三義　大學一巻中庸二巻論語二巻孟子二巻　明劉思誠等編　明萬曆刊　一六丙　中（刻）

明萬曆中欽差提綱督鴈門等關兼巡撫山西地方都察院右副都御史呂興沈子木等刊本。十二行二十二字。

劉氏嘉業堂舊藏。

四庫未收。挙子ノ為ニ、浅説・蒙引・存疑ヲ合刻シタルモノ、山西按察司副使王守誠ノ發起ニテ校官劉思誠等刪修シテ一書トナシ、沈ニ請ウテ之ヲ梓シタルモノ。

〔重訂〕四書疑問　一一卷　明姚舜牧　明萬曆刊　六兩　中〔刻〕

明萬曆刊本。十行二十字。劉氏嘉業堂舊藏。

四庫存目著録。萬曆丁巳（四五）自序。自序ニイフ

萬曆己丑（一七）本書ヲ著シ、ツイデ五經疑問ヲ著シ、

壬寅（三〇）四書疑問補ヲ著ス。是訂正本、尊經閣

ノハ六卷本ナリ。此本書卷末ニ「丙申仲冬曽孫男淳

起校補」トアリ、丙申ハ順治十三年カ。

名物攷（經言枝指本）二〇巻 明陳禹謨編 陳以敬校 明萬曆刊　一〇丙　中凾

明萬曆刊本。十一行二十二字。經言枝指ノ内ニ劉氏嘉業堂舊藏。

四庫存目著録。四書ニ見ユル名物ヲ諸書ヲ引用シテ説明シタルモノナリ、巻事物ノミナラズ、「須史」「禮儀」等ノ語ニ及ブ。巻一大学、二至四中庸、五至十二論語、十三至二十孟子。但シ、巻十三ハ十二、十四ノ版心ハ大部分十三、十六ハ卷首十五、版心十四、十七ハ卷首十六、版心十五、十八ハ十六ト誤刻ス。單行本ハ二十四卷ニ作リ、四庫存目ニ別本ト題ス。尊經閣ニ此本及ビ二十四卷本ヲ藏ス。

九樂類

大樂律呂元聲 六巻大樂律呂考注四巻
明李文利撰 李元補 明嘉靖一四刊（浙江布政司）四乙 中

「進――――書」（嘉靖三年、范永鑾）

「――――引」（同年、范輅）

「――――序」（弘治辛酉、李元）

「楊月湖論元聲書」（嘉靖三年、楊廉）

「――――凡例」

明嘉靖十四年浙江布政司刊本。十行二十一字、兩種ノ

末ニ「嘉靖十四年仲春吉刊于浙江布政司」ノ刊記アリ。

本書四庫存目著録。思南府儒学教授李文利（字ハ乾遂、號ハ兩山）が通

鑑外紀・隋志・呂氏春秋ノ説ニ基キ、黄鍾ノ兩節間三寸九分ヲ是トシ、司馬遷ノ九寸ヲ誤ト考證シタルモノ。弘治丁巳（一〇）思南ニ業轉シテマモナク李病歿ス。ソノ兄允（字ハ乾伯、梅東先生）校補ヲ加ヘ、門人巡按四川監察御史范永鑾、江西按察司副使范輅校刊シタルモノ。黄鍾第一ヨリ黄鍾九寸辨第三十ニ至ル三十篇ニ分ツ。　考注ハ　巻一律呂・巣本、巻

二案職、卷三案爲、卷四聲答ニ分ツ。本邦諸藏書目未錄、傳本稀。

苑洛志樂 二〇卷 明韓邦奇 明嘉靖刊 一六乙 史刻

「律呂直解叙」（正德七年、何景明）

「律呂直解序」（弘治十七年、韓邦奇）

「□志樂序」（嘉靖戊申、王宏）

「志樂後序」（〃、張鄆文龍）

正德十二年衛淮跋（卷二末）

明嘉靖刊本（後印）。十行十八至二十二字不等。劉氏

嘉業堂舊藏。

四庫收入。弘治末年序作。苑洛ハ撰者ノ號。撰

者久シク之ヲ隠シテ人ニ示サズ。張跋ニヨレバ、嘉靖丁未（二六）韓南浣ヲ掌リ、使道關ニ入ル。張嘗ツテ業ヲ問ヒシコトアリ。此時原書蟲蝕甚シ。韓述（此旨）ヲ口授シ、文龍筆記シテ遂ニ讀ムベシト。又王序ニヨレバ、同年王ハ宋ノ蔡元定ノ律呂新書ニツイテ問難ス、韓氏編ヲ示ス。王梓ヲ請フニヨッテ王與吾等十餘家ニ屬シテ上梓スルニ至ルト。首二巻ハ律呂新書ノ直解ナリ。何序、自序、衛跋ハ全書ノ序跋ニ非ズシテ、直解ノ序ナリ。以下自著、超調則例、全半正子則例以下主トシテ樂理ヲ説ク。巻五樂儀ト題ス、圜丘・方澤・廟享ノ樂ノ次第、二巻。巻七

黄帝虞夏商ノ樂、巻八周樂ヲ考證ス、巻七前ニ自小序アリ。巻九・十制作ヲ論ズ、圜ヲ加フ。巻九ニ小序アリ。巻十一、至四舞象。圜丘・方澤・廟享ニ分ツ。

巻十五至七樂譜、巻十八・九・八

造律・律長短圍徑之數・黄鐘之實・三分損益上下相生
・和聲・五聲大小大之次第・變宮變徵・六十調・候
氣以上巻十八・度量權衡ハ十論アリ。巻二十、ハ古ヨリ
宋ニ至ル制作ノ各楽ヲ説明ス。
内閣文庫ニ康熙刊本アリ、靜嘉堂ニ乾隆十二年刊
本アリ。後者ハ重刻苑洛公志樂ト題ス。明刊本ノ
傳來ハ多カラズ。

雅樂考　二〇巻後集一巻　明韋煥編　韋熊和注　（隆）趙琦美編撰　清初寫　六　乙　中

序跋無

清初鈔本。八行二十二字。四庫底本。翰林院ノ大方印アリ。表紙ニ

乾隆二十八年七月兩
淮鹽政李質穎送到
韋煥雅樂考壹部
計書陸本

ノ朱印アリ。提要ニ「兩淮鹽政採進本」ト注セルモノト
合致ス。
四庫存目著錄、煥ノ撰ニ作リ、煥ハ嘉靖中福建仙
游縣敎諭ニ官タリト記ス。此本首ニ「福建興化府僊
遊縣儒学敎諭韋煥編集、不肖男繼和補註」トア
リ。經史諸子ヨリ前代并ニ當代ノ集ニ關スル文
獻ヲ輯錄シタルモノ。巻一至三經書（易・書・詩・春

秋・禮記・周禮）、巻四至子書（說郛・史記・論語・中庸・孟子・通書・正蒙・通典・通考・荀子・楊子・文中子・列子・莊子・及ビ名賢論トテ選ン宋元名賢ノ論）、巻五五聲（五聲方位之圖・五聲大小之圖・五聲相生之圖・五聲總論・中聲論・宮聲論……等）、巻六七六律、巻八・九律制、巻十至十二八音、十三至六樂制（葛天氏ヨリ元代ニ至ル）、十七至末聖制（明代）ニ分ツ。圖・論アリ。

後集ハ四庫未著錄、圜丘年譜、明代ノモノ。本

書刊本ナク、尊經閣ニ鈔本二十卷アルノミ。

雅樂考　二〇巻　明韋煥撰　韋經和注　明寫　八乙　中函

序跋無

明藍格鈔本。十一行二十四字。才一冊ハ二十一字語ナリ。

清ノ盧氏、及ビ劉氏嘉業堂ノ舊儲。「四明盧氏」「抱經樓」「藏書印」白文方印ヲ捺ス。

二十巻ノ内、以下ハ同ジケレド、首二巻ハ一本ト同ジカラズ。拔萃ノ如クシテ然ラズ。左傳ノ隊ノ如キ、全ク

一致セズ。卷一末ニ

宋章煥雅樂考傳留絶少此本得於葉竹堂中蠹魚

剥剩尚書罕僻而存將來摹寫一本耳毛扆

ノ識語アリ。卷一・二ノミ藍格ナラズ、印記ハ同ジケレド、刊

系統ナラン。筆寫ノ時代亦稍後ニアラン。

樂律全書　明朱載堉　明萬曆刊（鄭藩）　二四西　中刻

明萬曆中鄭藩刊本。巻末ニ

萬曆貳拾叁年陸月拾玖日鄭　世　子臣載堉

鄭世　子質

原葉張數如此
新增附錄在外

ノ文字アリ。内府刊本ニ非ザルナリ。但シ、コノ曆書及

ビ六代小舞譜至ニ佾綴兆圖ハ配本ナリ。劉氏嘉業堂

舊藏。

四庫收入、傳本稍多シ。律呂精義ノ内篇ハ聲數、外篇ハ雜論ヲ主トシテ古今ノ文獻ニヨリテ律呂ヲ說キ、精呂ヲ学フニ必讀
各新說ハ先人ノ失ヲ辨
ノ書ナレド、操縵古樂譜等ハ要用ヲ離レ、儒教的ナリ
トイフ 操縵古樂譜ノ首ニ萬曆三十四年ノ進律書奏疏アリ。次第 内容
明ナラズ。

第一—六冊　律呂精義内篇十卷外篇十卷

第七・八冊　律學新說四卷

第九冊　樂學新說・算學新說

第一〇冊　操縵古樂譜

第一一冊　旋宮合樂譜

第一二—四冊　鄉飲詩樂譜六卷
第一五·六冊　六代小舞譜
第一七冊　小舞鄉樂譜
第一八冊　二佾綴兆圖
第一九·二〇冊　靈星小舞譜
第二一·二二冊　聖壽萬年曆二卷、萬年曆備考三卷
第二三·四冊　律曆融通四卷附録一卷

右ノ内、律呂精義ハ版心ニ「曆書第一(至六)冊」、萬年
曆及ビ律曆融通ハ「曆書第一(三)冊」トアリ。

一〇 小學類

爾雅 三卷、晉郭璞注 明刊 一乙 中

「爾雅序」

明刊黑口本。十行二十字。每卷末音釋ヲ附ス。森志著錄ノ弘治刊本ト同版ナラン。

爾雅 三卷 晉郭璞注 清刊嘉慶四刊 一兩 中

清嘉慶四年臧鏞堂刊本。卷末ニ「嘉慶屠維協洽陽月武進臧氏重雕宋本爾雅三卷云々」ノ刊記アリ。

清儒陳奐手校。首ニ「曾在三□堂」「陳氏処」朱文方印、卷末ニ手識アリ。

爾雅註疏　十一卷　晉郭璞注　宋邢昺疏　明崇禎刊（汲古閣）　四兩　中

明崇禎中汲古閣刊本。朱筆校本、誤刻ヲ一々訂正ス。

爾雅釋經殘篇　清朱百度　清寫　一乙　書

序跋無

清寫本、稿本ナルベシ。釋詁ノ一部分ニツイテ、勘本ト異同ヲ注シ、詳注ヲ加ヘタリ。未刊本。

朱百度、字ハ午橋、寶應ノ人。漢碑徵經ノ撰者。

埤雅　二〇巻　宋陸佃　明成化刊　六乙　十

「埤雅序」（宣和七年、陸宰）

明刊黒口本。十一行二十字。次ノ二部ヨリ刊印早シ。巻二才二葉才十行「并」字大ニ異ル。刊行ノ序ヲ去ル。恐ラク嘉靖刊本ノ原本タルベシ。

埤雅 二〇巻 宋陸佃 明成化刊（嘉靖修） 四乙 十

「重刊埤雅全集序」（成化十五年、胡榮）

「埤雅序」（宣和七年、陸宰）

嘉靖二年王倖跋

明成化刊嘉靖修。黒口本。十一行二十字。前者ノ補刻ナルベク王跋ニ處州ノ板刻湮裂、残剥ヲ完クシ、其譌舛ヲ正ストイフモノナリ。

埤雅 二〇巻 宋陸佃 明成化刊(嘉靖修) 二〇七 中函

「埤雅序」(宣和七年陸宰)

明成化刊嘉靖修本。黒口本。前者ト前後ノ印本、界線ニ墨ヲ加フ。劉氏嘉業堂舊藏。又「毛氏」家藏」白文「汲古閣」朱文方印「滄」葦」「季印」振宜」朱文ニ方印アレド、毛氏季氏ノ舊藏タルコトハ遽ニ信ジ難シ。

「瓚川呉氏收藏」圖書」ノ朱文方印ハ信ズベキカ。

埤雅　二〇卷　宋陸佃撰　明末刊　二函　中

明末坊刊本。「華自本茂叔參閲」「郎奎金公在糾謬」ト題ス。九行二十字。「獨山莫氏銅井文房藏書印」朱文長方印「莫棠所藏」朱文方印アリ。元刊本ト對校シアリ。「龔氏手校」ノ紙片ヲ插入シアレド、ソノ據ル所明ナラズ。

〈輶軒使者絶代語釋別國〉方言 一三卷 漢揚雄撰 晉郭璞注 清盧文弨校 清乾隆刊 一丙 中

清盧氏抱經堂刊本。未定ノ校正本、朱字ヲ加フ。

今本ト較ブベシ。

嘉慶九年六月二日己未續於吳山集古齋 胡重記

ノ手識及ビ、藍筆ノ按語ヲ更ニ眉上ニ加フ。

急就（玉海零本）宋王應麟補注　元至正刊（明正德修）　二甲　中

序跋無

元至正刊、玉海零本、補修、正德元二年ニ及ブ。

説文解字 一五卷 漢許愼撰 宋徐鉉校 清嘉慶刊（覆宋） 六冊 中

清嘉慶中孫星衍覆宋刊本。同治中趙熙文（貞明）手校本。印記及ビ手識アリ。印記ニハ「趙熙」「文讀」書記」白文方印「趙印」「熙文」白文方印「熙文」朱文圓印「趙熙」「文字」「敬文」朱文方印等アリ。手識ニハ

同治元年得此書於庖上三年二月以貽常熟張君雨生癸酉重九後晤雨生於虞椒仍以歸我首頁已缺手自補訂訖人生石火去

來無定應作如是觀徒爲囊篋之感
猶陽一塵也是夜漏下十刻貞明寫記

癸酉九月十九七日由江浙舟至皖十月二十日到此本校入段注
説文訖甲戌四月以錢竹汀陳恭甫兩家所攷許君
文字涉經典者錄于上方五日訖是月下浣貞明又記

乙亥五月二十一日以王毋山説文白讀本所引嚴敘校本引據各家説文
摘採小徐毛本同異錄於上方六月十一日卒業記之　貞明

巻中往々校語アリ。「函閣經眼」白文方印ハ　羣碧樓主鄧
邦述ノ印記カ。

説文解字 一五巻 漢許慎撰 宋徐鉉校 清嘉慶刊（覆宋） 五乙 十

清嘉慶中孫星衍覆宋刊本。前帯卜同版、稍後印ニ係ル。同治中趙之謙手校。「會稽趙」「趙之謙印」「信長壽」白文大方印「撝叔」手校」朱文方印并ニ

同治己巳六月假錢子捍同年所鈔黟汪南士校本錄一過友人沈竹孫錄成（朱筆）

二月又假夏路门太史所藏段氏汲古閣説文訂墨筆校一過

等ノ趙氏ノ手識アリ。

説文解字繫傳　四〇巻　宋徐鉉　清寫　一二　乙　中

己酉子容題

乾道癸巳尤袤題

清初鈔本。七行十四字、小雙行二十二字。宋本系統ナランヌ、鈔寫美シカラズ。「笥河府君」「遺藏書記」ノ朱文長方印ヲ捺シ、巻中ノ黄色筆校語ニ對シテ、子容題後ニ、左ノ手識アリ。

朱笥河先生刊宋本大徐說文風行海内比楚金繫傳是甚
欲刻未
果者同治癸酉閏夏長白衡泰原名三壽觀并記

說文解字韻譜　一〇卷（卷九・一〇缺）〔宋李燾〕　清寫　三乙　十（三）

「——————序」（徐鉉）

清寫本。七行。

四庫存目著錄。初徐鉉ニ說文韻譜十卷アリ、分部改メズ。李初稿類ヲ以テ分ケ、後改ム、此本撰者ノ名ヲ題セズトイヘド、分部ヲ改ムヲ以テ李ノ著ニ定ム。

諸目不載。

（重刊許氏）説文解字五音韻譜　一二卷　宋李燾　明刊　六五丙　中

明刊黑口大字本。七行。

（重刊許氏）説文解字五音韻譜　一二巻　宋李燾　明刊　一二冊　中（求）

明刊黒口大字本。七行。前書ト同版。巻首序文等宋本トノ校合アリ。巻一末朱筆識語ニ

宣統乙卯孟冬用孫文御家宋本略校数頁目痛遂止孫本蓋宋刻元補者　寐叟

トアリ。舊藏印記頗ル多シ。

(重刊許氏)說文解字五音韻譜 一二卷 宋李燾 明刊 八兩 中壽

明刊黑口大字本。前書ト異版。序文波ハ二十五、此ハ廿二葉。首ニ自序、後序ニ通ヲ鈔シ加フ。ソノ末ニ

乾隆己卯依通攷莊補寫 三月十有一日鄭德仁記

ト題ス。

（重訂）字原正譌　説文字原一巻 六書正譌五巻 元周伯琦編注 明胡正言訂纂 明崇禎刊　六両　中刻

明崇禎中十竹齋刊本。崇禎甲戌（一七）孔貞運序及ビ嘉靖元年黄芳序ニ重訂字原正譌ト題ス。

周ノ説文字原・六書正譌ヲ合刻シタルモノ。初印本ナリ。

劉氏嘉業堂舊藏。

說文長箋

一〇〇卷說文長箋凡例、長箋解題各一卷首二卷六書漢義七卷

明趙宧光　明崇禎刊　四〇乙　中刊

「說文長箋敘」（崇禎六年、曹學佺）

「說文長箋凡例」

「說文長箋解題引」（萬曆戊申、趙宧光）

「長箋解題」

「跋長箋解題」（趙宧光）

明崇禎中郎官鎦氏刊本。（初印本。）十行二十字。男趙均書篆字。
李宗延刊琹山定。劉氏嘉業堂舊藏。
四庫存目著錄。清ノ顧炎武ニ剌ラレシ書ナリ。解題
八六書總釋（ヲ首ニオキ）本部總釋、說文部目、說文長箋（如久以下）述部總
釋二十四卷、作部前四十六卷、後十九六卷、體部十八卷
用部四卷末部四卷ノ各種自著ヲ說記シ、各部ノ首

ニ總釋ノ一條ヲ設ク。卷首ハ敍例・字敍・後敍・鄭沖ニ說文表・徐鉉等進校定說文表・新修字義ニ牒・進狀・通說釋文・字部敍卷・字母序・說文表。本文ハ東以下上平十六・下平十六・上聲三十七・去聲八・入聲二十三卷ニ分ツテ說ク。

傳本、殊ニ此ノ如ク完備セルハ少シ。

大廣益會玉篇 三十卷 廣韻五卷

梁顧野王撰唐孫強增校（廣）宋陳彭年等奉勅

八乙

中（沃）

「――――總目」

「玉篇廣韻指南」

明正德己卯詹氏進德堂刊本ニ萬曆中ノ補刻多シ。十二行小二十八九字。首ニ陸心源ノ手識アリシ

此玉篇廣韻元時朱氏与耕書堂刊本至明萬曆時板残缺詹氏進賢堂濟得十之二

補刻印行惜詹氏不学無術ノ妄改篇題
謬舛不一而足耳癸酉仲冬行役三山以
李康侯親挙借閲一過因書其尾而歸
之玉篇廣韻余皆有元刻元印本惟玉篇
累缺数卷耳　陸心源識「存齋」
トイヘド、玉篇
卷七ノ七・八　卷十九ノ九、卷二十ノ三・四・七、卷二十三ノ
九・十　卷二十五ノ七　卷二十八ノ五　卷二十九ノ五ノ如キ底子
元版ニ稍似タルモ　卷二十九ノ才五葉末ニ
正德己卯詹氏進德堂三復校正重刊行

ノ刊記アリ、廣韻ニモ「詹氏進賢堂」ノ刊記アレバ、
進賢堂ノ補修ノ底子ハ正德中詹氏進德書刊
本ナルベシ。

(新刊)大廣益會玉篇 三〇卷首一卷 梁顧野王撰 唐孫強校 明萬曆刊(益藩) 六冊 中央

明萬曆中親藩益王刊本。

重續千字文　（版心重續千文）宋葛剛正撰　清寫　一乙　中

淳祐戊申葛剛正序

清寫本。

四庫未收。刊本ヲ見ズ、静嘉堂ニモ鈔本ノミ。篆文并ニ釋文、ツイデソノ注解。

干祿字書　一　中海

附金壺字考、俗書正譌、字書誤讀

唐顏元孫（金）唐釋適之（俗）〻、隋顏愍楚

（字）宋王雰

「書干祿字書後」（乾隆己亥、段玉裁）

清鈔本，「玉裁」私印」白文「若膺」朱文方印ヲ捺シ、干祿字書ノ末ニ

余朱改原本麗正版去而抄此見

云

龔晴麗正版此書係書後一篇刻

於京師余太史秋室所書也

嘉慶丁卯十月　段玉裁記

ノ朱文手識アリ。

干祿字書　四庫收入、外ニ種未收、說郛ニ入ル。字考

ハ誤リ易キ字音ヲ字、語ノ下ニ注シ、證誤ハ書體ヲ

辨ジ、誤讀ハ誤リ易キ音ヲ正ス。

龍龕手鑑　四巻　遼釋行均　清寫（於宋）　三乙　中

「新修――」序（統和十五年、釋智光）

清代影宋鈔本。十行。巻二毎葉微シク缺字アリ。原本ノ如キ缺字アリシタメナリ。序末ニ

此本毎葉行數字數與宋一塵賦注及張氏藏書志所載符合蓋從宋板影寫者原書凡缺佚者悉空白書法亦精好可玩也「季既」（白文）

ノ「周星貽」ノ手識アリ、巻首ニ「季既」白文「周印」星

詒」白文各方印アリ。序首ニ「茂苑香生」蔣鳳藻秦

漢十印齋」祕匧圖書」ノ方印アリ、蔣氏ハ近人タ

リ。

四庫收入。

（新校）經史海篇直音　五卷前一卷　明萬曆刊　五丙　中刊

序目缺

明萬曆刊本（黑口）。十一行。不著撰人名氏。劉氏喬山堂藏。

四庫未收。書皮ニ金ノ韓孝彥ノ四聲篇海ノ改訂本ナラント記ス。内閣ニ五卷本アリ、尊經閣ニ重校十卷本アリ。

續古篆韻　六卷　元吾衍編　清寫　一乙　[illegible]

「周秦刻石音釋序」（至大戊申、吾衍）

清寫本。六行。龔德均舊藏。

四庫未收。未收書目卷三ニ著錄。石鼓文・詛楚文・繹山碑・泰山碑・比干盤ノ文字ヲ韻ニヨリテ排列シタルモノ。

華夷譯語　(國朝典故本)明火源潔奉勅　清寫　一冊　中庚

清寫本。鈔本　國朝典故ヨリ鈔出シタルモノ。刊本及ビ元史ニヨリテ補注ス。門類及ビ内容ノ順序、經廠刊本ト同ジカラズ。

四庫存目著錄。

華夷譯語 存八種 明四譯館編 明寫 八乙 中

序跋無

清寫本。

暹羅館華語全書 全部

緬甸館華語全書 絲部

高昌館華語全書 竹部

百譯館華語全書 革部
（夷）

ヨリ成ル、「白表」ヲ「白譯」ニ作レバ、題簽ハ清人ノ筆ナリ。八冊中、外題ヲ缺ク四冊アリ、ソノ内一冊ハ西天眞寶名経ト題シ、西天館ニ當ル。一冊ハ東洋文庫本ニヨリテ回々館ナルコト明トナリ、一冊ハ西番館ニ當リ、一冊ハ八百館ナルベシ。

韃靼・女直ヲ存セズ。

諸史夷語解義　二巻　明陳士元　清光緒刊（一三　一善　（中虞）

（應城ノ王氏、楊守敬所蔵鈔本二巻本ニヨリ刻ス）

六書精薀 六巻、音釋一巻 明魏校撰 徐官音釋 魏大順校、明嘉靖刊 一二乙 中刋

「——叙」

「——後叙」（嘉靖十九年、陸鰲）

明嘉靖刊本。五行。劉氏嘉業堂舊藏。

四庫存目著録。自序ニイフ、古文ニ因ツテ小篆ノ譌ヲ是正シ、小篆ノ可ナルモノヲ擇ンデ、尚古文ノ闕ヲ補フト。又、頡ヲ祖トシテ諸籀ニ參シ、斯篆ノ可ナル者ハ之

ヲ取リ、不可ナル者ハ之ヲ釐正ストイフ。本書我ガ寛保刊本アリ。内閣等ニ明刊本アリ。

字義總略　四集　明顧充編　明萬曆刊　四丙　書

明萬曆中刊本。六行。日劉氏嘉業堂舊藏。

四庫存目著錄。元亨利貞四集ニ分ツ。元集ハ諸字辨考ニシテ、凡同・俗非・正音・故从・象形・假借・會意・指事・字始・乃・加省字・避忌・古字・雜考ニ分チ、亨集ハ二字辨・譌誤字・同一字・離字考・三字・攷佮・動靜・ム口辨・心小各用・半字通用・兼用字・俗譌・

者文・杜撰・引用別字・字音・五行字・一字省筆ニ分チ、利集ハ二・三・四・五ノ各字辨・一字分書・一字互書・一字ニ書・兩字單通・兩字各音・聯字省文・兩字別録・總類ニ分チ、貞集ハ兩字兩通・重字兩通ニ分ツ。萬曆戊申（三六）刊行ノ自序ヲ附ス。

尊經閣ニ藏本アリ。

摭古遺文　二巻補一巻　明李登撰　姚履旋校補　明萬暦刊　一　丙　中(壁)

明萬暦刊本。八行、「鐵琴銅劍樓」白文長方印アリ。

瞿氏舊藏。

四庫存目著録。萬暦癸卯(三一)姚序。金石古書ノ文字ヲ類ニヨリテ分ツ。タヾ全ク出處ヲ注セズ。

尊經閣ニ之アリ。我が享保刊本アリ。

金石韻府　五巻　明朱雲編　明俞顯卿校　明刊（朱印）　二兩　中

明萬曆頃刊硃印本。六行無界。

四庫未收。國學圖書館目ニ著錄。古書古器ニ見ヘル古體文字ヲ韻ニヨリテ排列シタルモノ。出處ヲ明記ス。

韻經 五卷 舊題梁沈約撰 明楊慎注 張之象編 明嘉靖刊 四乙 中刊

「重刻韻經序敘」（嘉靖壬子、黃佐）

「韻補序」（乾道四年、徐蔵）

「轉注古音略題辭」（嘉靖辛卯、楊慎）

「韻經序」（嘉靖戊戌、張之象）

「刻韻經後語」（嘉靖辛亥、董聰）

明嘉靖中古翁樓蕭氏刊本。十行十八字。劉氏嘉業堂舊藏。

四庫存目著錄。郭正域校ト、又唐代沈ノ書已ニ佚

シタルヲイフ。此本魯人董聰トイフモノ、書肆中ニ韻經二冊
ヲ得、蕭氏ニ託シテ翻梓セシムトイフ。平聲ハ二巻、三五聲各一巻、平
三十四、上三十、去三十三、入十九目、目下ニ古代通用ノ
韻目ヲ列注シ、各韻、叶韻轉注ノ文字アルハ一括シテ
各末ニ列ス、又各略字、時ニ反切ヲ注ス。固ヨリ沈
ノ舊本ニ非ズトイヘドモ、傳本頗ル稀ナリ。

(重編)廣韻 五卷 宋陳彭年等奉勅 明刊 五西 中寓)

明刊黑口本。九行。序跋缺。「南海康」氏萬木草堂

藏」，朱文方印アリ。康有爲舊藏。

內閣文庫藏本ト同版カ。

（重刊考訂）五音篇韻 大明成化丁亥重刊改併五音類聚四聲篇一五卷首一卷 大明成化庚寅重刊改併五音集韻十五卷首一卷 一〇乙 中刻

金韓道昭編，明成化刊

明釋思遠、文道校

「總序」（成化七年、萬安）

「重編改併五音篇序」（泰和八年、韓道昇）

「至元庚寅重刊改併五音集韻序」（崇慶元年、韓道昭）

「〃序」（崇慶元年）

明成化中大隆福寺前座支儒勸緣重刊本。黑口大字（清宗室安樂堂、明善堂）劉氏嘉業堂藏。

四聲篇海四庫字書之屬存目著錄、五音集韻韻書之屬收入。

古今韻會舉要　三〇巻附禮部韻略七音三十六母通攷　一六　乙　中壺上

元熊忠　明刊

壬辰劉辰翁序

丁酉熊忠自序

陳宋刊語

余謙序

初明刊補修本。元刊本ニ似タル處序底版ニアレドモ嘉靖以後ノモノ補版、補寫ヲ交フ。「青浦」「王昶字」曰德甫」白文「一字述」「菴別號」「蘭泉」朱文大方印アリ。

清ノ王昶舊藏。四庫收入ノ靜嘉堂ノ皕宋樓本ト同經

洪武正韻、一六卷　明樂韶鳳等奉勅編　明刊　　　五六乙　史釗

「洪武正韻序」（洪武八年、宋濂）

明官刊黑口白棉紙印本。八行、小雙二十四字。莫有芝（郘亭）ノ舊藏印記多數アリ。又、劉氏嘉業堂舊藏。

四庫收入。

（重訂併音連聲）韻學集成　一三巻　明章黼撰　吳道長校　明刊　一三冊　中

「韻学集成序」（成化丙申、來悦）

自識

明刊本。八行十二字、小雙行二十四字。

四庫存目著録。洪武正韻ノ分部ニ倣ヒ、毎部四聲ニ分ツ、中ニ入聲ヲ缺ケル部アリ。毎字音義ヲ注スレド、音ヲ缺クモノアリ。天順庚辰（四）成。尊經閣ニ成化、萬曆ノ二版アリ。書名萬曆版ト一致ス、同版カ。

袖韻要釋　五卷　明李燾之編　沈伯咸校　明吳輔刊　五乙　中

「刻袖韻要釋敘」（嘉靖丁酉、沈伯咸）

明嘉靖刊本。七行。

四庫未收。簡單ナル韻書。敘ニイフ　袖韻ハ眞山ノ李燾之編、沈ハ訛闕ヲ正增ヌシ、福建ノ守胡有恆之ヲ梓ストト。

巻數每巻首行下方ニアリ、次行「浙前進士沈伯咸校刻」トアリ、版心魚尾ノ下ニ「少泉書院」ノ四字アリ。

讀易韻考 七卷 明張獻翼 明萬曆刊 二丙 中

「――序」（萬曆己卯、王世貞）

「――序」（萬曆庚辰、錢有威）

「張氏――序」（萬曆戊寅、皇甫汸）

「序――」（張獻翼）

「跋――」（張津）

明萬曆刊本。十行二十字。

四庫韻學之屬存目著錄。易ノ押韻ヲ叶韻ヲ加ヘテ說明シ、解經ニ及ブ。尊經閣ニ藏本アリ。

（五先堂）字學元元 一〇卷 明袁子讓 明萬曆刊 七乙 中刻

「字學元元序」（曾鳳儀）

「字学元元序」（萬曆丁酉、汪楫）

校訂諸公姓氏

自序

「字学元元跋」（萬曆二十五年、袁子謙）

「字学元元説貂」（萬曆柔兆涒灘、袁子訓）

明萬曆刊本。十三行二十一字。劉氏嘉業堂舊藏。

四庫存目著錄。袁少ヨリ韻学ニ志シ、元聲元音ヲ明ニセント、切韻指南（元、劉鑑）・四聲等子ヲ（ニヨッテ）補訂シ、私意ヲ加フ。巻一首「首巻十六辨題首」字学ノ沿革ヲ説ク、次「字学源流辨」、スベテ七言ノ韻文ヲ前ニオキ、説明ヲ加フ。巻一八首トシテ三十六母二十四攝、巻二等子、八轉、四聲ノ辨、巻三「古十三門法」及切例等、巻七ニ至リ六書書體ヲ説キ、巻八古人押用・借用、通用（例）、改制・讀制ノ字、識字ノ謬ヲ説キ、巻九ハ皇極經世、巻十六華嚴字母トヲアハセ説ク。多少蕪雜ト評スベシ。傳本多カラズ、尊經閣ニ藏本アリ。

字學三正 四卷 明郭一經 明萬曆(二九)刊 八乙 中壽

「一一一序」(萬曆辛丑、成伯龍)

「一一一引」(〃 郭一經)

「一一一序」(劉之看)

「一一一題辭」(茹震)

「一一一序」(〃 徐大吹)

「題嶽翁一一一冊後」(蔡衢)

「題一一一一後」(萬曆辛丑、武圖功)

明萬曆辛丑(二九)山東曹縣刊本。九行二十一字。卷末ニ「大明萬曆辛丑仲秋山東曹縣公署繡梓」ノ木記アリ。劉氏嘉業堂舊藏。

四庫未收。巻トイハズ、冊トイフ。第一・二冊體製、第三冊同

音韻蒐訓詁ト題ス。又、小題アリ。

韻表　明葉秉敬　明萬曆刊　四冊　中

明萬曆刊本。「曾在李鹿山處」ノ藏印アリ。

四庫存目著錄。韻表三十、聲表三十ヨリ成ルト。此今第一至五、二十七至三十ノ韻表ヲ存シ、他ヲ佚ス。内閣ニ佐伯文庫ノ舊儲

西儒耳目資　存列邊正譜　明西洋金尼閣　明天啓六刊　四甲中

序跋缺

明天啓丙寅（六）了一道人良甫（秦涇王徵）刊本。「黄印」「道周」朱文「開國」「世家」白文方印ヲ捺ス。

四庫存目著錄。イフ、天啓乙丑（五）ヨリ翌年ニカケテ成リシモノ。西洋ノ言語学ノ知識ヲ以テ支那語ヲ整理セシ最初ノ書ナリ。譯音引首譜・列音韻譜及ビ列邊正譜ヨリ成ル、前二者ハ韻ニヨリテ字形ヲ排シ、後者ハ字形ニヨツテ韻ヲ求ムルモノナリ。今ソノ前二者及ビ正譜ノ巻末ニ一葉ヲ佚ス。

傳本頗ル稀、四庫採進本モ完本ニ非ザルヲ以テ存目ニ列セラレタルガ、今、北平圖書館ニ完本ヲ藏シ、近年、北京大學ト共同影印ヲナシタリ。

正音切韻復古編　清柴紹炳　撰　一乙　中

清寫本。八行二十字。

四庫未收。存目ニハ同人ノ古韻通八巻ヲ録シ、此書ニ及バズ。諸目亦載セズ。自序首ニアリ。古代切韻ノ法ヲ説ク。源委ニ及ビ韻表ヲ附ス。

長澤規矩也　編著

靜盦漢籍解題長編

第二卷

上海遠東出版社

史部

一 正史類

史記　一三〇巻首一巻（宋裴駰集解　漢司馬遷撰）明初刊　四〇甲　史刻

「史記集解序」（裴駰）

明初刊本。十行十九字。白口、單邊。巻首「五帝本紀第一」次五行ニ五帝ノ目アリ。第七行ニ「史記一」ト題ス。匡郭内縦七寸、横三寸七分半。序跋刊記ヲ徴ス

べキモノヲ缺クトイヘドモ、北平圖書館善本書目ニイ

ノ明白鹿書院刻本ニ當ルカ。目錄ノ首ニ「審定宋本」

ノ墨書、其下ニ「松靄」藏書」ノ朱文方印アリ。清

ノ周春ガ宋刊本トナシタルモノナランモ、信ズベカラズ。「歸

印」「震川」ノ朱文方印ガ、果シテ歸有光ノ眞印ナルカ

否カハ再考スベシ。莫有芝及ビ劉氏嘉業堂舊

藏。

傳本サク、本邦重要書目ニ見エズ。伯夷傳ニ老

史記　零本九巻（巻五十二至六十）　宋裴駰集解　明初刊　二　丙　中

明初刊本。十行十九字。白口、単邊。前書ト同版。世家二十二至三十ヲ存ス。上冊ニ原表紙并ニ原題簽ヲ存ス。

史記　一三〇卷　漢司馬遷撰　唐司馬貞索隱　明〔天順〕刊　四　甲　中（刊）

元中統二年董浦序

「史記集解序」（裴駰）

「補史記序」（小司馬氏）

「史記索隱序」

「史記正義序」（張守節）、

「史記索隱序」（司馬貞）、

「史記正義諡論例諡法解」（張守節）、

明天順游明校刊本。十四行二十五字、黑口、雙邊。

（索隱序等四篇首ニ「豐城游明大昇校正新增」ノ文字ヲ加フ。）

劉氏嘉業堂舊藏。

此本ハ元ノ中統刊本ヲ覆刻シタルモノトイハル。游明ハ豊城ノ人。正統九年ノ挙人、景泰二年ノ進士、天順ノ末福建提学僉事ニ官ス。本書ノ外天順中宋史全文続資治通鑑三十六巻附宋季朝事実二巻、成化中論学縄尺十巻論訣一巻ヲ刻ス。皆字様元ニ似タルヲ以テ元版トシテ作偽セラルヽコト多シ。

史記　一三〇巻　漢司馬遷撰　宋裴駰集解　唐司馬貞索隱　明正德一六刊　一六乙　中

「史記序」（中統二年　董浦）

正德戊寅年　本記

重校正刊行

「重校ーー序」（正德十二年、張文麟）

〃　引」（正德戊寅、李堅）

「ーー集解序」

「小司馬氏補史記序」

「史記索隱序」

「国子監劉補史記序」

「史記正義論例謚法解」

明正德十六年建安劉洪刊本。十行二十字。正義乃刻入也，卷末木記：

「正德十六年十二月内蒙
建寧府　知府張
邵武府同知鄒　同校正過史記大全
計改差訛二百四十五字
書戸劉洪改刊」

史記 一三〇卷首一卷 宋裴駰集解 唐司馬貞索隱 張守節正義 明嘉靖六刊（震澤王氏） 六四乙 中國

「史記索隱序」（司馬貞）

「史記正義序」（張守節）

「補史記序」（小司馬氏）

「史記集解序」（裴駰）

「史記正義論例謚法解」（張守節）

「史記索隱後序」

嘉靖丁亥（六）王延喆跋

明嘉靖中震澤王氏刊本。十行十八字、注雙行、二

十三字。劉氏嘉業堂舊藏。（集解序末ニ「震澤王氏刻于恩褒四世之堂」目録末ニ「震澤王氏刻梓」ノ木記アリ。）

此本ハ宋慶元中黄善夫刊行ノ本ヲ覆刻シタルモノ、跋ニヨレバ王ノ父告ゲテイフ、國語・左傳ハ經翼、史記・漢書ハ史ノ良、呉中左傳ヲ刻シ、鄂中國語ヲ刻シ、閩中漢書ヲ刻シテ、史記未ダ板行セラレズト。ヨツテ舊藏ノ宋刊史記ヲ校刻シタルモノ、兩年ノ歳月ヲ經タリ。內閣静嘉堂ニ同版本アリ。

史記 一三〇卷 漢司馬遷撰 宋裴駰集解 唐司馬貞索隱 張守節正義 三二乙 史刻

明嘉靖四六刊（汪諒）

「史記索隱序」（司馬貞）

「史記正義序」（張守節）

「補史記序」（小司馬氏）

「史記集解序」（裴駰）

「史記索隱後序」

明嘉靖四六年金臺汪諒刊本。大題小題ノ下ニ注ス。

下方ニ「莆田柯維熊校正」ノ文字アリ。目録末ノ
明嘉靖四年乙酉
金臺汪諒氏刊行
ノ右記ノ外、一切ノ刊行ノ序跋（嘉靖四年黄懋中ノ序、同七年柯維熊跋）ヲ去レド、汪氏ガ柯氏ニ託シテ刊刻セル精刻本タルコト明ナリ。劉氏嘉業堂舊藏。
靜嘉堂ニ同版本アリ。

史記 一三〇卷首一卷 漢司馬遷撰 宋裴駰集解 唐司馬貞索隱 張守節正義 明嘉靖刊（秦藩） 二〇乙 貴

「重刻史記序」（嘉靖十三年、秦藩鑒柳道人）
「史記索隱序」（司馬貞）
「補史記序」（小司馬氏）
「史記集解序」（裴駰）
「史記正義論謚法解」（張守節）
「史記正義序」（張守節）
「史記索隱後序」
「書重刻史記後」（嘉靖甲午、董臣）
明嘉靖中秦藩鑒柳軒刊本。行款全く震澤王

氏刊本ト同ジ。莫有芝及ビ劉氏嘉業堂舊藏。莫

氏手識ニ

王本周本紀二十七葉脱索隱一條緒正義一條

覇山閣本亦缺
此條柯本南條皆有

柯本秦本紀三十一葉脱索隱一條尉斯離正義五條鄠郢南郡

襄陵野中郡
王本皆有

秦本則王柯所闕之二葉皆不闕

一巻中朱批アリ。

トアリ。内閣ニ佐伯文庫舊儲同版本アリ。

史記　　　　　　　　　　二〇乙　　史劃

「史記集解序」（裴駰）
「補史記序」（小司馬氏）
「史記索隱序」（司馬貞）
「史記正義序」（張守節）
「史記正義論例謚法解」（張守節）
「史記索隱後序」

明嘉靖中秦藩刊後印本。但シ刊行ノ序跋ヲ去ル。劉氏嘉業堂舊藏。

史記法語 八巻 宋洪邁 清写 西乙 中

序跋無

清鈔本。十行十八字。巻末ニ「淳熙十八年二月刊ナ

婺州」ノ文字アレバ、宋刊本ニ出デタルヲ知ル。

四庫史鈔類存目著録。史記ノ中ヨリ作文修

詞ノ用ニ二字以上数十字ニ及ブ語句ヲ摘録シ

備忘ニシタルモノ。説郛（旬五十九）ニ収入。

漢書　一〇〇巻（巻一之至二四上缺）　漢班固撰　唐顔師古注　明汪文盛等校　明嘉靖刊（後印・補寫）　一八乙　中刈

「前漢書敍例」（補寫）

「景祐刊誤本」（〃）

明嘉靖中福建按察司印本、汪文盛・高瀫・傅汝舟校刊本ノ後印ニ係ル。巻末ニ「嘉靖己酉年孟夏月吉旦侯官縣儒學署敎諭事擧人廖言監脩」ノ兩行刊記アリ。己酉ハ二十八年ニ係ル。版心上方「前漢

錢」ニ作ルハ、兩漢書刊シタレバナリ。第一冊即チ巻
首ヨリ巻四マデ、早印本ニヨリテ補寫、故ニ汪等ノ名
アリ。巻四十七全七葉ノ内末葉ヲ除イテ缺。巻十四・二十
七中之上、同下之上、三十五・三十七（班彪ノ乚）、三十八、八十一
・八十二・八十七下・八十九ノ各巻ニ首ニハ汪等ノ名削ラズ、
又巻中往々補寫アリ。毎半葉十二行、行二十二字、
耳アリ。大黒下ニアリ。
注雙行二十八字　巻中南宋湖北茶鹽司刊本・元初
初ノ印本

白鷺洲書院刊本㝵ト校合アル巻アリ。卷五十五・六 劉氏嘉業堂舊藏。又、莫有芝ノ印記アリ。

前漢書　一〇〇巻　漢班固撰　唐顏師古注　明嘉靖八、九刊（南監）

二六　乙　中

「新刊前漢書叙例」

「景祐刊誤本」

明嘉靖八、九年南京國子監祭酒張邦奇・司業江汝

璧奉旨校刊本。大題下ニ在リ。鳥程蔣鳳祥舊

初印ニ匠ニ。版心ニ刊年刻工ヲ留ム。

藏。刊誤本ノ末ニ

同治庚午十一月廿九日讀史記訖讀此始祥符周

星詒在汀州記

ノ朱筆手識アリ。

漢書　一〇〇巻　漢司馬遷撰　唐顔師古注　明崇禎一五刊（汲古閣）　四八乙　中

序跋　無

明崇禎十五年汲古閣刊本、總目ノ末ニ刊記アリ。清ノ朱士端（銓甫）手批。　丁福保舊藏。　朱氏　凌稚隆校本ニヨツテ、此本ニナキ漢書敍例ヲ補ヒ、ソノ末ニ道光二十一年ノ手識ヲ加ヘ、丁福保ハ總目ノ末ニ民國十二年ノ手識ヲナシ、朱ノ略傳并ニ此書ガ丁氏所藏名人批校正史十六部中畧佳十八由ヲ明ニス。

漢書西域傳補注　二巻　清徐松　清道光刊　一函　甲虞

清道光中刊本。「李」朱文圓印「仲」「約」朱文横長印アリ、仲約ハ李文田ノ字、眉上ノ硃批ハソノ加ヘシ所ナラン。

同　同　附新疆賦　一函　中虞

同啟。「李」「文田」白文方印ヲ捺ス。前書ト同筆ノ手校アリ。賦亦徐ノ作。

漢雋　一〇巻　宋林鉞編／明萬暦刊 明呂元校　八両　中（華）

明萬暦中會稽呂元校刊本。

四庫史鈔類存目著録、漢書中ノ二、三字、時ニ四字ノ語ヲ摘出シ、原文、時ニ注ヲモ引用ス。

漢語 二十卷 明許應元編 明寫 一〇乙・中

序跋無

明藍格鈔本。十行、每行字數不定。「辟疆」「園藏書記」「望三益齋」「盱眙吳氏藏書」ノ三朱文方印アリ。辟疆園ハ明ノ顧宸、後ニ個ハ清ノ吳棠ノ藏印ナリ。

四庫未收、四庫分類ニ從ヘバ、史鈔ニ入ルベキモノニ

シテ、漢書ヲ摘録改編シタルモノ。巻一至二十一ハ各
帝ニカケ、二十二ハ三ハ大記、二十四、五ハ猥ト題シテ摘
鈔、二十六ハ賛述、即チ紀傳ノ末ノ賛ノ内様ハベ
キヲ録シ、二十七ハ傳叙。
今、漢書ノ改編タルヲ以テ、漢書ニ附ス。四庫全書ノ
分類ニ従ヘバ史鈔類ニ入ルベシ。

二史會編　一六卷（二、三、六至八、十二至五缺）　明況叔祺編　明嘉靖刊　一一五　中

明嘉靖四十年欽差巡撫雲南等處地方都察院右僉都御史蔣氏刊本、十行二十字。卷一、二、四、五、九、十、十一、十六、各卷ヲ存シ、他缺。每卷末刊記アリ。

四庫未收。史漢二史ヲ改編シタルモノ。卷一至一史記、卷一太史公自序及ビ本紀、二紀、表・書ハ世家、三世家、四至十一列傳、十二至十八漢書、十二ハ紀・志・傳、以下傳、ソノ中、

本文ヨリ多カラズ、論贊ノミヲ錄シタルアリ。往々注ヲモ
錄ス。
諸目見エズ、但シ、鈔錄ナルヲ以テ崇カラズ、四庫
舊目數ニヨレバ、史鈔類ニ入ルベキナリ。

後漢書　九〇巻志三〇巻　宋范曄撰　唐李賢注（志）梁劉昭　明嘉靖刊（萬曆修）（南監）　三二乙　中

序

劉昭序

明嘉靖八・九年南京國子監祭酒張邦奇・司業江汝璧奉旨校刊萬曆修ノ本。巻二十九至三十二ノ一冊八〔呈〕ロ別本成化修本ヲ以テ配シ、巻三十八至四十四ノ三冊八南監成化修本ヲ以テ配ス。

後漢書　九〇巻、志三〇巻（巻七九至八二上缺）　宋范曄撰、唐李賢注　明汪文盛等校　明嘉靖刊（有配）　二七乙　中庵

「後漢書序」

明嘉靖中汪文盛等校刊本。漢書ト合刊セラレシモノ、版心上方ニ「后漢歲」トアリ。十二行二十二字、注雙行二十八字、耳アリ、大題下ニ在ルコト亦前漢ト同ジ。

巻七十九至八十二上ヲ缺キ、巻四十、四十一・六十一・六十二・七十七・七十八・八十七至九十ノ各巻ハ嘉靖修本ヲ以テ配シ、ヨッテ巻九十末

二八前漢ト同ジキ嘉靖己酉廖言ノ刊記アリ。巻八十五・六キ後印本ナリ。此外、宋元版ト誤ラシメンタメニ汪等ノ名ヲ削リ、印ヲ捺シタル本ヲ以テ配シタル各巻アリ。

同種本、本邦諸庫ニ見エズ。

兩漢刊誤補遺　一〇巻　宋吳仁傑　清寫　一兩　中

清寫本、十行廿八字。

四庫收入。武英殿聚珍版叢書・知不足齋叢書・榕園叢書・碧琳琅館叢書ニ收入。前漢八巻、後漢ニ巻、劉攽・敞・安世ノ校訂セル合編シタル漢書標注六巻ニ攽ノ東漢刊誤ヲ併セタル兩漢刊誤ヲ更ニ精確ニ刊誤セシモノ。武英本ヨリハ缺字少キモ、知不足齋・榕園ヲ補フ能ハズ。校合アリ。

両漢刊誤補遺　一〇巻　宋呉仁傑　清写　一両　中(三)

清写本。十行十八字。巻末前書ヨリ闕字稍多シ。「臣
印「喜海」「燕庭」「経眼」両朱文方印アリ。清ノ劉喜
海ノ印記ナリ。

（東萊呂氏）兩東漢精華　東漢精華一四巻　西漢精華一四巻　宋呂祖謙編　明正德刊　二乙・李

「新刊兩漢精華序」（正德元年　李旻文）

明正德初年崇德令李瑋刊本。十行二十二字

細黑口。

四庫史鈔類存目中ニ東漢精華ノ名アリ。兩漢

中ノ要語ヲ摘録シ、分類シテ評斷ヲ加ヘタルモノ。蓋

シ、編著ノ鈔録ヲ後人ガ校刊セシメモ

ハ、祖講ニ編纂ノ意ナカリシモノナラン。
本邦重要藏書目ニ見エズ。

兩漢博聞　一二卷　宋楊侃編　明嘉靖刊　六兩　中

明嘉靖中黄魯曾刊本。八行十六字。

四庫史鈔類收入。兩漢書ノ文ヲ字句故事ヲ標出シ、出所ヲ注シ、原文ヲ摘錄シ、注ヲモ引ク。前漢七巻、後漢五巻。書中編者ヲ題セズ。晁志ニ楊ノ編纂トナス。

图書彙・静嘉堂・尊經閣等ニ同版本アリ。巻首「聞」ヲ「文」ニ誤刻。

晉書　一三〇卷（卷一、三至十五、二〇、二八、五七、五八、六七至九、一〇一至一三〇缺）　六九乙　中

唐房喬等奉勅　明萬曆刊（覆宋）

序跋缺

明（萬曆中）覆宋刊本。九行十六字。白口、左右雙邊。表紙ニ治平監本トノ鑑定アレド、固ヨリ誤ナリ。卷二（本紀二）、十二（志二）、至十九（志九）、二十一（志十一）至二十七（志十七）、二十九（志十九）至五十六（列傳二十六）、五十九（列傳二十九）至六十六（列傳三十六）、七

十（列傳四十）至一百（列傳七十）ヲ存ス。載記全缺。
静嘉堂ニ同版本アリ。首ニ萬曆戊寅（六）王世貞ノ
「重刻晉書序」、末ニ俞元文ノ「晉書後序」アリ、
三朝本ニ誤多ク、而モ得易カラザルニヨリ、呉郡ノ
周若年、宋秘閣本ヲ底本ニ、二年カヽリテ刊刻、
書成リ、周氏死セルヲ以テ、丁孟泰版ヲ購收付
印スト。刊刻精巧ノ所アリ。彼ハ白棉紙ナレバ宋

刊本トハ稱シガタキモ、此ハ薄キ竹紙ナルヲ以テ、
殊ニテ宋末元初刊本ト誇稱シ易シ。

晉書　零本一一卷（卷四至一〇、五七、五八、六八、六九）
唐房喬等奉勅撰　明萬曆刊（僧宗）　五乙中

序跋缺

前書（六十九冊本）ノ缺ヲ若干補フ（ルモノ）、但シ、彼ハ黃紙、此ハ白紙、本ノ大小ニ差アリテ、一括シガタシ。卷四（本紀四）至十（本紀十）、五十七・八（列傳二十七・八）、六十八・九（列傳三十八・九）ヲ存ス。

宋書　一〇〇巻　梁沈約　宋刊（明兼嘉靖修、鈔補）　三二　乙　史（希）

序跋缺

南宋浙刊大字本元明遞修本ニ（巻九十三・四・八ノ三巻補写。）版心上方ニ弘治・嘉靖ノ年號アリ。九行十八字。「項氏萬巻」堂圖籍印」朱文長方印ヲ捺ス。項氏ハ明ノ項篤壽ナルベシ。

南齊書　五九卷　梁蕭子顯　明萬曆一七刊（南監）　一二函　十

明萬曆十七年南京國子監祭酒趙用賢司業張一桂校刊本。版心上方ニ刊年アリ。初印ニ庶シ。季振宜藏儲。「季振宜」「藏書」朱文長方印ノ外、「御史」之章白文「季印」「振宜」朱文「滄葦」朱文ノ三方印アリ。又周星詒ノ手跋一通、手函一通ヲ插入ス。周氏ガ三朝本ト對校ノ紙片ヲ巻中ニ插入シアリ。

陳書 三六巻 唐姚思廉等奉勅 宋刊（明嘉靖修） 四 乙 中帝一

序跋缺

南宋浙刊大字本元明遞修本。嘉靖八九年ノ補

修印本ニシテ、修補紙葉版心上方ニ年號アリ。

魏書　一一四卷　北齊魏收等奉勅　宋刊（明修）　八〇甲　十二冊

魏書目録序

南宋浙刊大字元明遞修本。補修嘉靖ニ至ル。版心年號ヲ截取リ、宋蜀大字本トナシタルモノ。金鑲玉ニ改裝ス。乙亥（民國二十四年）劉惠公晉（之泗）ノ手識ニハ蜀大字本ト誇ル。（卷首ニ）

隋書　八五卷　唐魏徵等奉勅　元大德刊（明修）　三〇甲　史判

序跋鈌

元大德刊明嘉靖頃修本。補修紙葉ノ版心ノ年號ヲ截取リ、染紙ヲ以テ補フ、目録卷首ニ「揚州阮氏元審定」朱文長方印ヲ捺ス。

卷十六ヲ第四冊卷九ノ後ニ誤訂ス。

北史　一〇〇卷　唐李延壽　元大德刊（明修）　六四甲室

序跋缺

元大德刊明嘉靖遞修本。補修紙數版心ノ年號ヲ截取ル。首ニ乙亥（民國二十四年）劉之泗〔公魯〕ノ手識アリ。

新唐書略　宋 三五卷　呂夏卿撰　　一〇乙　中

端平丙申子　延年跋

明鈔本。十行二十字。近人繆荃孫ノ印記「雲輪閣」

藍格
「荃孫」兩

朱文長方「校」印及ビ「四明盧氏」「抱經樓」「藏書印」

白文方印アリ。

四庫未收。跋ニヨレバ、編者ハ麗澤書院ニ学ヲ授

ケ井タリシ時、新唐書ノ文ノ多キヲ患ヒ、閲者ニ便ナラ

シメ、且筆削ノ寓意ヲ存セシタメニ、全書ニ抹筆セシヲ
門人ガ抄出シタルモノ、郡ノ太守趙公書院ニ至リテ
鋟板ヲ命ジテ板ヲ書院ニ置キシモノト。本文末ニ「端
平丙申仲冬重校正」ノ一行アリ。本文ハ紀二卷、
志・表各一卷及ビ傳ヨリ成ル。
藝風藏書記不載。

新唐書糾謬 二〇巻 宋呉縝 清写（知聖道齋） 二 乙 中

「進新唐書糾謬表」（紹聖元年ノ、呉縝）

紹興戊午（八）呉元美跋

清代彭氏知聖道齋鈔本。九行十八字。版心下方ニ

「知聖道齋鈔校書籍」ノ兩行アリ。又、「南昌」彭氏」

朱文方印「知聖道齋藏書」朱文長方印「遇讀」

者善」白文方印ヲ捺ス。巻中往々朱筆校字アリ。

清ノ藏書家彭元瑞ノ舊藏手校ニ係ル。
四庫正史類收入。唐書、同資料ニヨリテ、詳略ノ異ナル
差誤アリ、ヨリテ呉此書ヲ成ス。初名正謬、後、内
容謬誤ヲ糾摘スルニ止マルヲ以テ改名スト。二十門ニ
分ツ。知不足齋叢書・廣刻武英殿聚珍版叢書
ニ入リ、四部叢刊ニ明刊本ヲ影印シテ收ム。又、
盧文弨ニ校補一巻アリ。

唐書直筆　四巻　宋呂夏卿　清写（知聖道齋）　一甲　中

序跋無

清代彭氏知聖道齋鈔本。九行二十一字。版心下方ニ「知聖道齋鈔校書籍」ノ兩行アリ、又、「南昌」「彭氏」朱文方印ハ「知聖道齋藏書」朱文長方印、「遇讀」「者善」白文聯方印ヲ捺シ、巻首護葉ニ左ノ彭氏手識アリ、芸楣ハ元瑞ノ號。

宋史本傳夏卿字叔𫖯泉州晉江人與脩新唐書世系諸表其手定直齋謂其別譔唐兵志三卷此書乃其脩史時發凡斷制精確足爲古今通例其文仿公穀奥峭有澀北宋人猶近古若沿入胡寅尹起莘手則迂庸不足觀已　芸楣甲辰春慕

四庫史評類收入。本收書别ニ影宋鈔本アリ。此本巻次ヲ異ニシ、巻一ニ帝紀、巻三列傳・志・摘繁闕誤、巻四新例須知。巻中朱筆ヲ以テ訂正ノ所アリ。亦彭氏ノ手筆ニ係ル。誤写往々アルヲ知ルベシ。

舊五代史　一五〇巻　宋薛居正等奉勅　清寫　一四乙　史部

序跋缺

清鈔本。十行二十三字。乾隆中孔継涵手校タルコトヲ甲寅（民国三年）羣碧樓主人鄧邦述手識シ、通行本ノ改字缺字ヲ詳记ス、（鄧氏外、近人）又章鈺ノ印記アリ。（巻末ニ陳焯ノ識語アリ。）

舊五代史ニハ古本傳ハラズ。

五代史記　七十四巻　宋欧陽脩撰　徐無黨注　明汪文盛等校　明嘉靖刊　八乙　史

五代史記序（陳師錫）

明嘉靖中汪文盛等校刊本。十二行二十二字、注雙行、字數不定。「蔔莊」藝文」朱文「仲魚」白文兩長方印并ニ莫縄孫ノ印記アリ。前者ハ清代書誌学者陳鱣（仲魚）ノ印記ナリ。

同種本内閣文庫・静嘉堂文庫ニアリ。

宋史 四九六巻目三巻 元脱脱等奉勅 明成化刊（萬曆修）（有配補監）二〇 丙 中

明萬曆中／南監修補明成化刊本。成化刊本往々元版

ト誤認セラル。巻六十二至六、四百三十至三十二八早印

本ヲ以テ配シ、五十一至七八補寫。外ニモ補配部分

アルガ如シ。

遼史拾遺　清厲鶚撰楊復吉續　四函　十

清鈔本。十二行二十五字。卷次ヲ分タズ。刊本以前ノ寫本。宗室盛昱舊藏印記ヲ捺ス、「兔床」「經眼」ノ印記ハ吳騫ノ用キシ所、第四冊首ニソノ手識アリ。イフ、

吳江楊慧樓進士既從予借抄遼史拾遺又作遼史拾遺補凡數百條惜予本之未及傳錄　庚午夏日記

鮑綠飲口此書向爲樊榭姪繡洲所藏人有借抄者繡洲撤出一卷以借之故外間傳本多不全惟此爲足本也越日又識于小綠雲軒兔床昔年七十又八「吳騫」

ト。

四庫已史類收入。道光元年錢塘ノ汪氏振綺堂之

ヲ刊行、二十四巻ニ分チ、遼史紀年表ヲ補フ。此

本ハ不分巻ナリ。揚復吉ニ補五巻アリ、（合刊。）光緒元年

刊本亦同ジ。此本　第四冊首ノ

樊榭先生著述等身而擬引精博則推遼史拾遺爲冠

四十年前廣陵馬氏嘗擬剞劂而未果海内鈔藏者寥

寥數家而已客秋海寧吳丈槎客慨舉知不足齋贈本

假鈔以數年願見不可得之書一旦得繕錄全帙登諸
篋衍快何如之庚戌夏六月校畢因識數語于後以誌
幸至董浦先生金史補闕卷帙更鉅身後散佚罕存欲
謀璧合而竟無自矣惜夫松陵楊復吉識

〻識語之楊氏自筆ナラン。

二十一史　乙　中(刻)

序跋無

宋元明三朝刊板ノ各正史ヲ嘉靖中印行セルモノ。
中ニ新刻書モアリ。書名　巻数　撰者　刊年　冊数　下
ノ如シ。

史記　一三〇巻　漢司馬遷撰　宋裴駰集解　唐司馬貞索隠　張守節正義　明嘉靖八、九刊　三〇

前漢書　一〇〇巻　漢班固撰　唐顔師古注　同上　三二

622

後漢書	九〇卷、志三〇卷 宋范曄撰 唐李賢注	同上	二八
國志	六五卷、目三卷 晉陳壽撰 宋裴松之注	宋刊（明嘉靖修）	二〇
晉書	一三〇卷、音義三卷 唐房喬等奉勅撰 何超音義	同上	四〇
宋書	一〇〇卷 梁沈約撰	同上	三〇
南齊書	五九卷 梁蕭子顯	同上	一二
梁書	五六卷 唐姚思廉等奉勅	同上	一〇
陳書	三六卷 同上	同上	六
魏書	一一四卷 北齊魏收等奉勅	同上	四〇
北齊書	五〇卷 唐李百藥等奉勅	同上	八
周書	五〇卷 唐令狐德棻等奉勅	同上	一〇
隋書	八五卷 唐魏徵等奉勅	元刊（大德）（明嘉靖修）	二〇
南史	八〇卷 唐李延壽	同上	二〇
北史	一〇〇卷 同上	同上	三〇
唐書	二二五卷、釋音二五卷 宋歐陽脩等奉勅	元刊（明嘉靖修）	五〇

五代史記	七四卷	宋歐陽脩撰 徐無黨注	宋（？）刊（嘉靖補）	一〇
宋史	四九六卷目二卷	元脫脫等奉勅	明成化刊（嘉靖修）	一二〇
遼史	一一六卷	同上	明嘉靖八刊	一六
金史	一三五卷	同上	同上	二四
元史	二一〇卷目二卷	明宋濂等奉勅	明刊（嘉靖修）	五〇

劉氏嘉業堂舊藏。

〔東萊先生〕十七史詳節　共二七三巻（内五代史一〇巻缺）　宋呂祖謙編　明正德刊　七〇　丙　書

明正德中福建愼獨齋刊本ナルベシ。巻次ハ通巻ニヨラズ、各書別々ナリ。

第一－六冊	東萊先生史記詳節	二十巻首一巻
第七－一八冊	〃　西漢	三十巻首一巻
第一九－二六冊	〃　東漢	三十巻首一巻
第二七－三〇冊	〃　三國志	二十巻首一巻
第三一－三六冊	〃　晋書	三十巻首一巻
第三七－四二冊	〃　南史	二十五巻首一巻
第四三－四八冊	〃　北史	二十八巻首一巻

第四九—五二冊　〃　隋書　二十巻首一巻

第五三—七〇冊　〃　唐書　六十巻首一巻

五代史十巻ヲ缺ク。徐乾学（健菴）季振宜（滄葦）ノ二家ノ印記ハ後人ノ妄加ニ係ルナラン。四庫史鈔類存目著録。呂氏讀史備検ノ書ヲ建中ノ書坊刊刻セシモノナラン。圖書寮ニハ元刊本及ビ朝鮮銅活字印本ヲ藏ス。

史事易求　明沈天祥編　明写　四乙　中

「史事易求序」（嘉靖元、張邦教）

明藍格鈔本。十行。「虞山錢曾」「遵王藏書」朱文長方印、「真州吳氏有福讀書堂藏書」朱文方印アリ。錢曾　吳引孫等舊儲。

四庫未收。史記・前漢書・後漢書・三国志・晉書・宋書・南齊書・梁書・陳書・魏書・北齊書・周書・隋

書・唐書・五代史・宋史・遼史・金史・元史ノ十九史ノ目錄ヲ鈔錄シタルモノ。五代史・宋史ノ第四冊ヲ缺ク。ド、測海樓時代ヨリノ本ナリシガ如シ。傳本稀他ニ存スルヲ知ラザレド、内容的價値ニ乏シ。

諸史拾遺 五巻 清錢大昕 清嘉慶一二刊 一帙 中慶

序跋無

清嘉慶十二年嘉興郡齋刊本。

四庫未收。廿史ノ拾遺トイヘド、實ハ補遺ヨリ文字ノ糾謬多シ。三國志ヨリ元史ニ至ル本文・注文ヲ摘録シ、ソノ下ニ自他ノ説ヲオク。「脩唐書詔」嘉祐刊本新唐書官銜・新唐書釋音序ヲ全錄ス。

遼・金・元三史ヲ主トシ、光緒中李文田ノ校訂アリ。

中ニ参考トナルモノアリ。

二 編年類

元經薛氏傳　殘存七卷（卷四至十）　舊題隋王通撰唐薛收續并傳　宋阮逸注

明寫　三乙　中

序跋缺

明藍格鈔本。十行二十一（至四）字。「樸學齋」朱文方印アリ。

四庫編年類收入。晉ノ太熙元年ヨリ、隋ノ開皇九年ニ至ル編年史、卷十ハ薛ノ續、隋末ニ終ル。

漢魏叢書ニ入ル、本書ノ鈔寫ハ或ハ叢書ノ編刊ノ

前ニ在リ、朱筆校字アリ、貴ブベシ。

634

资治通鑑 二九四巻 宋司馬光 明嘉靖刊（萬暦一回修） 八〇丙 中

明嘉靖中太原孔天胤刊 萬暦中清源蘇濬修補本。

宋刊本ニヨリ元刊本ヲ以テ校スト、首ニ近人羅振常ノ手識アリ。

（陸狀元增節音註精議）資治通鑑　一二〇巻首一巻目三巻　宋陸唐老編　明毛晉校

明崇禎刊（汲古閣）　六〇册　中刊

明崇禎中毛氏汲古閣刊本。劉氏嘉業堂舊藏。

宋刊本ノ詳節ヲ毛氏ガ技刊シタルモノナルベク、通鑑ヲ鈔錄シ、集注シタル、モト挙業ノ書タリ。

內閣文庫ニ同版本二部アリ。靜嘉堂ニ宋刊詳節本アリ。四庫簡年數存目ニハ增節音注トアリ。

資治通鑑考異 三〇巻 宋司馬光編 明嘉靖刊 二〇冊 壹

明嘉靖中刊本。十行二十字。序目缺。「毛印西河」朱文橢圓

印アリ。清初毛奇齡ノ印記ノ如キモ、或ハ後人妄ニ

捺シタルモノカ。

四庫収入。通鑑編纂ノ際、得タル史料ノ異同ヲ編纂

シタルモノナリ。

續資治通鑑長編 殘存四五卷（卷一八至二九、四六至六三、九四至一〇八之二）宋李燾 清寫 六甲 中

序跋缺

清寫本。十二行二十四字。首ニ王研臣トイフ人ノ手

識アリテイフ、

余舅氏柳樹芳先生日昨從吳興歸里篋中

有舊抄續資治通鑑長編六本佚存十九卷

至廿九四十六卷至六十三九十四至一百另八

完畢爲桐鄉汪氏舊藏硃筆悉照宋本校

錄洵善本也

松陵後学汪研臣識

ト、十九巻八十八巻ノ誤ナリ、夙ニ佚シタルヲ知ル。四庫收入。通鑑ヲツイデ英宗ニ至ル、ソノ長編ノ二字ヲ加ヘタルハ通鑑ノ初名ニ從ヒ、謙シテノ稱ナリト。傳本一ナラズ。明代ニ刊本ナク、清刊本ハ五百二十巻ニ分ツ。靜嘉堂ニ彭宋鈔殘本及ビ別本巻一齋鈔本アリ。前者ハ巻七、八、二十一至三、五十一之二至八十、八十四、五、九十四之二以下ヲ缺ク。

宋元通鑑　一五七巻　明薛應旂　明〔嘉靖〕刊　二六丙　史刻

明嘉靖中刊本。十行二十字。麻本、序文ヲ佚ス。義例及ビ目録ノ一、元ノ人名、改譯ノ文字ヲ墨筆ニテ加ヘ、何人ノ致シシ所カ。劉氏嘉業堂舊藏。

四庫編年類存目著録。通鑑ニ倣ヒ、宋元ニ朝ヲ補ヘ、稍粗陋ノ評アリ。我ガ元治刊本通行ス。

續資治通鑑 六四卷 明王宗沐編 明隆慶刊 二〇 丙 中

明隆慶刊本。

四庫未收。通鑑ニ倣ヒ、宋元ニ朝ヲ繼グ。嘉靖乙卯(三四)ニ始メ、隆慶丁卯(元)ニ成ル。内閣文庫ニ同種本アリ。

資治通鑑節要續編 三〇卷 明劉剡編 明正德刊(經廠) 六八乙 壹

序跋缺

明正德中官刊本。「廣運」之寶」朱文大方印アリ、宗印記ニ存ル。九行十五字。上層三字。劉氏嘉業堂舊藏。

四庫未收。宋二十六卷、元四卷。

中　一六乙

（增修附註）資治通鑑節要續編　三〇卷　明劉剡編　明　劉文壽刊

明

福建劉文壽刊本。十四行二十一字。注雙行。元刊本ト偽ランタメニ、序文及ビ目錄末、卷末木記ヲ去ル。

通鑑博論　三巻　明朱權　明萬曆一四刊　三乙　十二刈

「御製——序」

「通鑑博論序」（洪武二十九年、朱權）

「進——表」（同、同）

永樂五年跋

「御製——跋」（萬曆十四年）

明萬曆十四年内府刊本。八行二十字。包背裝。劉氏嘉業堂舊藏。

四庫史評類存目著録。盤古ヨリ周ノ赧王マデハ外紀ニヨリ、威烈王ヨリ五代マデハ通鑑ニヨリ、宋遼金ハ正史ニヨリ、元ハ史略ニヨリ、諸文獻ニ評斷褒貶ヲ加ヘタルモノ。事實ヲ錄シ、「斷曰」ト標シテ評論ヲ載ス。巻下ハ表ニシテ、「歷代史革報復之驗」ヲ附ス。

資治通鑑綱目　五九巻　宋朱熹　明成化刊（缺）　六〇乙　中刻

「――――――序例」（乾道壬辰、朱熹）

「――――――凡例」

明成化中官刊本。八行十八字、小字雙行二十一字、共ニ断句。當時、集覽・攷訂シ、發明ト合刻シ本ナレド、綱目ノミ存ス。

同種ノ配本アリ。劉氏嘉業堂舊藏。

四庫未收。

資治通鑑綱目　五九巻　宋朱熹　明嘉靖一三刊　六〇冊　中

明嘉靖甲午（一三）江西按察司刊本。弘治九年張元禎ノ新刻ノ序末ニ「嘉靖歳次甲午春」江西按察司重刊」ノ両行木記アリ。

續資治通鑑綱目 二十七卷 明商輅等奉勑 明成化刊(經廠) 一四乙 史劉

「御製———序」

「進———表」

「職名」

「———凡例」

明成化中官刊本。八行十八字。[十字] 雙行二十一字、共

二 斷句。(包背裝。) 劉氏嘉業堂舊藏。

四庫未收。

資治通鑑綱目集覽、五九卷 明王幼學 明成化刊（經廠） 六乙 中（刻）

「——————敘例」（永樂壬寅、陳濟）

明成化中官刊本。八行十八字、小字雙行二十（字）、共二斷句。劉氏嘉業堂舊藏。

四庫未收。

資治通鑑綱目發明 五九巻 明尹起莘 明成化刊(経廠) 四乙 中

「———序」

明成化中官刊本。八行十八字、小字雙行二十一字。(共ニ断句。) 第二冊

同種本ヲ配ス。

四庫未收。

資治通鑑綱目發明 五九巻 （宋朱熹撰）明尹起莘發明 劉友益書法 王幼學集覧 汪克寛考異 徐昭考證 陳濟正誤 馮智舒質實 明弘治一四刊（日新堂） 二四冊 中

明弘治十四年日新堂刊本。十二行二十六字、小字雙行。

巻末ニ「皇明弘治辛酉歳」書林日新堂刊行」ノ兩行木記アリ。

續編資治宋元綱目大全 二七卷 明商輅等奉勅撰 劉友益書法 汪克寬考異 王幼學集覽 馮智舒質實 明嘉靖一〇刊（清江堂） 二四兩 史刻

明嘉靖十年清江堂刊本。十一行二十三字、小字雙行。

卷末ニ「龍集辛卯年孟」夏月清江堂刊」ノ兩行木記アリ。嘉靖以前ノ辛卯ハ成化七年ニシテ、續編ノ編纂ノ前ニアリ、故ニ嘉靖十年ノ刊行ト斷ズ。

續資治通鑑綱目廣義　一七卷　明張時泰　明弘治刊　一二乙　中刻

「————————序」（弘治己酉、羅玘）

弘治庚戌劉武臣序

弘治元年奏

明弘治刊本。八行十八字。劉氏嘉業堂舊藏。

四庫未收。續綱目ノ文ヲ摘出シ、評論ヲ加ヘタルモノ。作者八十餘年ノ年月ヲ費シ、五タビ稿ヲ易フ。

尊經閣ニ萬曆刊本アリ。

歷代通鑑纂要 九二卷 明劉機等奉勅編 明正德刊（經廠） 六四乙 史

「御製歷代通鑑纂要序」（正德二年）

「進歷代通鑑纂要表」（正德二年、李東陽）

纂要職名

「歷代通鑑纂要凡例」

「纂輯書籍」

「引用先儒姓氏」

明正德中官刊大字白棉紙印本。十行二十字。

劉氏嘉業堂舊藏。

四庫未收。孝宗ガ、通鑑綱目ノ繁多ナルニヨリ、ソノ要略ヲ撮リ、周ノ威烈王以前ハ通鑑前編、皇王大紀等ノ諸書ニヨリ、宋以後ハ續綱目ニヨリ、伏羲ヨリ元ノ順帝ノ至正二十七年ニ了ル。奉勅詳定官ハ李東陽・焦芳・王鏊ノ三人、編纂官ハ劉機等五人、謄録官ハ周文通等六人、催纂官ハ劉訊タリ。

（司馬温公）稽古錄　二〇巻　宋司馬光　明嘉靖刊　四乙　中奉

「進稽古錄表」（司馬光）

「朱文公與鄭知院書」

明嘉靖中天一閣刊本。序跋刊記ノ徵スベキナシトイヘドモ、刻工ニヨリテ天一閣刊本ナルヲ知ル。

四庫編年類收入。此書ニハ弘治刊本アリ、靜嘉堂ニ藏ス。

皇王大紀 八〇卷 宋胡宏 明萬曆刊 三二丙 劉

明萬曆刊本。序文及ビ目錄ノ初補寫。劉氏嘉業

堂舊藏。

四庫編年類收入。

大事記解題　一二巻　宋呂祖謙　明成化刊　一六乙　十函

序目本文缺

官銜

嘉定壬申李大有跋

明成化刊本。十行二十一字。本文十二巻、通釋三巻續編七十七巻ト合刊ノ本ナレド、他ヲ佚ス。劉氏嘉業堂舊藏。

四庫編年類收入。春秋以後、漢ノ武帝ノ征和三年ニ至ル大事ヲ編年體ニ記シタル大事記ノ傳注ナリ。

大事記續編　七七卷　明王褘　明成化刊　三二乙　中函

序跋缺

明成化刊本。十行二十二字、注雙行。覆大事記ト合刊ノ本ナルベシ。卷十三至七、七十二至四補寫。「張印」「月霄」「愛日」精廬」藏書」兩朱文方印、「曾在上海」郁泰峰家」朱文長方印アリ。前ニ者ハ張金吾、後者ハ郁松年ノ印記。又劉氏嘉業堂ノ印記アリ。
四庫編年類收入。呂氏ノ大事記ヲ繼ギ、漢ノ武帝
ノ征和四年ヨリ、五代ノ末タル周ノ世宗ノ顯德六年ニ
至リ、體例呂氏ニ倣フトイヘド、タヾ解題ハ各條下ニ
附シ、別ニ書ヲ成サズ。

世史正綱 三二巻 明丘濬 明嘉靖刊 二四 乙 十 刻

「刻——序」（嘉靖癸亥、孫應鰲）

「———序」（成化辛丑、丘濬）

「———凡例」

「———後序」（弘治元年、費誾）

明嘉靖刊本。十行十八字。劉氏嘉業堂舊藏。

四庫編年類存目著録。朱氏（ノ綱目、呂氏ノ）大事記ニ本ヅキ、

約編シタルモノ。秦ノ始皇ノ二十六年滅齊ニ起筆、

元末ニ了ル。毎歳、干支ヲ標目トシ、南北朝、元

朝ヲ除キ、朝名ヲ圈内ニ記シ、年號ヲ挙ゲ、史實

ヲ列シ、評論ヲ加フベキ條ニハ之ヲ記ス。

人代紀要　三〇巻　明顧應祥　明嘉靖刊　二四甲　史刻

「――序」（嘉靖三十七年、顧應祥）

「刻――序」（嘉靖戊午、湯明善）

「――凡例」

明嘉靖中大埔黄㞔枝刊本。十行二十二字。劉氏嘉業堂舊藏。

四庫編年類存目著録。人代ノ大事ノ要ヲ、干支ノ下ニ、年表ノ如ク記載シ、時ニ按語説明ヲ加フ。

故ニ書ニ名ヅク。堯ノ降位ニ始メ、明ノ太祖昌ヲ稱シ、戊辰（洪武二十一年）雲南諸夷ヲ平定シ、天下ヲ一統スルニ終ル。

本邦諸重要書目ニ見エズ。

大政記綱目 稽古編八巻 資治上編四巻 下編三二巻 明姜寶 明萬曆刊 四六 乙 中

「稽古編大政記綱目序」（萬曆十五年、姜寶）

「」 」（王藩臣）

明萬曆刊本。十行二十二字。

四庫未收。千頃堂書目巻四編年類著錄。朱子ノ綱目、司馬公ノ稽古錄ニ採ツテ書ニ名ヅク、大政ヲ記シタル書ノ意。 編年體ニシテ、干支ヲ眉上ニ

標出シ、事實（卽チ目綱）ヲ記シ、説明卽チ目ヲ一字下ゲテ記シ、
注アリ、諸家ノ言ヲ錄ス。稽古編ハ三皇ヨリ秦紀、
資治上編ハ漢ヨリ南北朝、下編ハ唐紀・五季。
自序ニイフ宋元ノ續紀ハ未成カ、未刊カ。諸藏書
目ニ見エズ。
卷末ニ止適齋主人手跋アリ。（二十七年元日叔及中ヨリ得ノ錄）山東省立圖書館舊
藏カトイフ。

甲子會紀　五巻　明薛應旂　明萬暦刊　　四番　史[illegible]

明萬暦刊本。劉氏嘉業堂舊藏。

四庫編年類存目著録。黄帝ノ八年ノ甲子ヨリ弘治十七年マデ、七十一甲子ヲ立テ、以後六十年間ヲ附シ、年號ヲ注シ、大事ヲ表示ス。但シ正統以後、頗ル簡ナリ。巻五ハ邵雍ノ「以元經會」ノ語ニトリ、元經會、邵子論・黄帝論、并ニ黄帝以前ノ帝ヲ記シ、歴代國都ヲ列シ、邵子・觀化詩ヲ附ス。

一乙中

内外史撮　續稿零本二巻（巻三五・三六）

首尾缺

明藍格鈔本。九行二十字。「抱經樓」白文長方印アリ。

四庫未收、諸目亦不載。ヨッテ、撰人、巻數等ヲ明ニシ難シ。存スル所、續編ト題シ、巻三十五ハ南宋紀理宗、淳祐四年至咸淳十年、巻三十六ハ恭宗・端宗・帝昺。

恐ラク上代ヨリノ通史ナルベシ。

戰國紀年　四〇巻年表一巻　清湯柱禎編　清寫　六乙　中

序跋缺

清寫本。巻首次行「晉陵承学湯柱禎纂次」ト題ス。「風雨樓」ノ朱文方印ヲ捺ス。近人、鄧實ノ用ヰタル所ナルベシ。

四庫未收。竹柏山房叢書ニ林春溥撰スル所ノ同名異書アリ。本書ハ周ノ貞定王ノ元年ニ始マリ、

秦ノ始皇ノ統一ニ了ル。年表オ一葉前半ヲ缺キ
序跋ノ徵スベキナシ。

兩漢紀　前漢紀・後漢紀各三〇巻　（前）漢荀悅（後）晉袁宏　明嘉靖刊　一六乙　中（庚）

「前漢紀序」（荀悅）
「後漢紀序」（袁宏）
「刻兩漢紀序」（嘉靖戊申、黃姬水）
「重刻兩漢紀後序」（紹興十二年、王銍）（缺）

明嘉靖中士雅山人黃姬水刊本。十一行二十字。先父所獲、宋刊本ニヨル。各書巻首ニ「文選樓」朱文長方印「揚州阮氏」「瑯嬛僊館藏書印」朱文方印

アリ、清ノ阮元ノ印記ナリ。「番禺梁氏葵霜閣」捐
藏廣東圖書館」朱文長方印ノ梁氏トハ各書巻末
ニ捺サレタル「梁印」鼎芬」（又ハ「臣梁」鼎芬」白文）白文「節庵」藏書」朱文ニ
方印ニヨリ、梁鼎芬ノ家ナルコトヲ知ル、後漢紀ノ夾板
ニ武訓堂藏本トアルハ、ソノ據ル所ヲ詳ニセズ。
四庫編年數收入。此本ハ往々アリ。

兩漢紀　同　一〇乙　十二

明嘉靖中士雅山人黄姬水刊本。同版。稀ニ朱筆

校語アリ，序跋全。

孝慈淵聖皇帝要錄（靖康要錄）一六卷　清鈔　五乙　中庚

無序跋

清鈔本。九行二十字。護葉ニ「面城樓舊藏本」トアリ、南海ノ曾釗舊儲カ。

四庫編年類收入。欽宗ノ出生ニ起筆、高宗即位ニ擱筆、靖康一代ノ編年史ナリ。提要ニ要錄成ルノ後、之ヲ摘錄シタルモノナリトイフ。末ニ金氏ノ手識アリテイフ

別本題靖康要録分巻不同此本篇首
題孝慈淵聖皇帝要録題爲南宋舊
題也惜乎七百年来祗此抄本流傳
亥豕魯魚觸目皆是此巻從陸氏十
萬巻樓抄出又得別本互校改補
不少然其中尚有錯誤字句不敢率
意刪改俟得善本再行細校
光緒六年十二月初三日識於倉署　金曝私印

ト、現行傳本ハ陸本ニ出ヅル　十萬巻樓本ニシテ、蓋
シ、同系統ナリ。

孝慈淵聖皇帝要録（靖康要録）一六巻、清写　一六乙　中

清鈔本。九行二十字。丁氏八千巻樓舊藏。「八千巻」樓藏書印」「善本」書室」両朱文方印アリ。又書皮ニ「八千巻樓」珍藏善本」ノ朱文長方印ヲ捺ス、〈分類標示ノ朱印アリ。丁志巻七ニ九丁著録。江南圖書館トノ校交ノ用本ニ「原闕」ノ朱印ヲ加ヘラレタル書ナリ。

按ズルニ、内容誤字サカラズ、、硃筆校合アリ。護葉ニ貼

附ノ陳錄ヲ引ケル一文ハ「洵此書之大畧也」ノ七字ヲ除キ、丁志ノ文トアフ、丁志ノ原稿カ。

孝慈淵聖皇帝要錄（靖康要錄）殘本　明寫　二甲　中

序跋缺

明藍格鈔殘本。十三行二十一字。紙背ハ明代刑案ノ文書ナリ。明ノ鄭曉ノ藏印アリ。

本書、陳錄ニ五卷ニ作リ、今本ハ十六卷ナルニ、此本ハ不分卷ナリ。文字十六本ノ末半ト合致スル所多シ。

缺本ナレド、尚ブベシ。十六卷本ニ較ブルニ卷三ノ前半マデニ係ル。

建炎以來繫年要錄　二〇〇卷　宋李心傳　清寫　三二乙　中〔賓？〕

乾隆三十八年ヒ　提要

清寫本、十行二十五字、無郎の「祥符周」氏瑞瓜」

堂図書」白文方印「周印」星詒」白文方印「星詒」朱

文長方印「寶〔？〕」吉」朱文方印等アリ。周星詒舊藏。
曼

提要ノ末ニ

同治四年正月購自福州陳氏價二十千

錢三月初四日閲起記　曻素星詒［詒印］

又、

是本抄胥草ニ訛誤脱落至不可句グ畧ムス其

顧者當□求善本一ニムフ之

ニハ手識及ビ巻中ニ校語アリ。

「茂苑香生」「蔣鳳藻秦」「漢十印齋」「叔巫圖書」

朱文方印ヲ捺ス、近人蔣鳳藻舊藏。

（増入名儒講義）皇宋中興聖政　三〇巻　明写　五甲　中刻

無序跋

明藍格鈔本。九行十九或二十字。「四明盧氏」「抱經樓」

藏書印」白文方印アリ。

一諸目未載。阮氏進呈本亦巻三十至四十五ヲ缺ク。

四庫未收、宋代ノ俗書トイフベク、建炎元年ニ始マリ、巻三十八 紹興

十四年ニ了リ、以下淳熙十五年巻六十四マデヲ缺ク。通鑑ニ倣ヘル編年史ニシテ大事記・亀鑑

ヲ始メ、諸家ノ説ヲ増入ス。

宋季三朝政要　六巻　清寫　四乙　史部

無序跋

清鈔本。九行十八字。目錄ノ前首ニ「陳氏餘慶堂刊」ノ一行アリ。皇慶元年餘慶堂刊本ハ靜嘉堂ニ藏セラル。鄧氏羣碧樓旧藏。首ニ手識ニ道アリ、此本訛奪多ク、元刊本ニヨツテ手抜スト、ソノ元刊本、版ヲ知ラザレド、本書ニハ至治三年雲衢張氏刊本アリ、內閣、靜嘉堂ニ藏本アリ。

四庫收入。宋季三朝、即チ理宗・度宗・幼主三朝ノ編年史ニシテ、廣ヽ・益ニ王ノ始末ヲ巻六ニ收ム。

鄧邦述手跋

宋季三朝政要歷來僅見鈔本此本雖屬舊鈔而訛謬太多不可卒讀旋南後見君閣内兄藏有元刻本為世罕有因乞歸校之連年飢馳時ニ閣筆迄今始得卒業其足以為此書之益者每葉可得十餘處校者愈勞而心愈喜然此書寫手雖劣亦有勝於元本者不知昔日據何本迻錄也理度兩朝皆

誤于權姦柄國一史一賈遂致亡國君子小人於國家之関繫可
云鉅矣蒿終紀文信國陸秀夫事獨詳嗚呼雖有善者亦無
如之何矣 癸亥十二月初二日燈下 白闇居士校畢記
前用藍筆迻目行匡無藍乃改用朱前後兩歧非兩本也白闇又記
趙晋齋得元刻本以校鈔本其鈔本之訛奪与此本正同
而其所增出者亦同是從前抄本面目皆如此也錢
氏據趙校本刻入守山閣致為矜慎而仍不免有訛漏
之處蔣生沐東湖叢記已舉出之是知校刻古書之
非易也其尤錯迕者如趙昂發死于池州後乃改趙為
李前〻昂發元刻作昂抄本作昂鈔刻於第五卷則
不依元而作昂於卷末又改趙而為李前後遂為兩人
矣錫之刻此叢書海內所推重者尚不免有不檢之處
後之摩鉛槧者固不當草率從事矣 甲子五月韋碧

天明太祖聖神文武欽明啓運俊德成功統天大孝高皇帝實錄（太祖高皇帝實錄一存七卷（卷一至七）明永樂中初稿 明寫） 一 甲 中

永樂十六年夏原吉等上表

明硃格鈔本。十一行二十二字。卷一至七ヲ存ス。其末一、二葉缺ホゞ東大史学研究室所藏本ニ近キモ彼ノ「厚」字ヲ「元」字ニ作ルナド多少ノ差アリ。影印本「惇」ニ誤多シ。清水泰次氏藏本ニヨル

（天明）仁宗敬天體道純誠至德弘文欽武章聖達孝昭皇帝實錄（仁宗皇帝實錄）明楊士奇等宣德中奉勅撰 不分巻二（後半缺）清寫 一甲 中

「仁宗昭皇帝實錄序」（宣德五年）

清初藍格鈔本。十一行二十の字。永樂二十二年十一月マデ存ス。影印本ト異同アリ、共ニ誤脱アレド此本カナリノ脱文アルガ如シ。

國榷（有缺） 明談遷 清寫 六〇甲 中刊

序、跋缺

清寫本。九行二十四字。巻中「當湖小重山館」胡氏遂江珍藏」、朱文長方印アルアリ。又、莫友芝ノ印記アリ、劉氏嘉業堂舊藏。（千頃堂書目著錄。一百卷。字仲木、海寧人、諸生ト。）四庫未收。明代ノ編年史ニシテ、刊本ナク、坊間稀ニ零本ヲ傳フ。現代ノ藏書目中ニハ

北京人文科學研究所藏書簡目　史部　編年類

國榷　不分卷　鈔本　十六冊

國榷殘卷　鈔本　一冊

東洋文庫　二一子影寫

北平圖書館善本書目　卷二　史部　編年類

國榷　不分卷　抄本

存六冊　起天啟六年　訖崇禎六年

江蘇省立國學圖書館圖書總目　卷九　史部　編年類

國榷　不分卷　鈔本　八〇冊

又一部　不分卷　本館影寫本　八〇冊

等著錄アリ。滿洲國立中央圖書館籌備處ニモアリ。

此本書ニハ首ニ莫友芝ノ手ニ成ル目錄ヲ冠ス。ソレニ示サレタルモノニヨレバ、モト二百四十冊アリシモノ、如ク、内四十七冊ヲ缺クト、但シ、現在ハ合本トナレルヲ以テ、冊數合セザルナリ。

首

八冊

今附表トシテ、最後ニ收ム。

内、首二冊缺、

今第一册　太祖起事至吴王　四〇—六九页缺

　至九四十九—二十二年七月半

第二—六册　太祖洪武　洪武五年七月至六年

　三十、三十一年　缺

第七册　惠帝

第八—一一册　成祖

第一二册　仁宗

第一三、一四册　宣宗　正统二至五年缺

第一五至一七册　英宗　景泰元年前半缺（至三月）

第一八、一九册　代宗　〃　六、七年缺

第二〇册　英宗　天顺元年前半缺

　〃　四至七年缺

第二一—二四冊 憲宗 弘治十五、十六年有破
第二五—二七冊 孝宗 正德元年有破
第二八—三〇冊 武宗 正德七至十六年缺
第三一—三七冊 世宗 嘉靖十至十四年缺
〃 十八、十九年缺
〃 三十四年有破
〃 三十九年有破
〃 九月至年末缺
〃 四十二至五年缺
第三八冊 穆宗 隆慶元年七月至歲末缺
第三九至四八冊 神宗 萬曆元至三年缺
萬曆六至九年缺
萬曆三十九、四十年缺

第四九、五〇册　熹宗　天啟五年缺
第五一—五七册　莊烈帝　崇禎十六年四月至六月中缺
〃十七年缺
第五八册　福藩（崇禎十八年、弘光元年）
第五九、卷册　首缺
勳封
卹爵
戚畹
直閣
第六〇册　部院　才六四至八八叶缺
甲科
朝貢

（新刋校正）皇明資治通紀（皇明通紀）一四巻 明陳建 明嘉靖刊 八乙 十册

「皇明通紀序」（嘉靖乙卯、陳建）

明嘉靖刊本。十四行二十七字。劉氏嘉業堂旧藏。

四庫未收・通紀ハ舉生ノタメニ明代ニ弘ク行ハレタルモノニ

ヨテ、十巻十一巻（十三巻）二十七巻三十巻等諸本頗ル多種、陳

ガ國初ノコトヲ記シタル啓運録トイフ書ヲ増輯シタルガ本

書ナレド、現行本ハ殆ド陳氏ノ舊本ヲ傳ヘズ。後人ノ潤

刪ノ那辺ニ及ブカ明ナラズ。其中ニ在リテ此本ハ最モ古キ
形ラシトハ清水奉次氏ノ説ナリ。後來、皇明資侶ヲ始
メ、本書ニヨリタル依書多シ。此本啓運録八巻ヲ改メ、
巻一至四洪武、五、六永楽、七宣徳、八正統、九景泰、天順、
十成化、十一（十二）弘治、十三（四）正徳。至正十一年ヨリ正徳十
六年ノ編年史。清水氏ノ説ニ二十巻又ハ三十二巻現ル、
トキハ陳氏ノ原本ナリト。

694

龍飛紀畧　一四巻　明呉朴　明（嘉靖）刊（補写）　一二乙十

「――」序」（嘉靖甲辰、林希元）

「――」目錄通例」

「――」敘」（嘉靖壬寅、呉朴）

明嘉靖中諸生呉天祿等捐資刊本。十一行二十字。

巻頭ニ書名ナク、版心上方ニ書名ヲ刻シ、上魚尾ノ下ニ甲子ヲ刻入ス。（下方ニ巻数）巻十一至四鈔補ナリ。

四庫編年類存目著錄。太祖ノ創業ヲ龍飛ニ比シ、ソノ創大畧ヲ記ス意ノ書名。太祖治政ノ征伐禮樂ノコト書中ニ備ハルヲ以テ、初名ヲ聖朝征伐禮樂書トヨブ。存目ニハ八巻ニ作レド、此本版心下方ノ巻次及ビ補寫部分ヲ合算スレバ十四巻トナル。内容ハ至正壬辰(一三)ヨリ建文壬午(四)ニ至ル五十一年間ノ編年史ニシテ、元代ハ夷狄、建文ハ年號未復ノ故ヲ以テ、甲子ノミヲ記シ、太祖ノ出身ニ起筆シテ、年月ゴトニ綱ヲ立テ、目節ヶ説明ヲ加フ、綱目ノ形ナリ。

尊経閣藏本同版本ナルベシ。

國史紀聞　一二巻　明張銓　明天啓刊　六乙　十刻

（首缺）萬暦四十八年自序

「序張忠烈國史紀聞」（天啓四年、徐揚先）

明天啓刊本。九行十九字。劉氏嘉業堂旧蔵。

四庫編年類存目。野史雜出、而モ眞ヲ失ヒ、又簡ニ過グ。實録ハ一般人ハ見ルベカラズ。故ニ、諸書ノ異同ヲ考證、至正十二年ヨリ正徳十六年ニ至ル編年史

ヲ綱目體ニ記シタルモノ。天啓中ノ初版ナリ。内閣文
庫・尊経閣（缺本）ニ同版本ヲ藏ス。

昭代典則　二八巻　明黄光昇　明萬暦刊　二〇乙　書引

「――――序」（萬暦庚子、祝世禄）

明萬暦中金陵周曰校刊本、十一行二十二字。劉氏嘉業堂旧藏。

四庫編年類存目著録。至正十二年、太祖起兵ヨリ隆慶六年ニ至ル編年文、綱アリ、目アリ。ヨク史要ヲ挙グ。

700

昭代典則　同　二七　丙　中庚

明萬曆中金陵周曰校刊本。同版，蛀破アリ。

(新刻)明政統宗　三〇巻目一巻附一巻　明涂山　明萬曆刊　一六　乙　中(央)

「明政總統宗叙」(萬曆乙卯、劉達衡／承芳)

「 〃 」(李維楨)

「 〃 序」(萬曆乙卯、張師繹)

「 〃 叙」(〃 涂喬遷)

「凡例」

「聖製目錄」

明萬曆刊本。九行十九字。注雙行。「六合徐氏」「孫麒珍藏書畫印」朱文「孫麒氏」「使東所得」白文二方印アリ。

明治初葉我邦ヨリ佚出セシ所。
四庫未收、至正十二年太祖起兵ヨリ隆慶末年ニ至ル編年綱目體ノ歷史ニシテ、清水氏評シテイフ、通紀ニ勝ルト。內閣文庫ノ尊經閣ニ同種本アリ。本庫ナト佐伯文庫旧藏本ヲ藏ス。

皇明從信錄　三三巻又七巻　明沈國元編　明末刊（天啓七）　四〇乙　史判

「皇明通紀前編序」（陳建）
「從信錄引」（沈國元）
「從信錄總例」（萬曆庚申、沈國元）

明末刊本。天啓七年　十行二十二字。劉氏嘉業堂旧藏。

四庫未收。陳建ノ皇明通紀ヲ改編シ、續紀トモ隆慶マデヲ三十三巻トシ、萬曆ヲ七巻ニ新編シタルモノ。沈ノ新編部分ハ時ニ出典ヲ明ニス。傳本

比較的多シ。タヾ此書　初刻本ト思ハル

刊年ハ續編トモイフベキ兩朝從信錄ノ序ニヨリ明ナ

リ。

兩朝從信錄　三五卷　明沈國元　明（崇禎）刊　一〇乙　史刻

「――序」（陳懿典）

「――述意」（沈國元）

「較訂（姓氏）」

明崇禎刊本。十行二十二字。劉氏嘉業堂旧藏。

四庫未收。皇明從信錄ヲツギ、泰昌・天啓間ヲ補フ。引用ノ原史料ハ雙行ナリ。内閣其他ニ仿本アリ、此本原刻ニ非ズ。

憲章錄　四七巻　明薛應旂　明萬曆刊　一〇　甲　（中希）

「——序」（萬曆元年、薛應旂）
「刻——跋」（萬曆二年、陸光宅）

明萬曆初年刊本。十行二十字。

四庫編年類存目著錄。論語ノ「憲章文武」ノ語ニ採リ、洪武至正德ノ編年史ヲ編纂シタルモノ。內閣文庫ニ同種本アリ。

憲章外史續編　一四巻　明許重熙　明崇禎刊　一二乙　〔畫〕

「序」（董其昌）

「――――序」（崇禎六年、許重熙）

明崇禎刊本。十行二十字、斷句。劉氏嘉業堂舊藏。

四庫未收。正徳十六年四月ヨリ、天啓七年八月至ル編年史ニシテ、見聞ニ基ク。巻一至五首「嘉靖

注畧」ト題シ、六隆慶、七至十一萬曆、十二泰昌
十三・四天啓ノ各注畧ト題ス。故ニ「嘉靖以來注畧」（内閣文庫ニテハ、北京人文科学研究所）
ト錄ス。　同種本ノ封面ニ「皇明五朝紀
要」ト題ス。別ニ收ム。
清水氏イフ、異説ナド、特殊ノ史料ヲ含ムト。

憲章外史続編　同（皇明五朝紀要）　五　丙　中

前ト同種、序跋未同ジ。タヾ見返ニ藍印文字ニテ

「皇明五朝紀要、板藏江右」トアリ。蛀破アリ。

皇明嘉隆兩朝聞見紀　一二卷　明沈越　明萬曆刊　一二甲　史

「刻兩朝聞見錄題辭」（朱之蕃）

「皇明嘉隆兩朝聞見紀敍」（萬曆己亥、沈朝陽）

明萬曆刊本。十二行二十七字。莫友芝・劉承幹旧藏。

四庫編年類存目著錄。兩朝ノ編年史。正德十六年ニ始マリ隆慶六年ニ了ル。資料ヲ多ク含ム。

內閣文庫ニ同種本ヲ藏ス。

世穆兩朝編年史　皇明永陵編年信史四巻 皇明昭陵編年信史二巻 明支大綸 明萬曆刊 一〇冊 中刻

「――自序」（萬曆丙申、支大綸）

「永陵信史題辭」（項德楨）

明萬曆刊寫刻本。十行十八字。「曹溶之印」白文方印「明善堂覽書画印記」白文長方印「安樂堂藏書記」朱文長方印アリ、清初曹溶、宗室奕繪、何元祥舊藏、又、劉氏嘉業堂舊藏。

四庫編年類存目著録。嘉靖元年ヨリ隆慶六年ニ至ル編年史。時ニ史ノ評語ヲ挿入。又、文字挖去ノ迹アリ。尊經閣ニ同種本ヲ藏ス。

皇明永陵編年信史　四巻　明支大綸　明萬曆刊　四　丙　中

「世穆兩朝編年史自序」（萬曆丙申　支大綸）
「永陵信史题辭」（項德楨）

明萬曆刊寫刻本。世穆兩朝編年史ノ内ナリ。清末王韜ノ藏印「甫里」「逸民」白文「吳郡」「王韜」朱文「遯叟」朱文各方印「曾藏經王韜藏過」朱文長方印ヲ捺ス。光緒丙甲中韜ノ識語アリ。表本缺。

洪武聖政記 (別本)明寫 一二巻 一二乙 (十刻)

無序跋

明鈔本。十行、毎行二十字内外、鈔寫草率。劉氏嘉業堂旧藏。又「四明盧氏」「抱經樓」藏書印」

白文方印アリ。

四庫雜史類存目著錄。壬辰ヨリ洪武三十年ニ

至ル編年史。末ニ夏元吉等ノ實錄ノ進表ア

リ。提要ニ實錄ノ鈔撮ナリト評ス。恐ラク然ラン。

圖書寮ニ正德中ノ鈔本アリ、内容同ジナラン。

皇明肅皇外史　四六卷　明范守己　明寫　一〇甲　中刻

「輯肅皇外史序」（萬曆壬午、自序）

「採據書目」

明藍格鈔本。九行十八字。劉氏嘉業堂舊藏。「四明盧氏」「抱經樓」藏書印」白文方印アリ。

四庫雜史類存目著錄。嘉靖世宗一代ノ編年史。千頃堂書目（云一名肅皇大談）

支ノ下ニ事項ヲ擧ゲ、說明ヲ加ヘ、綱目ノ體ナリ。卷一ヲ以

テ十六年四月至十二月トシ、卷二至四十六、嘉靖元年

至四十五年、毎年一巻。呉郡王世貞訂訛ト題ス。

援安ニ、詞煩碎ニ近ク、史體ニ合ハズト、サレド棄ツベカラズ。雷禮ノ大政記ニ節本ヲ附刻スト。

刊本ナキニ似タリ、國學圖書館ニ完本、北平圖書館ニ殘本ヲ藏ス。清水泰次氏ノ教示ニ曰ク、皇明通紀ノ系統ニ屬スト。

嘉靖大政編年紀　明黄鳳翔　明天啓刊　四　甲乙　中(刈)

「嘉靖大政紀敘」（天啓元年、鄭壁）
「嘉靖大政編年紀序」（萬暦甲午、黄鳳翔）

明天啓刊本。九行二十字。劉氏嘉業堂舊藏。

四庫未收。鄭曉ノ大政紀ヲニ傚ツテ、嘉靖一代ノ政
ヲ宗伯タリシ著者ガ、年來ノ見聞ニ基キ、）治上ノ事件
十年月ニカケテ
ヲ簡単ニ列記シタルモノ、詳記ニ及バズ。自序ニ「大

政彙編ハ別ニ著ハストアリ、諸藏書目ニ載セズ、タヾ千頃堂書目ニ「嘉靖大政編年一巻、又嘉靖大政類編二巻」ト見ユ。

萬曆邸鈔　（萬曆元至四十五年 清寫）　三二　甲　史（封）

無序跋

清寫本。十行二十四字。劉氏嘉業堂旧儲。又、「畢沅」「審定」白文方印アリ。（稍缺ス）内題ナク、書題簽殘存。内容多少不完全ナリ。四庫未收。諸目未載。千頃堂書目巻四ノ丁ニ「萬曆邸注二十巻」トアルノトハ別ナラン。又、北京人文科学研究所藏書簡目ニ萬曆別録ト題スル殘本ヲ著録セルハ同ジナリヤ、否ヤ。

三 紀事本末類

通鑑紀事本末　四二卷　宋袁樞編　明萬曆二刊　　四二乙　中

「――――敘」（淳熙元年、楊萬里）

寶祐丁巳趙與篙序

延祐六年陳良弼序

「重刻――――序」（萬曆二年、李栻）

明萬曆二年巡按湖廣監察御史豐城李栻校刊本（欠）。白棉紙印本。

十二行二十八字。

四庫收入。李序ニヨレバ、宋ノ嚴陵本ハ本小ニシテ訛多ク、節齋再刻本亡ビ、之ニ據リタル南京太学刻本ハ、闕裒大、摹印艱ニシテ、傳本少ク、又已ニ漫漶殘缺ス、ヨツテ舊本ヲ購ヒ、校正ヲ加ヘテ重刻スト。

通鑑紀事本末　（李文田手校本）卷存一二卷（卷一至一二）　宋袁樞撰　明張溥論正　明末刊　三　乙　中（庚）

「——序」（張溥）

明末（清初）刊本。九行二十字。原二百三十九卷、今卷一至十一ヲ存スルノミ。清末、李文田ノ硃筆校語アリ。

四庫四十二卷本ヲ收入ス。

皇朝通鑑長編紀事本末　一五〇巻（存巻）宋楊仲良　清乾隆寫　二四　甲　中

寶祐丁巳（八）歐陽守道序

清乾隆中王鳴韶鈔本。巻末ニ

乾隆四十一年五月十二日寫畢鶴谿王鳴韶記

ノ二行及ビ「王印」「鳴韶」白文「鶴」「谿」朱文ニ方印アリ。

十一行二十四字。巻五後半至八前半、一百十四至九

ノ全八巻　全部及ビ二巻一部ヲ缺ク。

此部分白紙ヲ插入ニヨツテ才二十冊ハ全冊白紙ナリ。静　阮目、

嘉業藏鈔本、廣雅書局刊本皆同じ，思ラクハ皆同一源

ニ出ヅルナラン。周星詒旧藏、手識五通、内ニ

本書缺卷排纂大典本長編及彭氏太平治迹統類，當可十得七八

詒于庚午夏日以寫本長編一百八卷（治平四年閏月以下）及此校勘統類脫譌處甚

已可該目謂雖未備能，盡復舊觀，較勝此間傳本，暇當命小胥

寫出太祖聖政諸篇，更爲補其闕畧，以附此書，他日再得張

氏擺本再加校勘，便可付有力者刻以矣　星詒識（首）

口

此書晁陵二家均未著錄，玉海有楊仲良長編

紀事本末一百五十卷与此正合阮氏失考故爲
識之（序末）
是書以
裕陵中葉始出故未收入四庫全書及嘉慶間
阮文達始以進
御詳揅經室別集外間僅傳抄本脫誤甚衆
此是譚仲儀爲購之陳氏帶經堂者有鶴
徵居士王鳴韶題記卷首以朱描竹詹事名
即其本蓋出自錢氏惟不知王君爲何人也書

中校語多引本書改正無證據者雖明知
其誤不輒更改是自顧黃諸家校書宗
派也李氏本書其在甚原進呈一百六十卷
大典輯錄五百六十卷本曼日精廬以活字印行
之本世亦洵有流傳更佐以徐氏寀輔編
年錄諸書不難盡復舊觀當陸續求訪
以成此也　乙丑三月廿六日星詒记
星詒印

同治乙丑三月十八日閱起四月初四日
竟星詒記于邵武鳳石坊步館

一通ハ潛研堂集卷四十八「鶴溪子墓誌」ヲ引ク。
卷中「曼」「壽」朱文、「周印」「星詒」白文、「祥符周」「氏

瑞瓜」「壹圖書」白文各方印ノ周星詒ノ印記ヲ捺シ、
外ニ鈔者王鳴韶ノ「翠微」「精廬」白文圖印、「王印」「鳴韶」白文方印ノ藏書印、
「錢印」「大昕」白文方印、近人蔣鳳藻ノ「茂苑香生」
蔣鳳藻秦」「漢十印齋」祕藏圖書」朱文方印アリ。
四庫未收。未收書目卷一著錄。李燾ノ續資治通
鑑長編ヲ分門編類シタルモノナレド、先ヅ太祖七卷、
太宗七卷、眞宗十四卷、仁宗二十四卷、英宗四卷、神宗

三十四巻哲宗二十六巻徽宗二十八巻欽宗六巻ニ分チ而

ル後ニ事目アリ。

宋史紀事本末（李文田手校本）一〇九卷 明馮琦撰 陳邦瞻編 張溥論正 明末刊 一四乙 史庚

「宋元紀事本末叙」（張溥）

明末清初刊本。九行二十字。通鑑紀事本末ト同一版

式ナリ。/元史缺。清末李文田ノ硃筆校語アリ。

四庫ニ二十六卷本ヲ收入ス。

三朝北盟會編　二五〇巻　宋徐夢莘　清寫　仁二乙　十七番

「——集編序」（紹熙五年、徐夢莘）

「——集編目書目」

清（趙氏小山堂）鈔本。十行十八字、無格。章氏四當齋舊藏。巻

末ニ（壬子）民國元年）章鈺ノ手跋アリ、（治）宋帝ニ係ルトコロ

空
巻格、又廟諱ヲ避クヲ以テ、宋本ニ出ヅトナシ、

「惇」字ニ（「慎」）御名ト注シタレバ、淳熙（成）・慶元間

ノ刊本タルヲイフ、又活字本ト互ニ優劣アリトナス。

四庫紀事本末類收入。靖康ノ禍ヲ如實ニ後世ニ傳ヘントシテ、政和七年ヨリ紹興三十二年マデノ間ノ金トノ盟約ニ關スル詔勅制誥、書疏奏議、記傳行實、碑誌、文集、雜著千ノ文ヲ取捨論斷ヲ加ヘズ、異同並存、以テ史家ノ採擇ミ備ヘントシテ會編ト名ヅク。紹熙五年自序。

此本訛脱少カラズ、朱筆ヲ以テ校シアリ。世ニ

（此本蓋出中内秀君之手。又楊守敬中借局ヲ以テ以テ除ル。）

光緒四年如皐袁氏排印本アリ。校勘記及

ビ同補ヲ附ス。

三朝北盟會編 二五〇巻 宋徐夢莘 明寫 五一乙 中(壺)

「――――――集序」(紹熙五年、徐夢莘)

「三朝北盟集編書目」

明藍格鈔本。十二行二十二字。自序ノ首ニ「慶曽」朱文十方印アリ、孫慶増ノ印記ナラン、又「曽藏汪閬源家」朱文長方印アリ、汪士鐘ノ印記ニ係ル。巻末ニ

魚魯錯訛校正三次不能盡善奈何　寛識

トアリ。巻中脱誤頗ル多ク、校正ノ痕少カラズ。

巻末ニ九月十八日ノ條ニツイデ、二十二日ノ條ノ末ニ

行ヲ録シ、十九至二十一ノ三日ノ全部并ニ二十六

ハ大半ヲ缺ク、他ハ推シテ知ルベシ。第十四冊（巻六

十二至七十）第四十冊（巻一百九十六至二百）後代鈔補

三朝北盟會編　二五〇卷 宋徐夢莘　清寫　八〇乙　史
「——————集序」（紹熙五年、徐夢莘）
清鈔本。十行二十字、無格。往々誤字アリ、朱筆ヲ以テ校ス。「潘鄭盦審定金石書畫印」朱文長方印ヲ捺ス。

元史紀事本末　明陳邦瞻撰（李文田手校本）張溥論正 之巻　同治一三刊（江西書局）四乙（中庫）

無序跋

清同治甲戌（一三）江西書局翻刊本。李文田ノ硃筆書入若干アリ。

四庫ニ四巻本ヲ收入ス。

皇明鴻猷録　一六巻　明高岱　明萬暦刊　一二乙　中

「鴻猷録序」（萬暦元年、曾省吾）
「――序」（嘉靖丁巳、高岱）
「鴻猷録敍」（萬暦丙子、羅瑤）
「〃後序」

明萬暦刊寫刻本。十行二十字。版心下方ニ刻工姓名アリ。

四庫存目著録。紀録彙編ニ收入。刑部主事タリシ時、交游飲酒ノナキニヨリ、古書ヲ讀ミ、先臣ノ紀述傳誌ト書疏案牘ニヨツテ要領ヲ得、六十餘事前事ノ得失ハ後事ノ明鑒トナシ、經世ニ資セントシタルモノ、故ニ鴻猷ト名付ク。高太祖ノ「龍飛淮甸」ニ始マリ、世宗ノ「追戮仇鸞」ニ終ル。殆ド吾事。

内閣文庫・尊經閣ニ同種本見。カ、原刻本ハ蜀中刊本ナリ。

經畧復國要編　一四巻附一巻後附一巻　明萬暦刊　一六甲　壽

萬暦二十年九月二十六日勅

序跋缺

明萬暦刊本。十行二十一字。劉氏嘉業堂旧藏。

四庫未收。丁志ニ紀事本末ニ録シ、北平図書館ニテ

雜史ニ屬セシメ、京都研究所ニテハ圖書目録影

印本（原本丁志若録）ヲ雜史類ニ收ム。文禄朝

鮮ノ役ニ明主ノ勅ヲ奉シ、朝鮮ニ赴キテ防禦ニ當リシ兵部右侍郎宋應昌ノ出動ノ顛末ニ關スル疏奏移檄咨書等公文私牘ヲ日ヲ按シテ錄輯シタルモノ。丁志ニヨレバ、首ニ沿海四鎮朝鮮圖説アルベキモ此書缺ク、序跋亦缺佚ス。

平播全書　一五卷　明王寿謨編　明萬暦刊　一五甲　史部

「平播全書序」（萬暦辛丑、王象乾）

「平播全書後序」（二、王寿謨）

明萬暦中蜀刊本。九行二十字。

四庫（雑史類存目）採進本。／李化龍が萬暦中蜀ノ楊應龍ヲ征セシトキノ關係史料文書ヲ輯メタルモノ。（史料ニシテ、編書ニ非ズ。）巻一至六奏議、七咨文、八至十一牌票、十二至四書札、十五批評・祭文。

諸蔵書目未載。清代ニ翻本アレド、マタ傳來サレシカ。

四 別史類

古史　六〇巻　宋蘇轍　明萬暦三九刊（南監）　一六　丙　史刻

明萬暦三十九年南京國子監刊本。往々刻者姓名アリ。

劉氏嘉業堂旧蔵。

四庫別史類收入。司馬遷ヲ評シテ、人トナリ淺近ニシテ不学、疎略ニシテ輕信　史記ハ聖人ノ意ヲ得ズトシ、史記ノ舊ニヨリ詩書春秋、秦漢ノ雑録ニヨリ、上ハ伏犧・神農、下ハ秦ノ始皇ニ至ルマデヲ七本紀十六世家三

十三列傳トレ、以テ聖人ノ遺意ヲ得、得失ヲ論ジ、來世
ニ示スモノナリトレタルモノ。

季漢書　六十卷　明謝陛撰　臧懋循校　明萬曆刊　八函　壹

明萬曆刊本。稍粗本。

四庫別史類存目著錄。三國志ヲ蜀ヲ正統ト

スル紀傳體ニ改メシモノ。孝獻・昭烈・後皇帝及ビ后

妃ヲ本紀三卷、漢ノ諸臣ヲ内傳十七卷、魏呉ヲ世

家六卷、メノ諸臣ヲ外傳二十卷、袁紹・董卓等ヲ諸雄

載記三卷、散附ニ事ヘ、又ハ諸雄ニ仕ヘシヲ雜傳一卷

十六 裴松之ノ注ヲ校録摘入ス、首ニ凡例四十四條、
正論五篇、答問二十篇ヲ述ス。

史質　一〇〇巻　叙畧一巻　明王洙　明嘉靖刊　一二　乙　中刻

「ーー序」（嘉靖庚戌、秦鳴夏）

「史質自序」（巻一百末ニアリ）

明嘉靖刊本。十一行二十一字。「四明盧氏抱經樓」藏書記」白文方印及ビ劉承幹ノ印記ヲ捺ス。

四庫別史類存目ニ宋史質トシテ著録。宋史繁冗ナルニヨリ、繁ヲ删リ、簡ヲ存シ、枝葉ヲ去ツテ本根ヲ存

セルナリト、質トイフハ不浮不文ナルヲ示スナリ。天王正紀

十三巻、元朝ヲ閏紀トシテ巻十三ニ收ム。列傳后德二

巻、外戚一巻、宗室世系附傳五巻、宰執年表附傳七

巻、相業傳四巻、直臣傳四巻、文臣傳十巻、吏治傳

二巻、使事傳一巻、功臣傳三巻、将才傳三巻、邊將傳

三巻、君子傳四巻、忠義傳十巻、孝義傳、列女傳共一

巻、卓行傳一巻、隱逸傳一巻、小人傳五巻、權奸傳、

佞倖伝・叛臣伝・降臣伝各一巻、世家二巻、方技・官者・夷服各伝一巻、十五志七巻、道統伝四巻ヨリ成ル。「史質曰」トシテ評ヲ加フ。別ニ宋史目録ヲ附ス。

尊經閣ニ同種本アリ。

皇明書　四五巻二（巻四ニ缺）　明鄧元錫　明萬曆刊　二四乙　史(刊)

序跋缺

明萬曆刊本。十行二十字。次行「新城草野臣鄧元錫録」
ト題ス。巻四十二ヲ缺キ、三十二ヲ重複ス。劉氏嘉業堂旧藏。

別史類存目著録。陽明学ヲ奉ズル撰者ガ作。帝紀
ニ當ルミノ、太祖ヨリ世宗ニ至ル十巻、巻十一ヲ后妃内紀ト
題シ、十二外戚、十三宦者、十四至八臣謨、十九至二十

七名臣、二十八、九循吏、三十能吏、三十一、二忠節、三十三将謨、三十四名将、三十五至七理学、三十八、九文学、四十篤行、四十一孝行、義行、貨殖、方伎、四十二至四心学四十五列女ノ各伝ニ分ツ。内閣、尊経閣ニ同種本アリ。

皇明史概（三五卷 序跋）
（明史概）（史概）皇明大政記三六卷 皇明大訓記一六卷 皇明大事記五〇卷 皇明開國臣傳一三卷 皇明遜國臣傳五卷 首一卷
明朱國禎撰 明崇禎刊 四〇乙中

「——序」（葉向高）
「自序」（朱國禎）
「皇明大政記引」

明 崇禎 中潯溪朱府刊本。十行二十一字。

四庫未收。大政記ハ大政記ノ如ク編年類存目ニ著録。大政記ハ
太祖起兵ヨリ隆慶末マデノ簡單ナル編年史。大訓記ハ
太祖ヨリ宣德ニ至ル各主ノ詔令上諭ヲ始メ二三語ヲ編

年體ニ録シタルモノ、大事記ハ天啓頃マデノ紀事本末體ノ歷史、卷四十三、五、八ノ三卷原缺。遼國ハ建文帝ノ臣ナリ。内閣等經閣ニ同種本アリ。

革朝志　一〇卷　明許相卿　明萬曆刊　四乙　十

「叙革朝志」（自撰）

「叙革朝五忠列傳」（ク）

明萬曆刊本。九行十九字。

四庫雜史類存目著錄。本邦諸重要書目未載。

國學圖書館圖書總目卷十著錄。建文帝朝ノ

紀傳體ノ史書。當時漸ク建文ノ君臣ニ同情ス。

ルノアリ、野史ノ牘出シテ眞ヲ失フ、ヨツテ此志ヲ作ルト。

巻一君紀、二闈宮傳（后妃王子諸王公主）、三死難列傳（方孝孺等四十二人、附傳六人）、四死事列傳（鐵鉉等二十五人、附傳十五人）、五死志列傳（黄鉞鉞等八人）、六死遁列傳（彭與明等十四人、附傳二人）、七死終列傳（王度等三人）、八傳疑列傳（王雖等十一人、附傳一人）、九君臣列傳（程安列傳ニ誤ル・沐春等六人）十外傳（李景隆等二十四人、附傳一人）ニ分ツ。
死遁ノ一傳アルハ、建文帝僧トナリ、遁去スルノ一説ヲ
存スレバナリ。

閲史約書　五巻　明王光魯編　明末刊（補写）　三冊　中

序跋缺

明末刊本。巻一初、巻二末補写。

四庫別史類存目著録。巻一地図、古代ヨリ元末ニ至ルモノニシテ、現状ヲ朱印シタル各図ニ、ソレゾレソノ時代ノ地名状況ヲ墨ニテ加印、古今ノ異同ヲ明ニス。巻二地理直音、上下ニ分ツ。地図ヲ補フベキモノニシテ、古初ヨリ元ニ至ル歴代ニ分チ、表中ノ地名ニ現代ヲ注記ス。巻三圖譜官制、歴代ノ譜系、職官ノ沿革表、古今有無貴賤分合ノ不同ノ官職ノ表等ヲ録ス。巻四古語訓畧、天、地、人物稱謂、官、禮ヨリ、刑、表ニ至ル爾雅流ノ解義ニシテ、人事雑解・古音轉注末ニアリ。巻五元史備忘録、元史中ノ外人ヲ録シ、重名俚名ヲ歴擧。尊經閣ニ同種本アリ。刊ニ我ガ寛政元年刊本アリ。

藏書　世紀八巻列傳六〇巻　明李贄著　明萬曆刊　二〇乙　中

「李氏藏書序」（萬曆己亥、焦竑）

萬曆己亥．劉東星序

「李氏藏書敍」（梅國禎）

「一一一一序」（萬曆己亥、祝世祿）

「〃」（耿叔子）

「書李氏藏書後」（萬曆己亥、方時化）

「藏書紀傳總目論」

明萬曆中金陵刊本。九行二十字。「風雨」樓」朱文方印ヲ捺ス。近人鄧實舊藏。

四庫別史類存目著錄。自ラ藏シテ怡ブベク、人ニ示スベカラザル故ニ藏書ト名附ケタルナリト。戰國ヨリ元代マデノ事蹟ヲ紀傳體ニ記シ、紀ハ諸國分爭ヨリ聖主推戴ニ了リ、遼・金・元ヲ附載ス。傳ハ大臣・名臣・儒臣・武臣・賢將・賊臣・親臣・近臣・外臣、各傳ニ分ケ、更ニ門ヲ分ツ。内閣、靜嘉堂、尊經閣ガ藏ス。

續藏書　二七巻　明李贄撰　明萬暦刊（後印）　一六　丙　中

「續藏書序」（李維楨）

明刊本。九行二十字。「六合徐氏」「孫麒珍藏」「書畫印」朱

文長方印「孫麒氏」「使東所得」白文長方印ヲ捺ス。徐

氏本邦ニテ獲タルモノ、書ワルル。

四庫存目著録（列史類）。明代諸臣ノ列傳ニシテ、開國名臣・同

功臣、遜國名臣、靖難功臣、內閣輔臣、勳封名臣、經

濟名臣、清白名臣、理學名臣、忠節名臣、孝義名臣、文
學名臣、郡縣名臣ノ各傳ニ分ツ。

路史　　　　　　一六乙　宋集

二四巻（國名記六巻、国名紀信一巻、許愼子大衍數一巻、國姓衍慶紀原一巻、發揮六巻、餘論一〇巻）宋羅泌撰 羅苹注（明秦諸刊）

「路史別序」（丙申、費煇）

「路史」（乾道庚寅、羅泌長）

淳熙九年曾大鼎跋 發揮李

明嘉靖中錢塘洪楩校刊本。白棉紙印。但シ、清平山

堂ノ堂號ナシ。十行二十字。

四庫別史類收入。二十四巻ノ内、路史前紀九巻、初こ

皇紀ヨリ禅通紀ニ至ル、路史後紀十三巻（巻十三上下二分ル）禅通

紀五太昊ヨリ疏仡紀十一、夏后ニ至ル。國名記ハ巻甲、太昊後風姓國ヨリ己雜國ニ了ル。從安ニ國名紀八巻、上古ヨリ三代ニ至ル諸國ノ姓氏地理ヲ述ブベ、兩漢ノ末ニ至ルトアレド、庚辛ニ巻ハナシ。國名紀信（封建後論・究言・必正劉子ヲ含ム）、歸愚子大衍數（大衍説、國姓衍慶紀原ヲ附ス）アリ。發揮六巻、論説ヲ録シ、路史餘事ニ了ル。餘論十巻、路トハ大ナリ。注ハ自注ヲ子ニ託スト。

荒史　六卷　明陳士元　明（萬曆）刊　三　乙　十（庚）

「讀一一序」（嘉靖乙丑、張弦）

「一一自序」（嘉靖壬子、陳士元）

明嘉萬間刊本。內閣文庫ニ萬曆二年刊本（林葉蓧堂旧藏）アリ。同版カ。

四庫別史類存目著錄。路史ニヨリ、盤古氏ヨリ

帝摯ニ至ル古傳說ヲ十二紀本并ニ帝

師・幸臣ノ叛臣ノ三列傳ニ編シ、毎紀傳ノ末ニ賛ヲ
加ヘタルモノ。紀傳體ヲ採レド、傳説ナレバ今雜史ニ收ム。
自ライフ、空言苦澁、世用ニ資スルナケレバ、荒史ト名ヅクト。

邃古記 八巻 明朱謀㙔 明萬曆刊 四 乙 （素）

「〃〃〃序」（萬曆戊申、董應芳）

「〃〃〃序」（萬曆三十六年、謝兆申）

「〃〃序」（〃 朱謀㙔）

明萬曆刊本。十行二十二字。版心下方往々刻者姓名アリ。劉氏嘉業堂旧藏。

四庫別史類存目著録。本邦諸目未載。盤古ヨリ唐虞ニ至ル、禮樂制度風教文物ヲ星曆醫卜

数術ニ至ルマデヲ録シ、諸書ニヨツテ異同ヲ考ヘテ綱ヲ立

テ、一字下ゲテ経子、諸書并ニ皇王大紀・通鑑外

紀、路史、繹史等ヲ引用ス。

五 雜史類

國語　二一卷　吴韋昭解　明嘉靖七刊（澤遠堂）　四乙　中（王）

「一一解敍」（韋昭）

明嘉靖戊子（七）吴郡金氏澤遠堂刊本。十行二十字。敍末ニ「嘉靖戊子吴郡後学金李校刻于澤遠堂」ノ一行アリ。

777

國語　二一巻　呉韋昭解　宋宋庠補音　明萬曆刊　五乙　中（三）

「國語解序」

明萬曆中新建李克家校正本。九行二十字。版心下方ニ
往々刻工アリ。首ニ近人張元濟ノ手識一葉ヲ貼ル。

錢遵王擧天聖曾本國語昔我先王世后稷
及左右皆免　而下拜ニ語謂公序本脱
手字拜字爲避此亦爲公序本檢ニ字故脱
然汪遠孫撰明道本攷異謂ニ本亦互有優
劣明代所刻有張一鯤本有金李本有許

宋魯本有葛端調本有盧三頤本此爲
新建李克家所刊極罕見舊藏拜經樓吴
氏兼有兎床先生手校之字可珍也
公魯仁世兄命題　張元濟識

779

国語　二一巻　呉韋昭解　宋宋庠補音　明〔萬暦〕刊　　四　善　中

明刊本。新都呉汝紀刊本ト同一行款、呉跋ナク、ソノ據レル張一鯤ノ「刻國語序」ヲ題ス。字樣稍古拙ナル所アレバ、張氏ノ刻シタルモノカ。

國語 二一卷 吳韋昭解 宋宋庠補音 明萬曆刊 六 丙 中

明萬曆中新都吳汝紀刊本，九行二十字、注文雙行。

萬曆乙酉（一三）吳跋。首ニ、ソノ據レル張一鯤ノ「刻國語序」ヲ冠ス。白紙印。「翰林院編修福山王懿榮私印」白文方印ヲ捺ス。

781

國語（李文田手校本）二一巻 吳韋昭解 宋宋庠補音 清刊　一　丙　史藏

清刊本。首ニ「明侍御史蜀張一鯤楚李時成閱」等ノ文字アリ。眉上ニ李文田ノ校批ノ語少クアリ。

〔國語〕補音　（莫有芝手校本）三卷　宋宋庠　明刊　三乙　中

「國語補音敘錄」（宋庠）

明嘉萬間刊本。九行二十字、注雙行、斷句。莫有芝手校、ソノ識印及ビ左ノ手識アリ。豐坊ノ印記ハ疑フベキニ似タリ。

同治戊辰三月庚午在姑蘇書局鐙下校畢此卷用微波榭本其兩可者皆錄之其誤曉然者不具見也　（卷一末）

數日酬應紛若枝一二頁輒止甲戌朝食

湄生許遥畢此卷蓋閱四日矣（卷二末）

丙子鐙下乃畢此

卷邵亭明变（卷三末）

國語髓析　二一卷　明公鼐・呂邦燿　明〔萬曆〕刊　六乙　中(希)

「序公孝吳呂玄蘅國語髓析」(董光宏)

明萬曆頃懷慶府知府梁隆吉等校刊本。卷一、三、五至十三、十五至廿一，各卷末：

懷慶府知府梁隆吉

同知尤大治

通判績孟陽

推官楊爾陶同校刻

ノ四行アリ。藍印。公・呂二氏ノ評注上層ニアリ。本
文ニ圏點・句讀・旁評ヲ加フ。

鮑氏國策　一〇巻　宋鮑彪注　明嘉靖七刊　一二乙中

「戰國策序」（紹興十七年、鮑彪）

「曾序」（曾鞏）

「劉序」（漢、劉向）

鮑彪跋

又

「李文叔書戰國策後」（宋、李文叔）

「王覺題戰國策」（宋、王覺）

明嘉靖戊子（七）吳門龔雷校刊本。十一行二十字。

巻尾、王題ノ末ニ「嘉靖戊子后學吳門龔雷校刊

「民威」ノ刊語アリ。

787

戰國策　一〇卷　宋鮑彪注　元吳師道重校　明刊　一六　乙　中(希)

首四葉缺

「戰國策序」(劉向)

「校————序」(曾鞏)

「———序」(紹興十七年、鮑彪)

「國策校注序」(泰定二年、吳師道)

「————校注序」(至正十五年、陳祖仁)

「括蒼刊本序」(紹興四年、耿延禧)

「校刻戰國策凡」

「李文叔書戰國策後」

「題戰國策」(王覺)

「〃」(紹興丙寅、姚宏伯)

至順四年吳師道後序

「一一後序」（上章執徐、姚寬）

附 呉師道識語

明刊本。九行二十字。注雙行。刻者姓名アレド、未ダ刻工共通ナル本ナク、序首四葉ヲ缺クヲ以テ、刊刻ノ年次明ナラザレド、萬曆間ニアルベシ。諸目未載。凡例ニヨレバ、扁目ハ劉本ニ仍ヨリ、巻章ハ鮑本ニ因リ、呉注ヲモトルモ、繁多複ヲ削ルト、校注ノ舊ニ非ズ、明人ノ重編ニ係ル。南通圖書館ノ印記アリ。

貞觀政要　一〇巻　唐呉兢撰　元戈直集論　明成化刊（經廠）　四　甲　中（対）表

「御製――序」（成化元年）

「貞觀政要集論題辭」（呉澄）

至順四年郭思貞序

戈直序

「――序」（呉兢）

「集論諸儒姓氏」

明成化中經廠刊黒口本。十行二十字。隔巻ノ首及ビ、御製序末ニ成化帝ノ「廣運」之寶」朱文大方印アリ。莫有芝及ビ寿業堂ノ印記ヲ捺ス。

同　同　六乙（希）

前者ノ後印ニ係ル。序跋同ジ。タヾ「留[illegible]之室」ノ印記ナシ。

東觀奏記　三巻　唐裴庭裕　清寫　一乙　中

無年號自序

清鈔本。　十行二十四字。「常熟翁同龢藏本」朱文長方印ヲ捺ス。

四庫雜史類收入。唐宋叢書・重較說郛・稗海・續百川學海・小石山房叢書・藕香零拾所收。

自序ニ年號ナケレド、撰者ガ宣宗實錄ノ編纂ニ參リシ際、帝妃朝臣ノ遺語ヲ次序ナク録シタルモノ、事実誣辭ヲ交ウト。

假ニ小石山房本ト比スルニ彼ニハ自序及ビ巻中ノ末「以拾遺鄭言爲太常博士」「以楚州刺史裴坦知制誥」ノ二條ナシ。

南燼紀聞錄（南渡錄）旧題宋辛棄疾　清寫　一乙中

「南渡錄大略」

梅花艸堂鈔本。八行二十字。

四庫存目著錄。徽・欽二帝北狩ノ遺聞ヲ記ス、史實ニ反スルコト多シ。撰者ハ確證ナシ。又、黄蕘之撰トイフモ、自記ニ前後矛盾ス、假託ナリ。

南燼紀聞（南燼錄）　清写　一乙　壹

李清波　辛丑來

舊鈔本。八行十七字。「亦少有遺贈者」以下ナキコト

梅花竹屋鈔本ト同じ。次ニ「紹興三十一年云々」三丁、

黄氏集一則、「少帝之与后氏」一則、齊東野語「ミ

以袪後世之惑云」一則「予初讀宣和遺事見所載徽

欽北狩事」一則アリ、末ニ「昭易李清識」ト　記シ

795

「南爐紀聞終」ト題ス。本文首ニ「某會里朱氏」潜
采堂藏書」朱文長方印「朱彝」「尊錫」「鬯印」白文方
印、「謙牧」堂藏」書記」白文方印「常熟」翁同」龢藏
本」朱文長方印、印アリ。（巻末ニ「謙牧」堂書」畫記」朱文方印ヲ捺ス。）護葉ニ王氏二十八宿研齋
」印記アリ。ソノ上ニ題シテイフ、
此僞書也巻末李清一跋詳辨之 王氏二十八宿研齋秘笈之印
余收得舊鈔四種曰北狩見聞

曰南遷曰南燼紀聞曰竊憤皆
以埒藏書也惟北狩一種差可
援據其他皆僞託不足信
執生記

南燼紀聞（駱開南手鈔手校本）附北狩見聞錄　一　乙　中華

（附）宋曹勛　清嘉慶寫

清鈔本（嘉慶間）。八行十七字、無格。脱誤ヲ朱黄筆ヲ以テ校

補ス。駱光昚ノ識語ニイス、跋

此書不知為誰氏撰終未書名且素無刊本

藏書家多不及著錄原本為楝亭曹氏所藏

後歸長白敷槎氏余于

嘉慶二十年夏五月十日見于琉璃廠東江

西張氏集賢書坊首頁朱印宛然固知為此

798

二家物也問及此書所從得曰得於英蔘禪
家蓋自敦槎氏又轉出也余即假歸抄之三
日而畢行數字數悉照原本硃得舊觀其間
誤字闕字亦仍之未敢增改惟于省筆誤筆
正之而已此書舊稿已焚人間尚不知有善
本否若得一本校補無訛可為藏書家一秘
本也

集中無俱作无從古也而繕者皆作旡此古
既字非無字此一字皆為改正與於二字皆
作与于亦從古非省筆也今所抄本有偶作
與於者非故作今體一時筆誤

燼說文無此字火餘之𤉣作此方言藎餘也
盡藎𤉣本一字古皆用之燼則後人之所作
也

抄時凡有誤處落處皆為更頁另書並書核
語考定年號年數于後至十五日而畢
原本首頁有楝亭曹氏藏書朱文長印長白
敦援氏莖齋昌齡圖書印朱文方印
日下則古精廬學人駱光啓霽卿手抄記正
文漆十三葉拔語四共成漆十漆葉

又

是書舊有瓶花齋寫本著宋淮
海周煇撰　見採進書目秋九月十五日霽卿又記

又、巻首ノ護頁ニ朱筆ニテ

此書按原本抄録中間語譌處缺處皆仍舊

今于頸[illegible]之處定正之特用朱筆著出以爲分

別也　　乙亥新秋日　開甫志

ト。　　ソノ左方ニ、　別筆ニテ

左ノ識語アリ。

道光元年辛巳中秋前六日於集賢堂書坊得之觀其跋

諳知是讀書者之藏書也　顧氏彙刻書目載是書
曾刋於學海類編史部紀爲宋人所作而缺其名瓶花齋
以爲宋淮海周煇撰俟參考攷焉
小陽春十三日志于文世扃館之南窗

別下齋主人蔣邦述書之手識二八

戊午冬日據穴研齋鈔本校此本所出殆爲完善
非尋常傳寫本可比宜珍祕存之　心閑居士（黄筆）

此兩種爲駱開甫傳鈔者書中諱字
頗多暇當糾正之駱氏所舉二宗北行紀

載之書甚多尚有未見者他日擬蒐輯匯
觀而互攷焉亦一代掌故也　羣碧樓主人記

五國城即寧古塔地昔吳季子以吳江詩人謫
戍其地遂有秋笳之集梁汾營救於納蘭公子
回而生還是我
朝發祥雖在白山猶以其地為遷客所居今則
設官分職儼然為郡縣矣滄桑易變不獨秋笳
之曲將譜春溫並邊塞之防亦成口岸此豈二宗
俘虜時所夢及耶

余友褚禮堂孝廉昔藏一石刻記二宗時金
人犯闕何㮚用妖人術拒敵事何㮚以爲閣
封府尹今南爐紀聞亦載金人執㮚官位相

同石刻余于光緒壬寅在鄂中見之時感庚子
之禍奮筆爲跋不覺言之痛切頃閱北狩
見聞錄又有四金甲執弓擁衛及夜深四十拜
各語國危主辱無不非託佑神明者千載之
下亦有同慨夫二聖爲俘身死異域此誠趙
宋臣民之不幸也然吾於庚子之役亦有不忍
言者卒荷 昊天祐保
翠華還京數年之間憲政鞏固去康王之
中興遠矣雖然觀此冊也不無危哉 邦述
二宗歸櫬乃實非也今有自寧古塔來者謂
二宗之藁葬存焉其信然歟 正闇記於吉林
余向有南燼紀聞一本云爲黃蕘之模其自叙

署阜昌丁巳則劉豫僭位之七年也此編後云黄氏雜集
予作此南燼紀聞錄本用胡語尋乃改用漢語
云ニ又有余之父得此書次下云ニ豈此編果為黄氏
所作黄氏入金久故用阜昌紀年耳 已闕文記
トアリ。

後ニ北狩見聞錄ヲ附鈔ス。此書四庫收入。
靖康二年二月七日徽宗金營ニ入ルコトニ起筆、眞
定ニ至ル前後ノ逸事ヲ錄ス。撰者曹勛ハ當時扈
從ノ者、故ニ類書ニ比シテ信ズベシトイハル。書中

清室ヲハヾカリ「虜」字ヲ皆改ム。養𥘉鄧邦述ノ手識ニ

戊午用穴研齋鈔本校無出入惟虜字皆
改去則乾隆時承文字獄後所糾正者知
此本所出亦甚古也十一月初十日正闇記

又、知聖道齋跋中「中」ヲ「中」ニ改ムルノ誤ヲイフ。次ニ、
路光啟ノ識語アリ、知聖道齋跋所藏鈔本ニ出ヅ
ルコトナドヲイヒ、末ノ一條ニ

嘉慶二十年太歲在乙亥季春月養日日下
駱光啓壽卿抄於則古精廬一日而畢正文
十六葉原跋（拔ヽ）一葉自跋（拔ヽ）三葉共得二十葉
駱光啓手筆ノ

トアリ。次ニ又、

此書舊有瓶花齋寫本素無刊者
近已刻入學津討源矣篇首曹勛
之銜編書時勛正爲史官故列銜如
此昭信軍或爲保信恐傳寫之誤俟攷

ノ一條アリ。

南燼紀聞録　旧題宋辛棄疾　清写　一冊　中

「南渡録大畧」鈔

清鈔本。梅花州堂鈔本ニ比スルニ、メ才廿九丁後五行ニ止

アリ、「言訖……」ヲ去リテ、「時天輔十年冬間事也」ト

結ブ。

南燼紀聞録（学海類編本）（李文田手校本）附竊憤録・同續録 旧題宋辛棄疾 清写 阿計替傳 一 乙 史（雑史）

提要「南渡録大略」

清鈔本。版心ニ「学海類編」「史参」ノ文字アリ。類編ニヨリシナリ。李文田、宋史金史、歸潜志、遼史拾遺 宋史新編 詞綜 等ヲ引キ校注ス。

靖康孤臣泣血錄　共二巻 [illegible]宋丁特起撰、明萬曆刊　　四乙中

「——叙」（萬曆丙午、王在公）

自序 左丁本 文晉

明萬曆中長洲張豫誠刊本。八行十六字。斷句。「積學齋徐乃昌藏書」「南陵徐乃昌」校勘経籍記」兩方文方印」等ヲ捺ス。

四庫存目著錄。靖康ノ変ニ京師ニ在リシ[illegible]者ガ圍

事ヲ痛閔シ、世ノ定論ニ從ヒ、褒貶ヲ加ヘントシタルモノ、多ク史實ヲ錄シ、三
朝北盟會編ナド材料トシテ本書ヲ刊行セントイフ。靖
康元年十一月五日金兵再侵ニ始リ、翌年五月
一日高宗即位并ニ其後ノ詔敕ニ終ル。
本部
諸目未載。本書末葉ヲ缺ク。

焚椒錄（李文田手校本）（津逮祕書零本）附佛國記　一乙　中[illegible]

遼王鼎　明崇禎刊

「一一序」

（大安五年、王鼎）

西園歸老跋

吳寬跋

姚士粦跋

毛晉跋

津逮祕書零本。自序ノ末ニ同治己巳李文田ノ手跋アリ。姚士粦ノ僞作トナス。遼史トノ異同ヲ頭注旁記ス。

四庫存目著録。道宗ノ懿徳皇后蕭氏ガ文藝ヲ嗜ミ、
伶官ヲ重用シタルニヨツテ、宮婢ニ譖セラレ、ソノ直諫ヲ厭
ヒシ道宗ノ爲ニ死ヲ賜ヒシ顛末ヲ述ブ。僞書トノ説アリ
李文田ガ姚士粦ノ僞作ト断ゼシモ創説ニ非ズ。提要
ハ遼史ニ詩詞ヲ録セザルハ宮闈ニ涉レバ
當ト宣布セラレザリシナリトイフ。

「書佛國記後」（沈士龍）

無名氏跋

佛國記地理類外紀ノ屬收入。

大金國志　四〇巻首一巻　旧題宋宇文懋昭撰　清写　四乙　中(王)

「經進──表」

清鈔本。十行二十字、無格。表ノ次ニ「金國初興本末」目録ノ次ニ「金國九主年譜」アリ。「馝」「齋」朱文「馬印」「玉堂」白文方印アリ。馬玉堂旧藏。

四庫別史類收入。提要ニ懋昭ハ金人ニシテ宋ニ降リシ者、書中宋ヲ主トセズ、又元ヲ尊ブ。文苑傳ハ中州集ノ小傳ヲ録シタルモノ、又史實ニ違フ、後人ノ竄亂ヲ經タルナリト。一方、金史ト異同アリ。參考ニ資スベシトイフ。

本書ニハ嘉慶丁巳(三)席氏掃葉山房刊本アリ。此本未刊當時ノ鈔本ナルベク、多サ文字ノ異同アルガ如ク、書眉ノ標目、刊本ニナク、又、初ノミナラ、此本ニハ金史トノ異同ノ注記アリ。

大金國志 四〇巻（巻二六至八、三六至四〇缺）
舊題宋宇文懋昭撰 清寫　一〇乙 中

「經進――表」（端平元年、宇文懋昭）

清鈔本。九行、十八字、無格。巻二十六至八、三十六至四十ノ二冊缺。表ノ次ニ「金國始末」「金國九主年譜」アリ。

817

裔夷謀夏錄 〔李文田手校本〕〔宋汪藻撰〕 清光緒写 共二巻 一乙 中

「——————」胡潜序

清光緒中鈔本。十行二十字。序ノ眉上ニ李文田識シテイフ、光緒戊子十一月江南ヨリ返ル途、萍郷ニ文藝閣孝廉ニアヒ、文ガ杭州ノ書肆ニ得タル本ヲ借リ、鈔録シタルモノト。李氏手校。

四庫未收。金ノ阿骨打兵ヲ起シ、契丹ヲ破リ、創業ノ世（起源ヲ記シ）（宣和四年）契丹ト（昔ニ）易州ニ戦ヒ、金ヲ破リシヲ記ス。裔夷トハ夷狄ノ義。静嘉堂載記類ニ鈔本アリ。

南遷錄　旧題金張師顔　清寫　一乙　中(三)

「——序」(張師顔)

大德丙午浦元玠跋

浦梅隱跋

無名氏跋

舊鈔本。八行十七字。卷首に「某會里朱氏」「潛采堂藏書」朱文長方印「朱彝尊錫鬯印」白文方印「謙牧堂藏書記」白文方印「常熟翁同龢藏本」朱文長方印「王氏二十八

819

宿研」齋秘笈之印」朱文長方印ヲ捺ス。巻末ニハ「靠牧」堂
書画記」朱文方印アリ。末ニ光緒二十三年翁同龢ノ跋アリ、
彭氏ノ讀書跋尾ヨリ引キ偽書ナルヲイフ。
四庫雑史類存目著録。南遷トハ燕ヲ元ニ圍マレタル金ガ汴
ニ南遷シタル前後ヲ録シタル故ノ称ニシテ、世宗ノ子允升誠、允禵ノ亂アルヲ恐
ンデ害シテ弑セラレシコト、ソノ弟允齡路ノ長子愛王大辨五國城
允楨ノ子章宗ニ弑セラレシコト、
ニ叛セシコト、磁王允明（昭宗）濰王允文（徳宗）淄王允徳（宣宗）

相ツイデ即位セル由ヲ記ス。此説ニ、世宗ノ子次合ハズ、愛王ノ存在確ナラズ、金史ニナキ年号アルコト、等ニヨリテ偽書ナリトナス。学海類編ニ収ム。

821

元朝秘史　（李文田手校本）（連筠簃叢書本）一五巻　一　乙　中（李跋）

清道光二七刊

銭大昕跋

連筠簃叢書本。（附）李文田ノ詳細ナル手校ヲ存ス。

四庫未收。蒙古ノ太宗ノ時、蒙古人ガ太宗十二年マデノ歴史ヲ

述ベタル書ニシテ、モトウイグル文字ニテ書カレ、後ニ元朝ノ威厳ヲ

損スル部分ヲ改メテ増刪シタルモノ、洪武初年原本ノ音ヲ漢字ニ

テ表シ、白話譯ヲ旁注シ、段落毎ニ口語ヲ以テ意譯シ、其ノ漢

譯部分ノミヲ錄シタルガ今本ナリ。

同　（李文田手校本）　一乙　中録

錢大昕跋

文田ノ詳校ノ内容前本ト同ジカラズ。

823

皇元聖武親征錄　　清寫　　一乙　中

無序跋

清鈔本。九行十六字、無格。「潛研」「堂藏」朱文方印

ヲ捺セド、果シテ錢大昕ノ舊儲ナリヤ否ヤ。

四庫存目著錄。太祖ニ太宗ノ時ノ事ヲ記ス。

モトハ元朝祕史ト同一源ニ出デシモノ、タヾ元室關係

ヲ改メタル蒙古本ノ漢譯ナリ。聖武ハ太祖ノ號。清代ニ至リテ錢

大昕始メテ表章シ、道光以後学者ノ重ンズル所トナリ、張穆・何秋濤校正シ、光緒中刊本数種アリ、知服齋叢書ニモ入ル。

（欽定）蒙古源流　（李文田手校本）八巻　清乾隆中奉勅譯　清寫　一乙　中康（蔵）

提要

清鈔本。十行二十字、李文田断句校字シ、主トシテ地理的考證ヲ頭注ス。

四庫收入。蒙古人ノ原著ヲ譯シタルモノトイハレ、各汗ノ源流ヲ記ス。刊本アリ。

吾学編　五十六　明鄭曉　明隆慶刊　二四乙　史

「吾学編序」（隆慶元年、雷禮）
「序畧」
「吾学編後敘」（隆慶元年鄭履淳）
明隆慶中孤子鄭履淳一等刊本。十行十九字。大題下ニ在リ。
雷序ノ末ニ「海塩負儒刻」ノ文字アリ。
版心下方ニ刻工單字アルアリ。劉氏嘉業堂旧儲。
四庫未收。遺命ニヨツテ三子編刊シタルモノ。

827

第一、二册	皇明大政記一〇	吾學編巻一—一〇
第三册	建文遜國記一	巻一一
第四、五册	同姓初王表二 皇明同姓諸王傳三	巻一二—一六
	附 異姓三王傳一 孔子世家一	
第六、七册	皇明異姓諸侯表一 皇明異姓諸侯傳二	巻一七—一九
第八册	皇明直文淵閣諸臣表一	巻二〇
	兩京典銓尚書表一	巻二一
第九—一五册	皇明名臣記三〇	巻二二—五一
第一六、一七册	建文遜國臣記八	巻五二—五九
第一八册	皇明天文述	巻六〇
	皇明地理述二	巻六一、二
第一九册	皇明三禮述二	巻六三、四
第二〇、二一册	皇明百官表（缺目）皇明百官述 各二	巻六五、六
第二二、二三册	皇明四夷考二	巻六七、八

初誤作諸某改後中洋作初

第二四冊　皇明北虜考一　　卷五九

同　　同（有缺）　　一四　善　史壷

同　序跋同

同版後印本

第一・二冊　皇明大政記一

第三冊　建文遜國記一

第四・五冊　同姓初王表一　皇明同姓諸王傳三

附　異姓三王傳一　孔子世家一

第六・六冊　皇明異姓諸侯表一　皇明異姓諸侯傳上

第七冊缺

第八册　皇明直文渊阁诸臣表
　　　　两京典銓尚書表一
第九、一〇、二一、二二、二三册皇明名臣記　三〇(八—一一、二—三•缺)
　　　第一一、一二、一四至二〇册缺
第二一册　皇明臣官述下
　　　第二二册缺
第二三册　皇明四夷考下
第二四册　皇明北虜考一

吾學編　六九卷　明鄭曉　明萬曆刊　三二　丙　中庚

明萬曆中孫鄭心材重校刊本。萬曆己亥李當泰序、序略ノ末、原刻本ニ「不肖孤鄭履淳泣血稽顙謹識」トアリシヲ「不肖鄭履淳謹識孫鄭心材重校」ニ改ム。版心下方刻者姓名アリ。彼ハ單字。此ハ多ク雙名。北虜考一冊全冊原刊白棉紙印本ヲ配ス。首序、末冊破損稍甚シ。

第一—三冊　皇明大政記 三　吾學編卷一—三

831

第四冊	建文遜國記一	一一
第五、六冊	同姓初王表二 皇明同姓諸王傳三 附 異姓三王傳一 孔氏世家	一二—一六
第七—一〇冊	皇明異姓諸侯表一 皇明異姓諸侯傳二	一七—一九
第一一冊	皇明直文淵閣諸臣表一	二〇
	兩京典銓尚書表一	二一
第一三—二一冊	皇明名臣記三〇	二二—五一
第二二—二四冊	建文遜國臣記八	五二—五九
第二五冊	皇明天文述一	六〇
	皇明地理述上	六一
第二六冊	皇明地理述下	六二
第二七冊	皇明三禮述二	六三、六四
第二八、二九冊	皇明百官表一、皇明百官述二	六五、六六
第三〇、三一冊	皇明四夷考二	六七、六八
第三二冊	皇明北虜考	六九

名山藏　共一〇七巻　明何喬遠　明崇禎刊　四〇丙　中

有「名山藏序」（崇禎十三年、錢謙益）

「序」（门人、李建泰）（王邵沐）

「較刻名山藏姓氏」

明崇禎中福建右僉都御史華亭沈猶龍等刊本。

往々刻工名アリ。

四庫未收。内閣文庫ニテハ別史ニ收メ、尊經閣ニテ（京都研究所）

ハ紀傳類ニ收ム。（明初ヨリ隆慶ニ至ル、紀傳體ニ近キ史書ニシテ、モト名山ニ藏シテ、公ニスルヲ欲セザル

意ナリシモ、門人俸ヲ捐テ、刊行セシナリ。典謨・坤

則、開聖、継體、分藩等三十七記ニ分チ、内、輿地記ハ未全、典禮、楽舞ニ記ハ未刻ニ屬シ、巻四十五天啟記マデ巻次ヲ記シ、以下巻次ヲ記サズ。明人明史ヲ編ム、多少ノ忌諱ハヤムナカルベク、方ナホ雜史ニ收ム。印刷稍後ニ屬ス。

弇山堂別集　一〇〇巻　明王世貞　明萬曆一八刊　一二乙　中刻

「――――小序」（王世貞）

「――――序」（萬曆庚寅、陳文燭）

明萬曆庚寅（一八）金陵刊本。巻末ニ「大明萬曆庚寅、孟冬穀旦「金陵鐫行」ノ木記アリ。刻工「蔡朝光」ノ名アリ。劉氏嘉業堂旧藏。

四庫雑史類収入。明代ノ典故ヲ分類シテ記ス。弇山堂ハ撰者ノ齋號、別集トハ、詩文ヲ輯メタル正集ニ對スル稱ナリ。

弇山堂別集　一〇〇卷　明王世貞　明萬曆刊（雨金堂）　一六丙・中

明萬曆中雨金堂刊本。行款原刻本ト等シケレド、

拙ナリ。刻工「刘岳」「王應龍」。

皇明典故紀聞　一八巻　明余繼登撰　馮琦訂　明〔萬曆〕刊　一八乙　史刻

「國朝典故紀聞序」（馮琦）

明萬曆頃刊本。九行十八字。首ニ至四行「交河余繼登緝」「臨朐馮琦訂」「新城王象乾校」ト題ス。版心下方ニ刻工姓名アリ。劉氏嘉業堂旧儲。

四庫存目著錄。明初ヨリ隆慶ニ至ル君、臣、朝、野ノ故事（傳説）逸事言行ヲ雜記シタルモノ。中ニハ信ジガタキモノヲ交ヘタリ。

内閣文庫ト尊經閣ニ藏セテアリ。

今言 四巻 明鄭曉 明（隆慶）刊 八乙 史剣

「今言序」（嘉靖丙寅、鄭曉）

隆慶坎 刊本。八行十六字。刻工「曹金」其他單字

明

アリ。劉氏嘉業堂旧藏。

四庫存目著録。明初ヨリ嘉靖ニ至ル内外朝野ノ事

實ヲ掌故ヲ時代ヲ分タズ、ホボ同類ヲマトメ、三百四十四條

ミ分ケテ簡記ス。内閣文庫ニ同板本アリ、尊經閣ニモ

言ト合刻本ヲ收ム。此本合刻本ナリヤ否ヤ未調、タヽ
按妄ニイフ　薛ニ有ノ序ナし。

四乙 十五

〔鄭端簡公徵吾錄〕 二巻 明鄭曉 明（隆慶）刊

「——敘」（嘉靖丙寅、鄭履淳）

明 隆慶次 刊本。十行十九字。目錄ノ末ニ「海鹽負僊刻」ノ文字アリ。「何印」「紹基」白文「子」「貞」朱文二方印アリ。清代ノ書家何紹基ノ舊儲。

四庫別史類存目著錄。吾學編・今言ヲ作リタル鄭ガ二書ノ要ヲ摘リ、ほゞ紀事本末ノ體ニマトム。孝陵ヲ

リ顯陵ニ至ル十條、以下皇后、太子、諸王、庶人并ニ内外ノ
征伐、哈密、兀良哈、北虜事略ノ各條アリ。
尊經閣ニ同種本アリ。

皇明卓異記　一五巻（巻一一・一二缺）　明羅弘遠　明刊　八巾　肆

序跋缺

明末刊本。劉氏嘉業堂旧備。

四庫未收。南國ヨリ萬曆ニ至ル、君臣方外ノ言行

畧傳逸事ヲ主トシ、時ニ民國外夷ノ事柄等ニ及ブ。

各朝一巻ヅヽ、往々按語ヲ加フ、必ズシモ史實ナラザルニ似

タリ。尊經閣ニ同種本アリ。

大明寶訓　（皇明寶訓）共四〇巻　二一　乙　中
明呂本編　明刊

無序跋

明萬暦中南京禮部尚書呂本等校刊本。呂本謹校、禮部郎中陳治本、兵部主事朱錦、工部郎中呂胤昌ヲ謹閲者トシテ列ス。

四庫存目著録。歴朝官撫ノ實録中ヨリ各帝ノ詔勅批答ヲ各朝ゴトニ分類編輯シタルモノ。

見返ニ「新鐫官板」「皇明寶訓」「萬曆壬寅春秣陵
周氏大有堂繡梓」トアリ。大明太祖高皇帝寶訓
六巻、大明太宗文皇帝寶訓五巻、大明仁宗昭皇帝
寶訓六巻、大明宣宗章皇帝寶訓五巻 大明英宗
睿皇帝寶訓三巻、大明憲宗純皇帝寶訓三巻 大明
孝宗敬皇帝寶訓三巻 大明武宗毅皇帝寶訓二巻、
大明世宗肅皇帝寶訓九巻 大明穆宗莊皇帝寶

訓ニ巻ヨリ成ル。各朝首ニ序アリ。建文・景泰・天順三朝ヲ缺クハ、一ハ實録ナク、一ハ寳訓ヲ修メズ、一ハ正統ニ併セタレバナリ。

内閣ニ同種本アリ。

皇祖四大法（明祖四大法）一二巻　明何棟如　明萬曆刊　二〇乙　中刻

「　」（羅朝國）　首巻中缺

「――――序」（萬曆甲寅、顧起元）

「――――序」（史孟麟）

「――――序」（熊尚文）

「――――叙」（潘孔璧）

「――――後跋」　末缺（王納諫）

明萬曆刊本。「劉氏永業堂旧藏。「歸安沈均瑲校」

稀ニ刻工單字アリ。

藏」「金石秘籍印」白文長方印等ヲ捺シ、毎巻末往々光

緒

丙戌（一二）沈氏點讀ノ朱記アリ。

撰者ハ襄陽推官在任中事ニ坐シテ獄ニ繫ガル。獄中ニ載、馮應京ト講論シ、時事ヲ憂ヒ、經世ノ實用ヲ求メ、治法ハ皇祖ヨリ善キハナシ、皇祖ノ法ニ法ル者ハソノ心ヲ得ベク、之ヲ憲章スルヲ以テ己ガ任トナシ、心法ヲ首トシ、治、祀、兵ニ法ヲ以テ次グ。洪武聖政記ニ本ヅキ、又實錄、寶訓中ヨリ纂輯シタルモノナリ。卷一・二心法、三至八治法、九、十祀法、十一、二兵法。太祖ノ動靜ヲ主トス。

内閣文庫ノ尊經閣ニ同種本ヲ藏ス。

國史唯疑　十二巻　明黄景昉　清寫　四乙　中

序跋缺

清初杞菊軒鈔本。十一行二十字。巻七至九補寫。

四庫未收。本邦重要書目不載。北京人文科学研究所藏書簡目雜史類十七頁ニ舊鈔本及ビ光緒間冠悔堂鈔本ニ部ヲ藏ス。

巻一洪武・建文、二永樂・洪熙・宣德、三正統

・景泰・天順、四成化・弘治、五正徳、六・七嘉靖、八隆慶・萬暦、九・十萬暦、十一萬暦・泰昌・天啓十二補遺ニ分チ、天子・宗室・朝臣・文人等ノ逸話・遺事ヲ始メ、朝野ノ掌故・經濟・民俗等數行ヅツノ箇條ニ分ケテ記ス。國史ヲ補フベキモ、明代ノ隨筆ト出入スル所モアリ。

姜氏秘史　〔明姜清〕　清寫　一甲　〔中刻〕

萬曆乙未　信天緣生跋

精寫本。十行二十字。無格。若干硃筆校正ヲ加フ。劉氏嘉業堂旧藏。

四庫存目著錄。八千巻樓舊藏旧鈔本ニ據リ、五巻ニ校勘記一巻トナシテ、豫章叢書ニ入ル。

此本首題撰者ヲ缺キ、建文二年二月成祖ノ兵蔚州ヲ包圍スルニ始マリ、四年六月、南京宮中起火ニ攔筆スルマデ、建文帝ヲ中心トスル時事ヲ編年体ニ錄シ、殉難ノ諸臣ノ傳ヲ支フ。國史ト異リ、事実秘事ヲ含ムニ似タリ。

革除遺事　六巻　明黄佐　明嘉靖刊　二甲　中

「——序」（正徳庚辰、黄佐）

明嘉靖改刊本。十行二十字。「葉氏」「菉竹堂」藏書」朱文図印アリ。

四庫存目著録。提要ニモ十六巻、ソノ槃ヲ変シテ七巻トナシ、今本紀一巻ヲ佚シテ六巻ノミト（刊時）。建文帝ノ難ニ死シ、又ハ坐シタルモノヽ傳ヲ輯ム。

金聲玉振集・借月山房彙鈔（第五集）、澤古齋重鈔（第四集）、嶺南遺書（第一集）ニ入ルトイヘド、單行本ハ北平圖書館ニモ見エズ、人文科學研究所ニ鈔本ヲ儲スルノミ、仍テ罕ナルヲ知ル。舊藏者無（華陸）名家ナリ。

且ツ内容同ジカラズ。

建文朝野彙編　二〇巻　明屠叔方　明萬曆刊　六乙　（番）

「——序」（陳繼儒）

「〃」（萬曆戊戌、屠叔方）

「書目」

「建文朝埜彙編跋」（姚士粦？）

明萬曆中刊本。清末王韜ノ舊藏印記アリ。本邦ニ

獲タルモノカ。

四庫存目著錄。建文帝復ヲ主張セシ屠が、年號復舊

蕩ニ際シ、建文ノ君臣ニ關シテ一書ヲ成シタルモノ。巻一至六

遜國編年、帝紀ナリ。七至十八報國列傳、殉難退仕ノ

諸侯諸臣并ニ后妃ノ傳、各記事批評ノ文獻ヲ輯錄

シテ、出處ヲ明記ス。巻十九建文傳疑、真偽相半スルモ

ノヲ錄シ、巻二十建文定論、建文帝ニ關スル歷代ノ詔旨、

章疏ヲ輯ム。

本邦ニハ内閣文庫（三部）東洋文庫・尊經閣等、藏本稍

多キモ、唐土ノ傳本少シ。

建文書法儗　首一巻前編一巻正編二巻坿編一巻　明朱鷺　明萬曆刊　一乙　中

「建文書法儗引」（序）首缺半葉（欽叔陽）（萬曆甲辰、朱鷺）

又　鷺識

明萬曆中刊本。

四庫存目著録。廢セラレタル建文帝ノ史ヲ補フ意ヲ以テ僭擬ノ意ヲ以テ名ヅク。萬曆二十二年成リ、翌年、建文ノ年號ヲ復セラルトイヘドモ、前ノ徵攷書目中ニ建文朝野彙編アレバ同年ハ初稿成リシ時カ。首、書目ノ外、歷朝建文ノ君臣ヲ寬大ニセシ語ヲ以テ述盛德十條、建文年號恢復ニ関スル諸家ノ論ヲ以テ述公議六條、凡例ヲ十六義ト為ス。建文帝ノ誕辰ヨリ即位マデヲ前編、本紀ヲ正編、諸家ノ文獻ヲ附編トナシ、正編ハ朱子ノ綱目ノ體ヲ採リ、諸家ノ傳ナドヲ注記ス。

東洋文庫・尊經閣ニ同種本ヲ藏ス。

（定興忠烈王）平定交南錄 （明丘濬） 明寫 一甲中

無序跋

明藍格鈔本。（朱筆）十一行每行字數不定、二十五至九字。翰林院ノ

大方印アリ、書皮ニ

乾隆三十八年十一月（朱筆）浙江巡撫三寶送到范懋柱家藏

平定（朱）交南錄（筆）壹部

計書壹（朱筆）本

ノ朱文大長方印ヲ捺ス。卽チ四庫ノ底本トナリシモノナリ。

四庫未收。永樂初年安南國王陳日焜ガ其臣黎季犛ニ殺サレ、

遁レテ入京セシ孫陳添平ヲ黎ノ上表ニヨリ明室ガ護送シタルニ、境ニ於テ又黎ニ殺サレシ

ヲ以テ同四年、朱能佩ヲ征夷大將軍トスル問責ノ師ヲ起シシニ、朱途ニ薨ジ、張輔

之ニ代リ、黎ノ罪二十ヲ擧ゲ、遂ニ安南ヲ平ゲ、陳氏ノ子孫ヲ立テ、次イデ、

安南ノ餘黨ヲ平ゲシ始末ヲ交趾郡志ニ見ユル露布榜文ニヨリ碑文ヲ作リ、

此錄ヲ作リシナリ。

今獻彙言・紀錄彙編・説郛續・五朝小說・勝朝遺事・秘書・
借月山房彙鈔・澤古齋重鈔・嶺南遺書ニ收ム。文字ノ異同少シ。

北征錄（李文田手校本） 一乙 中稜
一卷北征後錄一卷 明金幼孜 清寫

提要

清鈔本。古今說海本ヲ鈔シタルモノ。李文田明史大清一統志等ニヨリテ手校ス。

四庫存目著錄。永樂中、北虜親征ニ扈從シ、出塞シタル時、日記體ニ天子ノ言行并ニ途中ノ地理ヲ記錄シタルモノ、前錄ハ永樂八年二月至七月、後錄ハ同十二年三月至八月。

此本明良集、金聲玉振集、紀錄彙編、古今說海、歷代小史（前録之）續說郛、勝朝遺事初編、於本百川学海、豫章叢書、本明人小史八種、滿蒙叢書（巻二）等ニ入リ、東方学会鉛印本アリ。

歸閒述夢　附静齋筆記四巻（巻二・三缺）　明趙璜（清宮）（附）元孔齊　一　甲　中

「——序」（嘉靖壬辰、西峯老人）

清鈔本、十二行二十一字、行體ニ寫、述夢ノ末ニ手識アリテイフ、

右西峯老人歸閑述夢一巻抄自天一閣藏書中序作於嘉靖十一年壬辰考西峯生于天順七年癸未至壬辰年七十矣姓趙名璜字廷實江西吉安府安福縣軍籍人宏治庚戌七年廿中錢福榜二甲進士歷工部尚書謚莊敏
　乾隆甲午春三月初九日題于敏事齋

鈍翁類藁云贈太子太保謚莊靖

ト。

四庫（傳記類存目著録） 自序ニヨレバ、撰者ハ在官約三十年ニテ致仕、家居六年後在官中ノ往事ヲ追想シ、随筆體ニ記シ、歴官ノ順ヲ逐ウテ記ス。山東在任中自己ニ関スル記事多ク、後ハ正徳中、宮殿造営ノ役、工部ニ在リシ時ノ関係記事多シ。 諸目未録。

静齋筆記ハ小説存目著録ノ空山随記ナリ。

世廟識餘録　二十六巻　明徐学謨　明萬暦刊　六　甲　中刻

「――――序」（萬暦三十六年、徐元嘏 學謨）

萬暦三十六年徐元嘏序

明萬暦中孫徐元嘏抜刊本。十行二十一字。劉氏

嘉業堂旧藏。

四庫存目著録。嘉靖朝ニ禮部祠祭司郎中タリ

シ撰者が、常ニ為書ニ従ツテ天子ノ起居ヲ趨悉セル

ヲ以テ癸未（萬暦十一年）致仕帰田ノ後、世宗一朝ノ見聞ヲ輯録シタル
モノ、書名ハ「賢者識其大、不賢者識其小」ノ古語ニヨ
ル。固陋ノ自己ハ彼等ノ識シシ餘ヲ脩飾スルニ過ギズ
トイフ意ニ採ル。君臣ノ逸事、宮中ノ典故ニ関スルコト多ク、
北邊ノ記事ニ及ブ。時ニ姓名ヲ隠シテ自述スルアリ。国
史ヲ補訂スベキ記事亦往々存ス。
内閣文庫、尊経閣ニ同種本ヲ存ス。

三朝要典 二四卷首一卷 明顧秉謙等奉勑 明天啟刊
徐紹言 八乙 中

「御製——序」（天啟六年）
「聖諭」（天啟六年）
「聖旨」（二十四道）
「凡例」
職名
「進——表」
「——後序」（顧秉謙）
「——序」（黄立極）
「——後序」（馮銓）

明天啟刊本。八行十八字，寫刻。「風雨」「樓」朱文方印アリ。民國末鄧氏旧蔵。
四庫未收。三朝トハ萬暦・泰昌・天啓ノ三朝ヲイヒ、
明末ノ三案ニ關スル詔令章奏等ヲ編次シタルモノ、丙寅
（天啓六年）六月勅命ヨリ開館、五月成ル。明倫大典ノ
體例ニ倣ツテ編年體トシ、三案ノ中、梃撃最モ早ケレバ首
ニ例シ、紅丸・移宮之ニ次グ。總裁ハ顧秉謙・黄立極・馮銓ノ三
人（聖諭ニハ丁紹軾ヲ加フ）、副總裁ハ施鳳來等四人（至

論ニハ五人、纂修ハ徐昭吉等九人、謄録ニ人、收掌二人ヲ列ス。初ハ傳信鴻編、ニハ大政紀ト名ヅケラレントシタレド、未ダ妥ナラズトテ今名ヲ賜フ。三案各八巻ヨリ成ル。

内閣文庫ニテハ政書類制ニ二部ヲ録シ、尊経閣、北京人文科学研究所・国学図書館（鈔本）ハ皆雑史ニ收ム。同版否ヲ知ラズ。

頌天臚筆 二四巻首一巻 明金日升 明崇禎刊 二〇甲 中刻

「———引」（崇禎己巳、朱鷺）

「凡例」

明崇禎刊本、九行十八字。「獨山莫」氏「銅井文」房之印」朱文方印 及ビ「周印」星詒」「周」季貺」「星詒印信」各白文、「季貺」「星」詒」各朱文方印アリ。清代莫友芝、周星詒ノ旧儲ニシテ、標題及ビ巻二十一ノ末ニ周氏、標題末ニ莫氏ノ手識アリ。又書皮裏ニ莫氏ノ重装ノ識語アリ、劉氏嘉業堂旧儲。
四庫未收、魏忠賢ノ禍ヲ受ケシ諸賢ノタメニソノ亂前ヨタ必ズ遺文ヲ蒐メ、事蹟ヲ錄シ、諭旨奏疏等除[illegible]雪冤ノ文獻ヲ輯メタルモノ。傳本少ク、尊經閣ニ内閣文庫（奏議ニ入ル）ニ傳本アリ。

酌中志　明劉若愚　清寫　二甲　中

「――自序」（無年號）

清初敦復齋鈔本。十行二十一字。墨格。闌外下方ニ「敦復齋藏書」ノ五字アリ。

四庫未收。京都研究所ニテハ叢書本ヲ紀事本末類ニ、國學圖書館ニテハ舊鈔本及ビ叢書本ヲ鈔錄ノ明宮史ト共ニ政書類儀制宮闈ニ、北京人文科學研究所ニテハ舊鈔本志餘ヲ同類

ニ收ム。海山仙館叢書本ハ二十四巻ニ分ツ。此本ソノ巻二十四ニ當ル部
分ナク、巻次ヲ分タズ、篇ニ分ツ〔二十三〕。序文第二葉十第七行「是以」云々、三朝典禮紀略第一葉後九行「璐王之
入朝神廟也」至次葉第一行末マデ、先撥遺事紀略末「以代鳴哀
言善之遺意云」ノ數字刊本ニナク、逆エ、第九葉此本ニ缺字アリ、
第十葉此本ニ缺文アリ。彼此モ短アルヲ免レズ。此本殊筆校正
アリ。志餘ニ巻、正覺樓叢刻ニ入ル。
明末ノ宦官ニシテ、魏忠賢ニ快カラズ、遂ニ禁獄ニアヒシ著者ガ痛

哭ノ餘、見聞セシ宮中ノ典故、宦官ノ事蹟、大內ノ佈置、當時ノ飲食ヲ錄シ、末ニ遼東ノ失地ヲ記シテ形勢ヲ論ズ。酌中志ト明宮史トノ関係ハ郎園讀書志巻三ニ見エ。

877

酌中志略（下缺）　明劉若愚　清寫　　　　二乙　十

「――――次序」（崇禎十一年、劉若愚）

清鈔本。無格。九行二十四字。

二十三篇中、十七至末ヲ缺ク。第十（別本各缺）第十一、十二、十四ノ末若干ノ缺丈ア

リ。サレド略トイフ程ナラザルベシ。海山仙館叢書本トハ勿論、放後

齋鈔本トモ文字ノ異同アリ、前序ノ末ノ外第七ノ末ニモ「時崇禎己巳仲秋望日

也量臣劉若愚恭記」ノ紀年アリ。

餘生録　明 邊大綬　清順治刊　一甲 中

「題邊長白先生――序」（程正揆）
「――――序」（順治乙酉、路坦然）
「序」（甲午、黄自起）
「塘報稿」、
「塘報再稿」

清順治刊本。八行十八字。「銅井」文房」白文方印ヲ捺シ、莫有芝ノ左ノ手識アリ。

自知不足齋叢書本收入。皆題虎口餘生記。今觀原刻

蓋不甚也

末ニ己未（民國八）章德煒自筆ノ「餘生錄跋」ニ署アリ。知不足齋本ニハ塘報稿（通）ノミニテ、文句多異同アリ、鮑本ハ流傳ノ原稿ニヨリ、此ハ自刻ノ刪潤本ナル由ヲイヒ、ツイデ辛亥革命際ノ時事ト比較論評ス。此本傳本少ク、北京人文科学研究所ニ二部アリ。

本書四庫未收。李自成ノ叛ヲ始リ、陝西延安府米脂縣ニ令タリシ摸者ハ、壬午（崇禎〔五〕）ノ春、境内ニアリシ李賊ノ祖李海、父李守忠ノ墓ヲ發キ、ソノ骸ヲ灰ニシ、李賊滅亡ノ呪トナシタルタメ、賊黨ニ捕ヘラレ、母妻一族皆之ニ坐ス。押送ノ途上、賊ヲ詭イテ逃レ、虎口ヲ免ル、ニ至リシ始末ヲ述ブ。末ニ「順治元年仲秋云」ト自署ス。

渚宮舊事　五巻補一巻　唐余知古　清寫　一　乙　中(三)

無序跋

清初鈔本。十二行二十四字、無格。「竹垞藏本」朱文方印「歙西長塘鮑氏」「知不足齋」藏書印」朱文方印「王氏二十八宿研齋秘笈之印」朱文長方印ヲ捺ス。

四庫雜史類收入。渚宮ノ名ハ左氏ニ見ユ。孔疏ニ郢都ノ南ニ當ルトナス。楚地ノ地方史ニシテ、唐志・晁志ニハ十巻ニ作ル。今本五巻、巻一至三周、四漢魏、五晋代、鬻熊ニ始マリ、桓玄ニ終ル。君臣ノ逸話逸事ヲ類ヲ立テズニ列記ス。墨海金壺・平津館叢書等ニ入リ、吉石盦叢書ニハ鈔本ヲ影印ス。

ス。

北虜事跡　明王瓊　明寫　一甲　中十九

無序跋

明黑格鈔本。毎半葉十行、行二十二至六字不等。「寢叟」「日和」

朱文「沈」「曾植」白文兩方印ハ海日樓沈氏ノ印記ナリ。

四庫兵家類存目著錄。初詩ヲ引イテ先秦ノ北狄ヲ孜ヘ、以

下秦漢以來匈奴突厥其他北虜ノ盛衰寇掠防衛ノ沿革

ヲ記シ、明代北虜入寇ノ狀況ヲ敍べ、嘉靖初ニ三邊ノ軍務ヲ

綜ベシ撰者が、邊境改策ノ得失ヲ論ジ、自己ノ要績ヲ記シ、
計畫ヲ述ブ。明代ノコトハ、花馬池一帯并ニ環縣ヨリ蘭州
ニ至ル地帯ヲ主トス。
本邦諸[redacted]ニ刊行本ナク、京都研究所ニ金聲玉振集本
ヲ雑史ニ收メ、北平圖ニテモ明抄本ヲ雑史類ニ録ス。兵
家ヨリモ雑史ニ收ムルヲ至當トセン。但シ、此本ハ提要ニ設
險守邊圖ナルモノナシ。又、卷首ニ「西蕃附」トアレド、西蕃事蹟ヲ缺ク。

土魯番侵掠哈密事跡（哈密事蹟）　清写　一乙　壹

提要

清写本。十行二十字。李文田校讀。「讀五」千卷」書室」

朱文方印ヲ捺ス。巻首ニ李氏提要ヲ手鈔ス。

四庫存目著録。「哈密事蹟一巻附趙全讞牘一巻」

ト題ス。提要ニイフ如ク、書名ヲ題セズ。撰人ヲ題セズ。首ニハ「土

魯番侵掠哈密」ト題シ、哈密ノ地理、沿革ヲ記シ、正徳中

彭澤事ヲ構ヘシ事ヲ述ベ、次ニ兵部左侍郎張海經略哈密
條奏六事ヲ錄シ、末ニ皇明紀畧ノ彭澤ノ條ヲ鈔錄ス。次
ニ趙全ノ讞牘ヲ附ス。 卷末李文田ノ手識ニ

右土魯番侵掠哈密事蹟一卷舊係明抄
本每半頁十一行每行二十字後附趙全讞
牘在翰林院清秘堂據原本鈔出原本
即乾隆中館臣據以序錄者也光緒丁亥
臘月除夕前三日五千卷室主人記

樞垣載筆　清寫　一函　中虞

清代硃格鈔本。版心下方ニ「青雲齋」ノ三字アリ。

乾隆末年ヨリ道光年間ニ至ル檔案中ヨリ上諭硃批奏疏其他ヲ謄錄分類シタルモノ。仕官者ガ自己ノ參考ニ資セシメタメニ編錄シタルモノカ。

六 詔令奏議類

兩漢詔令　西漢詔令一二卷東漢詔令一一卷（卷二缺）。（西）宋林虙編（東）宋樓昉編　宋刊（明修補寫）　三甲中

——總序（洪咨夔）（缺）

自序（缺）

大觀三年蔣瑎序（缺）

程俱序（缺）

東漢詔令後序（嘉定十五年、樓昉）（補寫）　程俱後序（缺）

范光跋（缺）

紹定癸巳鄭清之序（缺）（紹定戊子）

宋刊元明遞修本。十行十八字。細黑口、雙边。版心ニ方

ニ字數、下方ニ刻工名アルモノアリ。宋諱匡恒桓缺筆、

丁志（八ノ五）著録本ト同版本ナルベシ。

四庫收入。提要ニイフ、西漢文類ニ詔令ヲ缺クヲ以テ、世代ヲ以テ各一卷ニ編纂シタルモノ。南宋ノ樓昉、コノ體ニヨリ、東漢ヲ編ム。丁

志ニヨレバ昉ノ壻范光跋シテ并刻ス。

唐大詔令集　一三〇卷（有原闕）　宋宋敏求編　明写（補写）　二〇甲　中

「――序」（熙寧三年、宋敏求）

明末藍格鈔本。十一行二十五字。卷十四至二十四、八十七至九十八原闕、二十五、六、六十三至末ハ丁氏八千卷樓旧藏呉尺鳧校本ヲ以テ補寫セルモノ。

「蕭山王氏」「十萬卷」樓藏書」朱文方印及ビ「周氏大輔」「鴿峰」「艸堂」両朱文、「虞山周里氏」白文方印アリ。

池ニナキ史料ヲ含ムヲ以テ重宝ナリ。

四庫收入。敏求ガ父綬手輯ノ本ヲ重校シタルモノ。適園叢書ニ入ル。静嘉堂ニ旧鈔本アリ。

歷代名臣奏議 三五〇卷 明楊士奇等奉勅編 明永樂刊（補寫） 一六三 乙 十刻

序跋缺

明永樂中官刊本。十二行二十六字，斷句。卷二百六十三至六、三百五至十一、三百四十一、二補寫。劉氏嘉業堂舊藏。

四庫收入。

同　　　　　　　　一五〇乙　（史本）

序跋缺

前ト同版、後印ニ係ル。破損シタレド、原装、包背装ニテ原題簽、目録外題ヲ存ス。

皇明疏議輯略　三七巻　明張瀚編　明嘉靖刊　三二甲　中

「――序」（嘉靖壬子、楊選）

「――序」（嘉靖三十年、晁瑮）

官銜

「――凡例」

明嘉靖刊本。十行二十二字、無界。

名四庫存目著錄。皇明名臣經濟錄ガ猥雜ナルヲ以テ、巡按直隷監察御史阮鶚、大名府知府張瀚ニ增損裁定ヲ命ズ。張乃チ二三ノ宿儒ヲ招キ編纂所

ヲ設ケ、廿経済銖ノ半ヲ芟リ、三割ヲ加ヘ、分門ヲ改ム。書成リ、郡人晁瑮之
ニ序ス、時ニ嘉靖三十年。阮ヲ裁定、張ヲ纂輯トナシ、宋名臣奏議ニ倣ヒ、
三十門ニ分チ、門類ハ朝廷ヲ先ニ、庶事ヲ後ニシ、各類ハ増補ノ若干ヲ除
キ、作者立朝ノ先後ヲ以テ次序トナス。内容文辭ニ刪定ヲ加ヘ、今人ノ作
ニ及バズ。

巻一至四君道、五聖学、六・七脩省、八釐正、九納諫、十史職、十一上銓
選、下考課、十二財計、十三賦役、十四征権、十五漕運、十六荒政、十七

上禮儀、下律曆、十八陵廟、十九祀典、二十制科、二十一学校、二十二武備、二十三征伐、二十四、五撫治、二十六馬政、二十七至三十一䘮塟、三十二議獄、三十三屯田、三十四河渠、三十五营繕、三十六風紀、三十七糾劾ニ分ツ。

内閣文庫ニ同種本アリ。

皇明奏疏類鈔　六一巻　明汪某編　明萬曆刊　三二　乙　虔

「皇明奏疏類鈔序」（萬曆十年、呂霍）（缺）

校者列銜

明萬曆中留臺刊本。十行二十字。版心下方ニ刻工、時ニ写

手ノ姓名アリ。

四庫未收。汪氏ハ南京ノ御史大夫、明代ノ奏疏ヲ選擇分

類編纂シ、御史臺ニ刊行。萬曆十年同シク楚人タル呂

霍序。

内閣文庫ニ同書アリ、同版ナラン、本館旧蔵ニ補刊刪補

本ナアリ。

皇明疏鈔　七〇巻　明孫旬編　明萬曆刊　三六乙　中(刻)

「———序」（萬曆甲申、蕭廩）

「刻———序」（〃、孫旬）

明萬曆中巡按浙江監察御史東萊孫旬輯刊本。十一行二十字。版心下方ニ

刻者姓名アリ。劉氏嘉業堂旧藏。卷尾若干葉缺。

四庫未收。孫氏ガ京中ニ在職中、史館及ビ中秘ノ藏書并ニ士大夫所有

ノ章奏中、心ニ當ルモノヲ鈔録、呉越ノ任竣リテ、暇餘、旧稿ヲ整理、更ニ諸

書ヲ以テ補ヒ、二千六百七十五篇、七分ノ一ハ洪永、二ハ熙宣七朝、五ハ嘉隆年間ノ作、萬曆ノ諸疏ハ及バズ。卷一至七君道、八聖學・法祖、九儲貳等ニ分類ス。

内閣文庫・尊經閣ニ同種本ヲ藏ス。

皇明兩朝疏抄　（皇明兩朝疏抄）殘存八卷（卷三至七、十至十二）　編人缺　明萬曆刊　八乙　中

序跋缺

明萬曆刊本。十行二十二字。

今卷三至七、十至十二ノ三卷ヲ存ス。卷三ノ第四十三葉ニ大題ヲ改メ、禮臣類ト題シ、以下好尚類アリ。卷四備有類（二三）卷五弼違類　卷六時政類亦大題ヲ分チ、卷七首缺、途中ニ大題ヲ換ヘ、爵賞類ト題シ、卷十邊事類、武備類、卷十一外戚類及ビ士風　民隱・輿地・河渠・曆法・刑獄各類、卷

十二糾劾、權奸ノ類ヒニ各大題ヲ分ツ。題簽ニ「皇明嘉隆疏抄」トアリ。
首尾ヲ缺クヲ以テ、編者ヲ明ニセズ。存目
内閣文庫藏　嘉隆疏鈔二十卷本張鹵編）ト題シ、
十二卷本王貫嘉編ト題シ、尊經閣文庫藏十二卷本
賈三近編ト題シ、北京人文科学研究所藏本二十卷本亦賈三近編ト題
シ、靜嘉堂ニハ無名氏ノ二十卷本鈔本アリ、是レノ何レニ當ルカ未詳。

萬曆疏鈔　殘本存二七卷　明吳亮編　明萬曆刊　四〇丙　中

明萬曆刊本。

四庫未收。原五十卷、今、卷一（聖治）（ニ?）（國是）三（國本）、十（言路）十一（省規）十二（臺憲）十三（時務）十九（糾邪）廿一（銓政）廿二（察典）廿三（用人）廿四（飭吏）廿五（財計）廿六（粮儲）廿七（錢塩）廿八（屯馬附驛傳）ノ各卷ノ外、奏數ヲ剝去セル朝講・陵廟・宗藩・綱常・臣道・史職・上書・謚卹・民瘼・啤・潘・東倭・各卷ヲ存ス。

圖書寮ニ完本アリ。尊経閣ノ五十巻本ハ校刻姓氏ノ首ノ于孔兼ヲ（中ノ論次者六人）
トリテ題ス。萬暦己酉銭一本、同年顧憲成、同年呉亮ノ序ヲ存
ス。銭序・顧序ニヨレバ呉ヲ編者トナスベシ。呉ハ校刻姓氏中ニアリテ
ハ陳于廷ト共ニ参校シ者ニ挙ゲラレ、最後ニ列ス。銭序ニ疏刻萬
暦初年ヨリ十六年七月ニ了ルトアリ。

今史（崇禎元、二年）（崇禎奏疏）明末写　九　甲　中

無序跋　「范景」文字」夢章」

明崇禎中藍格鈔本。

ノ白文大方印ヲ捺シタル冊アリ。

崇禎元、二年ノ朝臣ノ奏疏ヲ編輯シタルモノ。内題ナク

二年分ニ五冊中四冊今史巻之一至四（四季ニ分ツ）ノ題簽ヲ貼

ル。

皇明留臺奏議（留臺奏議）二〇巻　明朱吾弼等編　明萬暦刊　二四 乙　中判

「———序」（萬暦三十三年、朱吾弼）

「〃」（萬暦乙巳、李雲鵬）

「留臺奏議序」（〃）　孫居相

明萬暦中高安李氏尋刊本（初印）。九行二十字、劉氏嘉業堂旧藏。

四庫存目著録。留臺ハ（留都（南京）ノ御史臺ナリ。）史ハ諫官ツ奏疏ハ後鑑トナスベシ。ヨツテ、萬暦中浙江道監察御史朱吾弼、四川道李雲鵬、河南道蕭如松、福建道孫居相ハ、相語ツテハ、皇城ノ呉伯與ヲ延キ、洪永以来ノ事故ヲ撰ノ、南京御史ノ奏疏ヲ分類編輯シ梓シタルモノ。
巻一君道、二脩省、三好尚并差遣、四儲貳、宗藩、五獮違、六權
幸、七臣職、八國紀、九時政、十用人、十一援直、十二民隱、十三財儲、十
四礦税、十五兵防、十六漕河、十七齋祀附儀禮、十八舉劾、十九近倖、
二十播蕪ノ、各類ニ分ツ。編者自作ハ目録ニ缺ケタルアリ。
本邦重要書目未載。

註陸宣公奏議 一五巻附唐陸宣公制誥一〇巻 宋郎曄 明嘉靖刊 四乙十

「陸宣公奏議序」（嘉靖乙卯、游震得）
「本朝名臣進奏議劄子」
「註陸宣公奏議序」（權德輿）

明嘉靖中周灃注公刊本。十行二十字、注雙行。注者ノ名氏ヲ題セズ。元至正中翠巖精舎刊本ニヨリテ刻シタルモノ。版心下方ニ刻工草字アリ。莫友芝旧藏。「莫友芝圖書印」朱文長方印「獨山莫友芝字子偲號郘亭眲叟影山艸堂圖書之印」朱文大方印「莫印」「彝孫」朱

文「莫印」「繩孫」白文「莫」「繩孫」朱白文方印アリ。巻首莫氏手識

末二八　「郘亭」「莫友芝」兩白文方印アリ。手識ニ

世行陸宣公奏議本皆十二巻無注此獨十五巻有注雖

文無增損而巻帙次第小有異同其注略具史事亦不繁

冗當是宋元舊帙明嘉靖時翻刻而遺其注人以書

式皆宋樣而東坡等所進劄子猶用當時提行格式

故知非明人注也同治元年三月繩收獲重裝書以俟

攷郘亭明変　「莫印友芝」白文方印

是歲七月既望在洪琴西許見昭文張氏愛日精

廬藏書志載有注陸宣公奏議十五巻云元至正

刊本宋郎曄注前有紹興二年曄進書表　侯當作曄

題銜稱迪功郎紹興府嵊縣主簿臣晅，不著姓。案清波雜志曰：煇友人郎晅晦之，杭人，嘗注三蘇文及陸宣公奏議投進。元吳文正公集陸宣公奏議增注序曰：因郎氏舊注而加詳。劉岳申申齋集曰：宋紹興中有郎晅嘗注宣公奏議。以此知爲郎晅也。表後云紹興二年八月初七日進呈。案表中有云恭惟至尊壽皇聖帝，攷淳熙十六年光宗受禪，（內）尊孝宗爲至尊壽皇聖帝，次年改元紹熙，則興爲熙字之誤無疑。卷一後有至元甲午仲夏翠巖精舍重刊本記。脉望館書目著錄。　據此則此本當時即據元刻郎本翻雕，而失載其進書一表，愈不可了耳。　當錄入卷中以俟再攷。

トアリ。其下ニ「呉興劉氏嘉業堂藏書記」朱文長方印ヲ捺ス。

四庫奏議類未著錄。本邦諸目毎不載。靜嘉堂ニ元至正

刊本ヲ藏ス。

東坡奏議（東坡集零本）一五巻　宋蘇軾　明成化刊　一二　乙　十臺

序跋無

明刊黒口本。十行二十字。東坡集零本。明成化中江西布政司刊本ナルベシ。「宗湘文」珍藏印」朱文長方印ヲ捺ス。

九乙中

（宋丞相）李忠定公奏議 六九巻（二巻、一、二欠）附九巻 宋李綱ノ撰 明正徳刊 明朱欽編

序跋欠

明正徳中邵武縣知縣泰和、蕭泮等刊本。十行二十二字。首欠。本文及ビ附録ノ末ニ

邵武縣縣丞呉興陸譲同刊

郷　者　李軒同校

ノ兩行アリ。本冊ヲ缺クヲ以テ、在來ノ同種本ヲ根據トスルニ、本文及ビ附録ノ首ニハ

後学同郡 畏庵 朱 欽 彙校
文林郎邵武縣知縣泰和蕭泮 精梓
邵武縣儒学署教諭事嚴陵洪乃新校正

ト題ス。

四庫存目著録。丁志(巻)ニヨレバ、前ニ忠定遺像、清江郭伯寅賛、陳像御序、淳熙十年朱子後序、明正徳丙子蕭泮、林俊序アリシガ如ク、陳序ニソノ子秀之、ソノ表章奏劄ヲ編ンデ八十巻トナストイフ、故ニ提要ニ此本十八秀之ノ旧ニ非ズトナス。

附錄卷一八靖康傳信録三卷、二八建炎進退志總叙二卷、三八建炎時政記

三卷、卷四五擬詔、六制、七詔、八誥、九ヨリ成ハ。

静嘉堂、内閣文庫等ニ存ス。同書ハ同種本ナリ。

朱簡齋公奏議　二卷　明朱鈺　清康熙刊

清康熙中九世孫朱承祖・朱志淳刊本。

四庫未收。尊経閣ニ同種本アリ。

朱ハ宣・正朝・侍御史、

二丙　中庚

于忠肅公集　四巻(于忠肅公奏議)四巻附四巻　明于謙　明天啓刊　一二　乙　中刻

「太傅于忠肅公奏議序」(葉向高)
「于忠肅公集序」(蘇茂相)
「合刻于忠肅公集序」(天啓元、李之藻)
「于忠肅公文集序」(孫昌裔)
「于忠肅公奏議序」(嘉靖辛丑、王紳)
「少保于公奏議序」(成化丙申、李賓)
「節庵先生存稿序」(成化十二年、夏時正)

明天啓刊本。九行二十字。劉氏嘉業堂旧蔵。

四庫ニハソノ集ヲ収入ス。氏本集ト題スレド、四巻皆奏議、……

北伐、南伐各二巻ニシテ、十二巻本ノ詩二巻ヲ缺ク。附錄四巻ハ祭

文、行状、傳、詩詞類ナリ。

本邦諸目未載。

青崖奏議　七卷附一卷　明王萱　明嘉靖刊　四　乙　中刻

「——序」（嘉靖七年、夏良勝）
「〃」（〃　王萱）
「——附錄」（勅書之首）
「——跋」（嘉靖七年、戴綬）
「〃」（嘉靖戊子、陳宗慶）
「題青崖奏藁後」（正德十一年、張珠）

明嘉靖中嗣子道純編刊本。十行二十字。字樣正德刊本ニ似タリ。

ヲ缺ク。劉氏嘉業堂

旧藏。

四庫未收。内容亦德中ノモノナリ。

諸藏書目未載

(太師)王端毅公奏議　一五巻　明王恕　明嘉靖刊　六乙　中(刊)

「太師王端毅公小影」

張元禎贊

「太師王端毅公奏議序」(正徳辛巳、王九思)

「介菴先生奏議序」(成化乙巳、程廷珙)

「冢宰王公奏議序」(弘治四年、李東陽)

「介菴奏議序」(成化十八年、陳公懋)

「書介菴王公奏稿後」(弘治壬子、李東陽)

「新刊介菴奏議後跋」(弘治十五年、楊循吉)

正徳七年　程啓充後序

「書王端毅公奏議後」(嘉靖甲午、崔銑)

明嘉靖刊本。十行十七字。劉氏嘉業堂旧藏。
四庫ニハ正徳辛巳ニ三原知県王成章刊本ヲ著録収入ス。王ハ正統
戊辰ノ進士、弘治中、文選員外郎孫交吏部奏議ヲ編次シテ家蔵。成化中兵部尚
書王恕ノ御史タリシ時、大理寺副ヨリ南京兵部尚書ニ至リシ間ノ奏議
六巻ヲ蘇州ニ刻ス。正徳七年御史程啓充王ノ故里三原ニ重刻。王成章刊本
ハ孫・王両本ヲ合刻シタルモノ。此刻本ハ王本ヲ嘉靖補修セシモノカ。
今劉カ未タ明ナラズ。暫ク重刻本ナリトシテ後攷ヲ俟ツ。

巻一ハ大理寺及ビ撫治荊襄、巡撫河南、巻二ハ南京刑部・總理河道・南京戸部、巻三ハ巡撫雲南、巻四ハ前參贊機務、巻五ハ巡撫南直隷、巻六ハ後參贊機務、巻七至十五ハ吏部ノ時上ル所。

王公奏稿　零本一卷（卷三）　明王忠撰　謝廷徽校　明嘉靖刊　一乙十

序跋缺

明嘉靖中揚州刊本。存目ニイフ、嘉靖丁未揚州ニ重刻セシモノナリ。內容王端毅公奏議ノ卷三ト同ジ。

南宮疏畧　八巻　明嚴嵩　明嘉靖刊　四乙　中(刻)

嘉靖丁未嚴嵩序（首缺）

「――序」（嘉靖戊申、潘潢）

「又」（嘉靖丁未、歐陽德）

「又」（〃、黄佐）

「書――後」（嘉靖戊申、陳德文）

明嘉靖刊本。十行二十字。劉氏嘉業堂旧藏。

四庫未收。嚴氏南宮ニ在リシ時（卽ナ京師）ノ奏疏ハ三十巻アリシガ、編帙繁多ナルニヨリ、重大事ニ關スル奏疏ヲ節取シテ四冊ノ本書トナシ、モチ

リ、（巻一至三）秩禮、（四）秩祀、五省災、六釐政、七（八）馭夷ノ五綱ニ分チ、六十三目

ヲ收ム。

三十巻本ノ奏議ハ内閣・國學・北京人文等ノ書目ニ見エルモ、コノ疏略（鈴山堂集ニ收メラレ、又）

ハ北平館藏目ニ見エルノミ。

鄭端簡公奏議 一四卷 明鄭曉撰 項篤壽編 明隆慶刊 八乙 中刻

「端簡鄭公奏議叙」（隆慶辛未 項篤壽）

明隆慶庚午門人嘉禾項氏萬卷堂刊本。十行二十字。目錄ノ末ニ「嘉禾項氏萬卷堂刊」 卷末ニ「隆慶庚午年秋九月雕工畢」ノ刊記アリ。（版心下方ニ「萬卷堂」ノ三字アリ。）「抱經樓」白文方印ヲ捺ス。劉氏嘉業堂舊藏。

四庫未收。鄭氏ノ奏議ヲ私邸ニテ門人タル項氏が編刊シタルモノ。

卷一至十淮陽類、漕運ヲ始メニ嘉靖二十二年末ノ奏疏。卷十一兵部数、十二至四刊部数、皆官ニヨリテ分数ス。

内閣ハ毎種同ニ同種本アリ。

同　　同

同版本。巻十四ニ缺字少カラズ。

六　中庚）

箬谿疏草 六卷 明顧應祥 明嘉靖刊 一　六乙 史(列)

序、首缺（嘉靖□□、□□□）

明嘉靖刊本。十行二十二字。劉氏嘉業堂旧藏。

四庫未收。顧ハ人代紀要（編年存目）ノ撰者ナリ。本書序目備ハラズ、収ニ完否未詳。天一閣見存書目ニモ缺本（存卷一至六）ヲ著録ス、或ハ此書カ。

〔趙提督奏疏〕　明趙文華　明嘉靖刊　四乙　中刻

嘉靖三十五年勅諭兩道

明嘉靖刊本。九行十八字。劉氏嘉業堂旧藏。

四庫未收。書名ヲ缺ク。太子太保工部尚書兼都察院右副都御史タリシ趙ガ、倭浙江江北ニ於ケル倭寇猖獗ニシテ、而モ江北マデハ杭州駐在ノ督撫官ノ手ガ及バザル故ヲ以テ、自ラ進ンデ南京其他ノ防備ニ當ラントシ、軍務ヲ提督シ、河南山东徐沛等ノ兵ヲ

總領スル勅命ヲ奉ジ乍浦ノ賊巢ヲウチ、賊首陳東ヲ生擒シ、徐海

ヲ斬首スルニ至ル。勅諭ノ一ハ任命、一ハ獎功ノモノナリ。請行疏、樸

督疏十五通、原請疏、癸丑疏、謝恩疏、（二通）慶賀疏、漢壽亭侯廟記、

嘉善名城記、敵樓記、致鄉先生書、祭捻瘞文、祭忠義

死事文、祭關王文、祭岳王文、陞賚疏三通、大總督梅林胡

公勝歸山功績碑記ヨリ成ル。

南宮奏牘　二巻　明高拱　明嘉靖刊　　二甲　中到

「題南宮奏牘」（嘉靖丙寅、中玄子）

明嘉靖刊本。九行二十二字。劉氏嘉業堂旧藏。

四庫存目著録。嘉靖壬戌、拱、禮部左侍郎トナリ、吏部ヲ経テ禮部尚書ニ進ム。一年ノ向ノコトナリ。南宮ハ京都ニ在ルコト久シカラズ、故ニ奏牘モ少ナシト。

諸目未載。北京人文科学研究所ニ康熙中飛春堂重刊本ヲ録ス。

綸扉稿　一巻　綸扉外藁二巻　明高拱　明隆慶刊　三甲　中(刻)

「綸扉外藁序」（壬申、高拱）

明隆慶刊本。九行十八字、劉氏嘉業堂旧蔵。

四庫存目著録。撰者が嘉靖丙寅(四五)ヨリ隆慶丁卯(元)并ニ

同己巳(三)以後内閣ニ在リシ時ノ奏疏ヲ収ム。

諸蔵書目未収。

譚襄敏公奏議 一〇巻 明譚綸撰 顧所有編 明萬曆刊 六乙 中刻

「譚襄敏公奏議前序」（萬曆庚子、顧所有）
「——後序」（李希哲）
「譚襄敏公像讃」（益王潢南道人）
「譚襄敏公遺像」
「譚襄敏公讃」（顧所有）
「譚襄敏公奏議凡例引」（李希哲）

明萬曆刊本。九行二十字。劉氏嘉業堂旧蔵。

四庫収入。譚ハ嘉靖甲辰ノ進士。武康ノ顧穎泉公、知宜黄県事タリシ人。年ハ、官黄ノ人タル譚氏ノ奏議ヲ選定シタルモノ。一百四冊トス。
譚、内乱及ビ倭寇ヲ平ゲテ功アリ。是ヨリ先、撫臺王公、公弟督
府經歷絲ニ命ジテ訂梓セシメ、公ノ門人タル四明ノ薛生ニ校正セシム。薛ハ譚
ノ手定稿本中ヨリ刪去セシガ、邑人李希哲更ニ校訂シタルモノ此本ナリ。
巻一・二閩稿、嘉靖四十二年、右僉都御史トシテ、福建ニ巡撫タリシ時
上ル所、巻三・四蜀稿、嘉靖四十五年陝西巡撫ヨリ四川巡撫ニ轉
ジタル後ノ作、巻五至十薊遼稿、隆慶元年ヨリ四年、兵部右侍

郎ヨリ左侍郎兼右僉都御史ニ進ミ、薊遼ニ總督トシテ軍務ニ労リシ

時ニ成ル所ナリ。

静嘉堂、鼎経閣ニ同種本ヲ蔵ス。

文肅王公奏草 (王文肅奏草) 二三巻(巻二二・三缺) 明王錫爵撰 王衡編 明刊 二〇丙 史刻

明末孫王時敏刊本。字様ヲ按ズルニ天啓中ノ刊カ。九行十八字。巻首申時行ノ序才一葉ヲ缺ク、又、本文末ニ巻ヲ缺クヲ以テ、目録ノ末葉後半葉ヲ第十六巻ノ前半ニ接シ、完本ラシク偽造ス。劉氏嘉業堂旧藏。

四庫存目著録。王ハ嘉靖壬戌(四一)ノ進士。此ハ萬暦十三年ヨリ三十八年ニ至ル上疏ヲ、年ヲ逐ウテ録シタルモノ。公没シテ、ソノ孫時敏校刻ス。
内閣文庫ニ完本ヲ藏ス。

高文端公奏議　一〇卷　明高儀　明萬曆刊　八乙　中

「——先生奏議敍」（李維楨）

「——後序」（萬曆辛丑元、莫睿）

「——禮曹——跋」（萬曆壬寅、高從禮）

明萬曆刊本。

四庫未收。卷一至四儀制司、五至七祠祭司、八主客司、精膳司、

九儀注、十奏疏ニ分ツ、嘉靖末年ヨリ隆慶六年ニ至ル。

本邦諸藏書目未收。（此本因、人文科學研究所ニハアリ）

王文端公奏疏 四卷 明王家屏撰 明〔萬曆〕刊 四乙 十列

「―――序」（沈珣）

明萬曆刊本。十行二十字。劉氏嘉業堂舊藏。

四庫存目著錄。王ハ隆慶戊辰（二）ノ進士。東閣大學士。萬曆中年在朝、奏疏ニハ冊儲謝請ノコト多シ。全集ニ先立チ、仲子路真梓行シタルモノナリ。目錄ニ卷ニ作ルコト樸ニ安ニイフ如シ。

諸藏書目未載。

督撫全楚奏疏　存二卷（卷一、三）　明秦燿　明萬曆刊　四乙　中

「中丞秦公督撫奏議序」（萬曆辛卯一九　郭正域）

明萬曆刊本。

四庫未收。欽差巡撫湖廣等處地方兼提督軍務都察院右副都御史秦燿ハ巡撫トシテ賑給至レリ盡セリ、ヨツテソノ疏ヲ刻シテ、公ノ名ヲ不朽ナラシメントシタルモノナリ。

朱文懿公奏疏　一二卷　明朱賡　明萬曆刊　八乙　中函

無序跋

明萬曆刊本。劉氏嘉業堂旧藏。

四庫未收。別集存目ニ文集十二巻ヲ著録ス。巻一講筵・部卿、二至十二内閣ノ奏疏ニシテ、萬曆十五年ヨリ三十六年ニ至ル。尊經閣ニ同種本ヲ藏ス。

漕撫疏草　存八巻（巻四至十一）明褚鈇　司空疏草存一巻（巻三）明萬暦刊　一八乙中

「漕撫疏草序」（萬暦乙未[二三]、張世才）

「〃　〃」（萬暦丁酉[二五]、張蒲）

「司空疏草後序」（楊武烈）

明萬暦刊本。

四庫未収ノ巻ゝ四至十一ヲ存ス、巻十ヲ一巻

十一ヲ二ニ改メ、司空疏草巻三ヲ配シ、序跋ヲ巻十及ビ

九ノ各首尾ニ置キ、九巻本ノ完本ナラシク見シム。諸目未

收ノ從ツテ、原ト幾巻ナルカヲ知ラズ。
稿ハ首ニ潛梅尚書ト題ス。張世才ハソノ門人。来口ノ萬
暦二十二年ヨリ十一ノ同二十五年ニ至ル。司空隊草ハ萬暦二十一（朱三）
年ノ作ニ係ル。

撫浙疏草　一〇巻撫浙行草六巻疏草二巻　明劉一焜　明刊　一八甲　中

（首缺）徐必達序

「大中丞劉公——序」（王籤）

明刊本。八行十八字、寫刻。

四庫未收。欽差提督軍務巡撫浙江等處地方都察院右僉都御史タリシ劉一焜ノ作。行草巻一〜六咨揭・告示、二〜十三牌案、四至六ハ批評摘要、萬曆末年モノ

諸目未載。

史太常三疏　附一巻　明史孟麟　明萬曆刊　一乙（史封）

「――――序」（萬曆丙辰、趙南星）

明萬曆刊本。劉氏嘉業堂舊藏。

四庫未收。萬曆癸丑（四一）史科都給事ニ陞リ、ツイデ太常少卿トナリ、識見アリシ史孟麟、字ハ際明、別號玉池（宜興人、癸未進士）ノ「職居言責指摘非人乞賜罷斥以解黨錮以杜讒諂疏」「專職掌廣言路以防阻塞以杜專擅疏」「感時

増病不能趨命供職疏」ノ三疏ヲ友人趙南星ガ刻シ、趙自ラノ
「敬循職掌剖露良心以陳救時要務疏」「覆新建張相公
定國是振紀綱疏」ヲ附刻シタルモノ。

綸扉奏草　三〇巻　續綸扉奏草一四巻　明葉向高　明刊　二二乙　書

「綸扉疏草序」（林材）
「續綸扉疏草序」（梅之煥）
「綸扉牘草序」（葉向高）

明刊本。蒼霞草中ノ本ナリ。劉氏嘉業堂旧藏。

四庫未收。萬曆末年ヨリ天啓五年ニ至ル葉ノ奏疏。

撫津疏草 四巻 明畢自嚴 明天啓刊(巻一補寫) 六乙 中

勅諭(天啓元年)

明天啓刊本。巻一補寫。

四庫未收。畢ハ欽差巡撫天津等處地方備倭防海贊理征東軍務兼管糧餉都察院右僉都御史タリ。北平圖書館善本書目ニハ此本ノ外、督餉疏草五巻、餉撫疏草七巻、留計疏草二巻三種ノ天啓刊本ト、二種ノ崇禎刊本トヲ彼ノ作トシテ著録ス。本邦諸藏書目ニハ見エズ。

漕撫奏疏　四巻　明郭尚友　明崇禎刊　八乙中

序跋缺

明崇禎刊本。

四庫未收。郭ハ啟禎間欽差總督漕撫戶部右侍郎兼都察院右僉都御史タリ。本邦諸藏書目ニハ見エザルモ、北平圖・人文科学研究所ニハアリ。

撫鄖疏稿　存二巻（巻二、三）明王鏊永　明崇禎刊　二乙中

序跋缺

明崇禎刊本。

四庫未收。本邦諸目ハ固ヨリ、北平圖書館目ニモ未載ナレバ、幾巻ナルカヲ知ラズ。書名、各巻首ニナシ、版心ニヨル。崇禎中ノ作。

（金雙巖）中丞集　明金光辰　清初刊　四乙中

「西臺封事書後」（金佐坤）
「兩河封事書後」（金佐臨）
「理餉封事書後」（金佐履）

清初刊本。西臺・兩河・理餉ノ三封事ヨリ成ル。

四庫未收。諸目亦未載。崇禎中作品ナリ。

玉華堂楚南疏稿　附玉華堂兩江疏稿・玉華堂兩江批稿
清趙某　清雍正刊　四兩　中

清雍正刊本。

四庫未收。、□□都御史總督兩江ノ趙公が、湖南及ヒ兩江ヲ撫シタルノ時ノ奏疏并ニ批答檄移ヲ彙刊シタルモノ。雍正十二年汪應銓序。

郵傳部奏議　清光緒三十二年九月至宣統二年　清寫　一五　乙　[illegible]

無序跋

清宣統鈔本。

光緒三十二年九月二十四日ヨリ宣統二年末ニ至ル郵傳部ノ奏議ヲ鈔錄シタモノ。

七　傳記類

夷齊錄 五卷 明張玭編 清寫 一乙十

「―――引」（張玭）

「―――後序」（栗永祿）

清初鈔本。九行二十字。翰林院ノ大方印ヲ捺ス。卷首圖ヲ缺ク

コト、提要ニイフ如シ。

四庫存目著錄。

嘉靖乙巳（三四）編者ハ夢ニ二偉人ヨリ墨函ヲ贈ラレシガ、翌日永平

ノ守ヲ命ゼラル。永平城西ニ夷齊廟アリ、神像夢中ノモノニ同ジ。ヨツ

テ、靈驗ニ感ジテ二朝ヲ歴シ、袁齊ニ関スル文獻ヲ輯メタルモノ此書

ナリ。

内閣ニ明萬曆刊本アリキ。（巻二殘）

表齋考録　五巻　明胡其久編・清寫　一乙　中

序、跋無

清初鈔本。九行十九字。翰林院ノ大方印ヲ捺ス。

四庫存目著録、巻一ハ表齋ノ出身傳ヲ考證、本書ノ主眼ナリ、巻二至五文獻ヲ蒐ム。張ノ作ノ刪補トモ見ルベシ。

本邦諸目未載。

孔孟事蹟圖譜　四巻　明季本　清 王愼中校　賁／赤靖甲寅(?) 撰　二乙中

「――――序」（王愼中）

清鈔本。錢塘童漢臣刊本ノ寫本。九行二十二字。翰林院ノ大方印ヲ捺ス。

四庫存目著錄。巻一孔子事蹟圖譜論、二孔子事蹟圖譜

三四ハ孟子。史記・通鑑・外紀・皇極經世書・呂氏大事紀・通鑑前編・孔子通紀等ニ基キ、經子ヲ參考シ、論説及ビ年

表ヲ作リシモノハ王倶中論訂ニ預ル。

内閣ニ尊経閣ノ目ニ見エ。今ノ竹翰林院旧館ニ採ル。

聖門人物志　一二巻　明鄧子章編　明萬曆刊　八 五 乙 中

「――序」（萬曆癸巳、郭子章）

「〃」（馮琦）

「〃」（萬曆丙申、徐即登）

「――叙」（萬曆二十三年、查允元）

「刻書公移」（萬曆二十二年）

「凡例」

明萬曆中寫刻本。九行二十二字。

四庫未收　欽錄存目著錄

士習日ニ澆久之ヲ矯メント六多ク往行ヲ識ルベニトノ観

山東巡撫ノ命ヲ受ケ、部下ノ郭ガ孔子、弟子、歴代從祀儒者ノ略傳及ビ明代釋奠ノ儀ヲ編ミタルモノ。巻一孔子世家、二四配、三、四十哲、五六先賢、七至十先儒、十一啓聖祠、十二會典祀儀

尊經閣ニ同種本アリ。

闕里書　八巻　明沈朝陽撰　明陳之伸補　明刊　四乙　一函

「序」（王道焜）

「自叙」（陳之伸）

明刊本。十行二十字。劉氏嘉業堂旧藏。

四庫存目著錄。陳氏ハカネテ列傳家語等ノ參考ニ、孔子師弟ノ傳ヲ考ヘシニ、池州府学教授沈氏ノ書ヲ得、心ヲ得タリト増定シタルモノ。巻次ハ大成殿ノ牌位ニヨリ、巻一ニ敘孔子、巻二四祀配、

卷三十哲、卷四、五東廡、卷六、七西廡、卷八啓聖祠、配享、從

祀。天啟中作。

本邦諸目未載。

聖賢像贊　三巻（一題　聖賢圖贊）　明崇禎刊　四乙　史剣

「聖賢像贊序」（崇禎壬申、呂維祺）

明崇禎刊本。像及ビ古今人ノ贊ヲ輯ム。文十行十九字。劉氏

嘉業堂旧藏。

四庫存目著録本ト八別像ハ同ジクシテ、本ハ別ナリ。

陋巷志 八巻 明呂兆祥 明萬曆刊（後印） 四五 中刻

「――叙」（正德丁卯、陳鎬）
「刻――志序叙」（萬曆辛丑、于慎行）
「――志序」（〃 方沆）
「――叙」（… 楊光訓）
「――誌序」（嘉靖庚戌 史鶚）
「――誌後序」（正德戊辰、潘貞白）
「題――誌跋語」（萬曆辛丑、西鉄名氏）

明萬曆刊本。後印。九行二十字。劉氏嘉業堂旧藏。

四庫存目著録。顔志八 正德中初、闕里ニ謫シタル曹侍御ノ托ヲ受ケテ編シタル山東提刑使按察司副使陳鎬ニ始マル。

萬曆中ハ巡按山東監察御史楊光訓ガ顔子ノ裔ノ助ヲ得

テ編補シタルモノ之ニツギ、呂ハ之ヲ訂定シタルモノ。巻一ハ圖像志、

二三世家志、四恩典志、五至八藝文志。内巻五ハ歴代恩典ノ公

文、八ハ附トシテ誌銘墓表ヲ收ム。

閣目尊経閣目ノ同名ノ書ハ同一ナリヤ否ヤ、未詳。

972

三遷志 六巻 明史鶚 明嘉靖刊（後印） 四乙 中（刻）

（首缺） 嘉靖壬子自序

「——凡例」

「三遷志後語」（孟公肇）

明嘉靖刊本。十行二十一字、後印。劉氏嘉業堂旧蔵。

四庫ニハ呂元善ノ行補五巻本ヲ存目ニ載ス。三遷トハ孟母ノ教育ニトル。巻一ハ絵図地図廟図等、巻二ハ事蹟、一族門才ヘノ後世ノ尊崇、巻三 勅賜表、巻四 奏疏・祭文 文移賛、詩、巻四、五碑記、墓誌。

尊経閣内閣ノ目ニ著録。

孟誌 五巻 明潘榛、周希孔 明萬曆刊 一〇乙 中(刻)

「新修孟誌引」(萬曆辛亥、胡繼先)

「附刻史公三遷志序」(嘉靖壬子、史鶚)「孟誌凡例」

「孟誌後序」(萬曆辛亥、潘榛)

「書新孟誌後」(〃、周希孔)

「家法跋語」(萬曆辛亥、孫來光)

明萬曆刊本。九行二十字。劉氏嘉業堂旧藏。

四庫未收。史氏ノ三遷志ハ不備ナリトシ、山東鄒令胡繼先ハ重

輯ノ志アリシモ、公務ニ拒マレ、憲副潘榛里居ノ暇ニ託シテ要ケ静

養中ノ周孝廉ノ助ヲ得テ成シタルモノ。卷一ハ圖像傳記、卷二ハ佚文、讚註・學習、卷三ハ弟子及ヒ追封後裔、卷四ハ祠廟林廟、卷五ハ登詣題詠古蹟雜志。

尋往閲ニ同様ナリ。

諸葛忠武書　一〇卷　明楊時偉編　明萬曆刊　四乙　中

「題諸葛忠武侯書小引」（萬曆己未、楊時偉）

明萬曆刊本。九行十八字。「古香樓」朱文円印、「休寧汪季青家藏書籍」朱文方印「曾經東山柳蓉邨」過眼印」朱文方印ヲ捺ス。

四庫収入。王士騏ノ武侯全書十六卷傳ヘラルヽモ、此ハ之ヲ畢ナリトテ

武侯ニ關スル古今ノ文獻ヲ輯メテ別本トナシタルモノ。巻一年

譜、二傳略、三紹漢、四連吳、五南征、六北伐、七調御、八法檢

九遺事、十雜述、内四至九ノ六篇ハ王書ノ目ヲ襲フ。

静嘉堂ニ同種本アリ。明辨齋叢書ニ入ル。

〔漢〕前將軍漢壽亭侯關公志（關羽）一二卷　明丁鏷編　明末刊　二乙　中

（首缺）　楊廷樞題

「關志小序」（丁鏷）

明末刊本。九行二十字。

四庫未收。關公ノ忠義ヲ明ニセント、關公ニ關スル文獻ヲ彙輯シタルモノ。卷一本傳、二年譜、世系考、廟塋考等、三靈應雜記、四實錄補略等、五・六贊頌銘、六藏歌詩、七至十碑記、十一祭文、十二跋、舊集序附刻。

〔廬陵〕歐陽文忠公年譜　〔歐陽脩〕宋胡柯編　明寫　一甲　中

慶元二年自跋

明鈔本。十行十六字、小字雙行。雲間韓氏讀有用書齋舊藏、印記多シ。

四庫未收。桐川ノ孫辟齋誼、廬陵ノ孫謙益其他ノ衆譜ヲ參シ稽ヘ、諸史ニヨリテ補〔ルモノ〕。脩、景德四年生、熙寧五年薨、享年六十六。歐陽文忠公全集各種版本ニ收ム。

蔡端明別紀　一二巻　明徐𤊹編　呉寫黄校　明萬曆刊　四乙　中

「――――序」（萬曆己酉、徐𤊹）

明萬曆刊本。十行二十字、各巻ニ多少缺佚アリ。

四庫未收。蘇・黄・米ト併稱セラル、陳蔡襄（大中祥符五年生　治平四年致仕

年五十六）ノ言行才学逸事ヲ輯メタルモノ、古今ノ文獻ヲ本傳・德行・政事・書

学・軼談・賞鑒・茶癖・恩寵・崇報・紀異ノ十巻ニ方載注明、茘枝譜

・茶錄ヲ加ヘテ十二巻タリ。尊經閣ニ同種本アリ。

蓁端明别紀　一〇巻　明徐𤇯編　朱謀㙔・朱㐂家校　明末刊　二乙　中

「――――序」（萬曆庚戌　謝肇淛）

「〃」（萬曆己酉　馬歘）

「〃」（萬曆戊申、陳鳴隺）

「〃」（萬曆己酉、徐𤇯）

明末刊本。九行十九字。

十二巻本、末二巻ヲ去リ、十巻中ニハ増補ノ巻アリ。

本邦諸目未載。

宋陳忠肅公言行錄　（陳瓘）明陳職、陳與義編　八巻　明嘉靖刊　三乙　中

「了齋陳先生言行錄叙」（嘉靖庚戌、林山）

（首缺）「　　　」（丁未、陳大濩）

「———了齋———叙」（關逢執徐、田頊）

（陳大濩頓相錄）

明嘉靖中裔孫陳懋賢重刊本。十行二十字。「合肥」李氏

藏書」朱文方印ヲ捺ス、李鴻章手藏カ。

四庫未收。瓘字ハ瑩中、號ハ了齋　大中祥符八年生、宣和

六年歿、享年六十八。「宋書」巻一八八年譜及ビ行實、二八宗室ノ

制札、三、祖、父、從孫、行實、四至六作品、七諸家、序跋、八贊

祭文、記、

程志　一〇卷　明崔銑編　明嘉靖刊　二乙　中(刊)

嘉靖甲申崔銑書

明嘉靖刊本。十行二十字。写刻。劉氏嘉業堂旧藏。

四庫未收。程頫明正德元年生、大和元年歿、年七十四。程子ニ関スル僞傳ヲ伐ツタメニ作ルト。巻一嶽録、二東見、三憶録、四師録、語輯、四洛議五師訓、六入關記己録、語輯、七元承編、八迪録、孚先録、師説、九餘言。十徳行ノ十巻十五篇ヽ分ツ。諸目未載。

東坡先生遺事　一二巻　明顧道洪編　明萬曆刊　六乙　中刊

（首缺）萬曆癸巳（顧道淳）

「刻東坡先生遺事後序」（末缺）

明萬曆刊本。十行二十字。劉氏嘉業堂旧藏。

四庫未收。東坡ニ關スル文獻ヲ分載シタルモノ。巻一泰陛、風慧、巻二文学等、巻三政事等ヨリ十一、二讒陥ニ至ル。

内閣目録ノ六巻本ハ缺本ナリカ。

思賢錄（鄭浩）六卷 元謝應芳編 明鄭瑩補 清写　　六乙　中

「——序」（至正十二年、楊維楨）

「敍」（至正十九年、鄭元祐）

「續刻——序」（嘉靖庚戌、鄭守益）

「——序跋」（順治甲午、鄭自規）

「續刻——跋」（嘉靖庚戌、鄭皝）

清鈔本。十行二十五字。

四庫存目著録。同郷ノ先賢鄭元浩ノ事蹟及ビ祠祭ナドヲアツメタモノ。（聚示）

巻一 忠公事蹟、二 忠公祠墓、三 祠墓廢興 四至六 奠誄題詠、内

末二巻ハ明代ノ讀〔摘カル續思賢録ニ〕係ル。浩嘉祐五年生、政和元年歿、享年五十二。

(宋陳少陽先生)盡忠錄　(陳東)八卷　宋陳沂編　明正德刊　三　甲　中(刊)

「盡忠錄序」　正德乙亥　陳沂跋　大ハ誤刻

四　正德乙亥　孫育跋

明正德中刊本。總目ノ末ノ陳跋ニ大德トアルハ　孫跋ニヨリテ正德ノ

誤ナルヲ知ル。十二行二十字。劉氏嘉業堂旧藏。

四庫未收。陳東、字ハ少陽、(元祐二年生、建炎二)紹興元年冤ヲ以テ刑死。享年四十三。

此書、巻一事實、二(十四)奏議、三(十五)詔勅書例、六挽詞、七、題跋、八

遺稿雜詠。

書皮：

乾隆三十八年四月兩淮鹽
政李質穎送到馬裕家藏
陳東書忠録壹部
計書朱參拾本、

マヘ：

ノ大印、閣本：翰林院ノ大方印ヲ捺ス。

(宋胡忠簡公)經筵五音問答　宋胡銓　清寫　一冊　中郵)

淳熙丁酉自跋

無年號自跋

曾帛跋

清初商丘宋氏漫堂藍格鈔本。十行二十字。版心下方ニ「漫堂鈔本」ノ四字アリ。「商丘宋犖」收藏善本」朱文長方印「臣犖」朱白文方印ヲ捺ス。宣統庚戌(二)鄧邦述ノ手跋三通

アリ、其一ニハ知不足齋刊本ニ「予」トアル自稱ヲ氏
本ハ「某」ニ作リ、彼ニ曾跋ナキヲイフ。
四庫未收。隆興元年五月三日、天子ニ侍シテノ問答ヲ追記シタモノ、金人ニ
答フルノ書。ニ始ナリ、衣食時俗時事忠言ニ及ブ。刊本
知不足齋叢書本ノミカ。

（鄂國）金佗稡編　二八巻續編三〇巻　宋岳珂編　明嘉靖刊　一二乙　中〔列〕

「――――序」（嘉定著雍攝提格、岳珂）

「――――序」（至正二十三年陳基）

「――――後序」（戴洙）

「――――續編序」（紹定元年、岳珂）

「重刻――――後序」（嘉靖壬寅、洪富）

明嘉靖刊本。九行十七字。劉氏嘉業堂旧藏。

四庫收入。南宋ノ忠臣岳飛ノ冤ヲ雪ガントテ、ソノ孫珂ガ飛ニ關スル文獻ヲ纂編シタルモノ。嘉定中ノ編、珂ノ別業嘉興金陀坊ニアリ、故ニ書ニ名付ク。巻一至三高宗皇帝宸翰、四至九經進鄂王行實編年、年譜及ビ遺事、十至十九經進鄂王家集、奏議公牘、二十至廿五籲天辨誣、誣謗ノ文獻ヲ集メ、訂辨證ス。二十六至八天定錄、雪冤ノ文獻。續編巻一高宗皇帝宸翰摭遺、二至十二絲綸傳信錄、飛ノ受ケシ告制、詔劄十三至十六天定別錄。十七至三十百氏昭忠錄、諸家撰述ノ傳狀。

宋版久シク佚ス。元至正中江浙ニ刊シ、此本ハ嘉靖中巡按浙
江御史唐一鵬序刻セシ所、後半ニ蘇州ノ刻工ノ名見ユ。
他ノ刻工ハ概ネ單字。圖書寮尊經閣ニモ同版本アリ。
靜嘉堂ハ元刊本。

宋待制徐文靖公家傳　宋朱元龍等編　清寫本　一乙

「重刊——序」（正德辛未，徐興敬）

「——序」（成化五，龔永吉）

「題——後」（成化己丑，鄒珍）

清朱格鈔本。

阮氏著錄。徐僑，字崇父，紹興三十年生，嘉熙元年卒，享年七十八。門人朱元龍、葉由庚、龔應之等同撰。

朱子實紀　一二卷　明戴銑編　明正德刊　一〇乙　（史刻）

「刻——序」（明正德八年、李夢陽）

「————序」（正德丙寅、戴銑）

「朱文公先生年譜序」（魏了翁）

「文公先生年譜序」（洪武二十七年、汪仲魯）

「文公先生年譜重刊序」（宣德六年、孫原貞）

「太師徽國文公像」

「————凡例」

「刻——後序」（汪僉）

明正德中歙鮑氏刊本。十行二十字、小字雙行。劉氏嘉業堂舊藏。

四庫存目著錄。年譜ハ生平ニ詳ニシテ、死後ノ褒典ニ及バズ、今朱子ノ始末ト古今褒崇ノ典トヲ記スト。巻一、道統源流、世系源流、二至四年譜、朱本ヲ増補ス。五行狀、六宋史本傳、七廟宅、八朱子門人、九褒典、十讃述、十一、二紀題ニ分ツ。

圖書寮、内閣目錄ニ明版、尊經閣目ニ朝鮮版ヲ著錄。

流芳録 四巻 明閔珪編／清厳梧鳳補 清康熙（四二）刊 四丙 中

清康熙癸未（四二）年厳氏如存堂刊本。

四庫未收。明朝國初ノ寵臣厳震直ニ関スル文獻ヲ外孫閔珪ガ輯メタルモノ、嘉隆ノ間刊行アリ。九世孫祇、梧鳳、七世孫啓隆、永寧増訂ノ後ヲ受ケテ更ニ彙輯刊行シタルモノ。巻一ハ恩旨及ビ要録ノ摘鈔、二、三ハ諸家作ノ傳記像贊諸記、四ハ作品ノ南遊集。厳公元至大庚戌（三）生、洪武甲寅（七）歿。

享年六十五。

本邦諸目未載。國史目ニ康熙二十六年重　刊本ヲ録ス。同版ナリヤ否ヤヲ知ラズ。

致身録　（史仲彬）　附閭門皐里宗支譜　清史名編　清康熙寫　二乙　中

「惠宗讓皇帝御製文」

「史翰林———小引」（萬曆己未、焦竑）

「〃———序」（陳懿典）

「史學士清遠公———序」（泰昌元年、王廷章）

「八世從祖翰林院侍讀學士清遠公———序」（天啓癸亥、史繼階）

「史學士———序」（崇禎辛未、錢士升）

「叙言」（文震孟）

「史學士———序」（周宗建）

「序翰林史公———」（泰昌元年、李日華）

「吳江史翰林———序」（泰昌元年、陳繼儒）

「史翰林———序」（錢龍錫）

1001

「史公——序」（趙宧先）

「史翰林——序」（喬拱璧）

「〃」（孫應昆）

「序言」（魏浣初）

「叙言」（董其昌、沈聖岐）

「題詞」（倪長玗）

「——叙」（胡汝淳）

「題史侍書——并讃」（朱鷺）

「史翰侍——讃」（呂純如）

「序題」（孫應昆）

「」

「先忠獻公——後语」（史宗成）

清康熙中史氏鈔本。建文ノ臣史氏自作ノ致身錄ヲ増補シタルモノ。建文元年ノ頃ニ起筆、洪熙元年ニアリ、建文帝所製、清遠公詩詞、賜詩入京 挽詩 明太祖高皇帝命敷奏記ヲ(黄鉞)其他祠祭ノ文獻 墓表(呉寛)行狀ヲ錄ス。

史 宣德二年歿、享年六十七。(至正二十一年生カ)

此書 白川学海 續説郛ニ學海類編、乾坤正氣集ニ入ル。

（太師）楊文敏公年譜　（楊榮）四巻首一巻補 明蘇鐩編 楊峯校 明嘉靖刊（藍印）二冊 中[illegible]

「刻――――序」（嘉靖壬子、龔用卿）

「刻文敏公年譜序」（嘉靖壬子、楊峯）

明嘉靖中元山曾佩刊本。藍印。七行十八字、注文雙行。

文集刊行セラレ、年譜ニ及バズ。臺閣侍御曾公閩ニ来任、刊行セシモノ。劉氏嘉業堂旧儲。

四庫未收。榮、洪武四年生、正統四年歿、享年七十。臺閣ニ列ス。本邦諸ニ未載。

行實錄　（薛瑄）明王鴻編　五卷　明萬曆刊（清印）　二乙　中

序跋缺

明萬曆中山西巡奉ノ史呂查眘可刊ス。十行十八字。

四庫存目著錄。薛瑄ノ傳狀、死後ノ祭文、崇祀

序跋、贈詩等ヲ錄ス。

本邦諸氟目未載。

章、洪武二十二年生、天順八年歿。

簡齋朱公遺蹟集録（版心朱鑑齋遺蹟輯録）清朱得章朱元友編　清雍正刊　一冊　虔

清ノ雍正中朱鑑ノ十世ノ孫ガ、諸書中ヨリ鑑ノ伝ヲ彙録刊行シタルモノ。鑑ハ洪武二十七年生、成化十二年歿、享年八十八。

忠安錄　（胡濙）一卷附綸恩集錄　明胡𨲔編　明萬曆刊本　二乙　中

「——序」（成化十八年、楊守陳）

「——後序」（李東陽）

「忠安公小像」

「贊」

「刻家集志」

明萬曆刊本。補刻。八行十六字。後集錄末ニ萬曆三十二年云々トアリ。

（欄外：中條）

四庫未收。胡濙字ハ源潔、號ハ潔菴、光祿大夫。禮部尚書。洪武二十八年生、天順七年歿、享年八十九。次子𨲔ガ父ノ二タマヘル誥命諭祭ノ類、歌詩并ニ碑誌

銘狀哀輓ノ詩詞ヲアツメタルモノの忠安錄ハソノ傳記トモイフベキ歷官ナ

リ。

旌功錄（于謙）五巻　明于冕編　明刊　四甲　（史海）

（首缺）　弘治九年程敏政序

明刊黑口本。十一行二十二字。

四庫未收。于冕編。于謙ノ功績録ナリ。于冕家居シテ、列聖ノ大恩ト先烈ノ不滅ヲ感ジ、褒典及ビ状碑奠誄ヲ輯メタルナリ。巻一諭祭文、誥命、勘合、二行状、神道碑、旌德祠記、三祭文、四詩五、憐忠祠記詩附。謙、洪武三十一年生、景泰四年歿、年六十。

楓山章文懿公年譜　二巻　（章懋）明阮鶚編　清寫　一乙　中

「太子少保章文懿公傳」（鄭曉）

清鈔本。八行二十字。「開萬樓」藏書印」朱文長方印アリ。

四庫未收。章ㇵ、南禮部尚書ニ至ル。正統元年生、正德十六

年殂、享年八十六。

楓山集ニ收ム、國朝ㇵ明刊本ヲ錄ス。（金華叢書ニ入ル）

求退録　共三巻　明李東陽　明正徳刊　二乙　史刻

「——序」（正徳癸酉、李東陽）

明正徳中李氏家刻本。十行二十字。寫刻。版心下方ニ刻工名単字アリ。

劉氏嘉業堂旧蔵。

四庫未收。明ノ文人、李氏ガ弘治乙卯（八）入閣後、正徳壬申（七）辞職ノ允許ヲ受クルマデ、度々ノ辞職ノ奏疏及ビ之ニ對スル詔旨ヲ年代順ニ編録シタルモノ。

（明奉議大夫大理寺右寺丞）如齋曾先生行狀　附墓誌銘・墓表　明嘉靖刊　一乙　（中刻）

序跋無

明嘉靖中門人編刊本。八行十九字。有藍印。劉氏嘉業堂旧藏。

四庫未收。曽諱ハ守約、字ハ子如、別號如齋、廣州東莞大学ノ人。弘治丁巳（一〇）生、嘉靖辛亥（三〇）歿、享年五十五。乙卯（三四）、門人諸子狀法ヲ編刊シタルモノ。

褒忠錄　（錢薇）　四乙　中

「誥命一道」（隆慶三年）

「褒忠榮錫序」（隆慶四年、崔鼎）

「奉賀右司諫海石錢先生進贈清卿序」（隆慶庚午、

仇原叟

「褒忠榮錫頌并序」（隆慶四年、賈倫）

「恩錫〔綸〕追錫」

「弔海石山人文」

明隆慶刊寫刻本。九行十八字。

四庫未收。隆慶四年九、十月太常寺少卿錢海石ヲ祭リシ

諸家ノ文ヲ輯ム。諸目未載。

賜歸錄（詹仰庇 詹汝欽）明詹仰庇編 九卷 明萬曆刊 三 乙 中（刋）

「――序」（萬曆庚辰、丘浉）

「――序」（〃 黄光昇）

「――序」（〃 黄鳳翔）

詹仰庇序

「――後序」（萬曆庚辰、方大任）

「跋――後」（〃 陳学伊）

明萬曆刊本。九行十八字。劉氏嘉業堂藏。

四庫未收。詹ハ侍御トシテ隆慶己巳（三）上疏直諫シテ廷杖ニアヒ、里ニ返ル。縉紳ノ都門ニ之ヲ送ルモノ詩文ヲ贈ル多シ。屢散佚ヲ恐レ、重鋟シテ家ノ記念ノ冊トナサントス。後皇明奏陸疏鈔中ニ前疏ニ首收録セラレシヲ以テ安溪ニテ刊行セラレシモノ。巻一首多ハ「疏稿」ト題ス。二書續類ニ文類四詩類等以下贈詩文。

李温陵外紀（李載贄）明潘曾紘編　四巻　明末刊　二乙　中〔刈〕

「――序」（張師繹）

「卓吾外紀引」（韓敬）

「題――」（潘祖曾紘）

明末刊本。十行十八字。劉氏嘉業堂旧藏。

四庫未收。李卓吾ニ関スル文献ヲ輯ム。巻一諸録類、永慶答問、柞林紀譚ニ種ヲ收ム。巻二禅文類　傳及ビ李ノ著ノ序ヲ收ム。巻三禅评類、禅體詩類、李氏ノ学説ナドノ批評送贈追憶ノ詩ヲ録ス。巻四叢牘類、李ニ與ヘシ書牘。

〔吳孺人〕葬錄　明安希范編　明萬曆刊　一五　中奎

序跋無

明萬曆中刊本、八行十八字。「風雨」樓」朱文方印ヲ捺ス。

四庫未收。安氏が生母ノ空帖ニ附シテ知友ニ送リシ傳狀ナリ。墓表（劉日升撰）新阡記（張納陛撰）行狀（高攀龍撰）行畧（范希范撰）ヲ收ム。墓誌銘、傳ハ刊行ニマニアハズ。吳孺人ハ嘉靖乙巳（二四）生、萬曆甲辰（三二）歿、享年六十。

〔通議大夫詹事府協理府事禮部侍郎兼翰林院学士憲
申〕沈公暨元配趙恭人墓誌　清葛世振編　清康熙刊
一冊　中
清康熙刊本。羅振常が事集中范氏天一閣ノ本ヲ獲
タルハ、ソノ一ナリ。
四庫未收。沈延嘉、萬曆甲辰（三二）生、順治甲午（一一）殁、
享年五十一。

陳子自述年譜　附遺筆、文集　明陳子龍　清寫　一乙　中

王勝時跋

清鈔本、九行二十五字。雲間韓氏讀有用齋書舊藏、印記多シ。「咸豐△年得八年十二月重裝廢陛」并ニ外題ハ韓氏ノ手筆ニ係レド、韓氏ガ「王勝時手録」ト記セルハ果シテ手録ナルカ、否カ再考スベシ。

四庫未收。明末ノ文人陳子ガ、乙酉（弘光元年、順治二年）

禾中ニ避難セシ時ノ作リ。陳子萬曆三十六年生。

陳忠裕公集中ニ收ム。

正氣錄 （張貞生）清張世坤編 三卷 清康熙刊 三 西 典

清康熙刊本。張貞生（字幹臣、號篑山）ノ歿後ノ贈詩序傳誄

ヲ輯メ、卷中ニ書翰・日記等ヲ收ム。張、天啓五年生、康熙十四年歿、六十年

五十一。

吳氏族譜　清康熙刊　一乙　中

序跋缺

清康熙刊本。

四庫未收。不全本ナルベシ。存スル所、「潘碩人墓誌銘」ヨリ

「湯碩人墓誌銘」ニ至ル一百十一張ト「五玉公墓誌銘」等十一葉。

宸翰錄　三卷　明林達編　明嘉靖刊（萬曆修）　一乙　中刻

「恭題宸翰錄後」（嘉靖丁亥、林達）

明嘉靖刊萬曆增補本。十行二十二字。版心下方ニ刻者姓名アリ。劉氏嘉業堂旧藏。

四庫未收。弘治、成化、正德、嘉靖ノ四朝ニ歷仕シ、工（刑）部尚書ニ陞リシ林俊ガ功ニヨリ父祖ニ對シテ賜リシ敕誥聖旨ヲ輯錄上梓セシモノ。末ニハ孫ノ時ニ父祖ニ對シテ賜リシ萬曆帝ノ敕命誥命ヲ追補ス。

紫氏世譜　清寫　一乙　中

序跋無

清寫本。

四庫未收。唐ヨリ清初ニ至ル紫氏ノ傳狀ヲアツメタルモノ。

明人ノ傳少カラズ。

（新刻）胡氏世紀　附一卷　明胡文煥編　明萬曆刊　二乙　中

（首缺）（萬曆癸巳、胡文煥）

「脩胡氏族譜序」（胡旦）

「重脩胡氏家譜序」（胡世將）

「胡氏重脩世譜序」（胡幼黄）

癸巳（二十一）「——後序」（莊汝敬）

明萬曆中錢塘胡氏文會堂刊本。十行二十字。

四庫未收。宋代ノ譜ノ序ヲ首ニ宋ノ胡則ヨリ明ノ胡長孺ニ至ル傳三十五葉ヲ收ム。胡氏遺跡、胡氏後裔繼題譜詩ヲ附ス。

諸目未載。

陳氏　宗譜略　清乾隆写　八乙　中(庋)

序跋無

清乾隆鈔本。

四庫未収。未完稿本ナリ。雲柯東宅、同西宅、同後宅ノ各譜

陳氏遷杭宗譜略、同世系図、同世系表、同族譜ヲ存シ、

先曾祖馳贈通奉公墓表ヲ加フ。

（新安）程氏統宗世譜　二〇巻（缺大至十二缺）新安程氏統宗世譜辨一巻
明程敏政等編　明寫
五甲　中

「序新安程氏統宗世譜」（成化十八年、程敏政）

「――舊序」

「程氏世譜序」（程淘）

「、」（紹聖二年、程祁）

「序開化北陌程氏譜」（程俱）

「黟南山程氏譜序」（寶祐六年、程森）

「休寧會里程氏譜序」

其他

「――凡例」

題名

明新安程氏樹本堂鈔本。

四庫未收。皇明文衡ノ編者タル程敏政ガ、成化中宗人ヲ来会セシメ四十四支派ヲ一譜ニ成シシモノ。北平図書館善本書目

巻二譜牒中ノ程氏貽範集ト併スベキモノナルコト、杉野英氏ノ教言ナリ。缺巻缺葉破損甚ムベシ。

濟美錄　四卷　明鄭燭編　明嘉靖刊　一乙　十

「——序」（嘉靖乙未、黃訓）

「——後序」（〃、鄭燭）

明嘉靖刊本。十行二十字。

四庫存目著錄。燭が其祖四世、元ノ歙縣令安、休寧令千齡、徽按翰林待制玉、歙縣令璉ノ傳狀碑文追封公文等ヲ輯錄シタルモノ。本邦諸目未載。タヾ靜嘉堂師山先生文集ニ附刊。

錢氏先賢象傳　清写　一乙　中

序跋無

清初
明鈔本。無郭。九行二十餘字。

四庫未收。海虞孫園寺ノ錢氏ノ歷代ノ傳ニ像ヲ加ヘタルモノ。

諸目未見。書名書籤ニヨル。

戴氏族譜　明写　一甲　中

宋乾道八年汪應辰題字

「――序」（宋淳熙元年、王十朋）

文天祥跋　「題戴氏世譜」（歐陽玄）　許衡跋

元明間ノ藍格ノ鈔本。

晋處士戴逵ヨリ南宋ノ戴慶炣ニ至ル奉化ノ戴氏ノ傳像ニ譜系ヲ加フ。

像ハ彩色。

王謝世家　共三〇巻首一巻　明韓昌箕編　明天啓刊　五乙　土（刻）

「――序」（天啓壬戌、韓昌箕）

「凡例」

明天啓刊本。九行十九字。劉氏嘉業堂舊藏。

四庫存目著錄。六朝ノ名家中王、謝ニ如クモノナシ。王氏四派、瑯琊世家十四巻、太原正派四巻、太原支派二巻、太原別派二巻ニ分チ、謝氏ハ陽夏世家八巻、各巻次ヲ立ツ。巻首ニ毎巻ノ譜系ヲ擧ゲ、又、四人、三人、二人各同名ヲ表示、本文ハ人ゴトニ、六朝各史中叙述詳雅ナルモノヲ採リ、華句ヲ去リ、本傳ヲ補フ他書引用部分ハ各末ニ注記ス。唐宋以後ハ宗派繁衍ニテ詳ナシカタク、之ヲ略ス。

本邦諸目未載。

春秋列傳 五卷 明劉節編 明嘉靖刊 四乙 中

「――――序」（明 丘九級）

明嘉靖刊本。十行、每行二十字内外不定。卷一首葉版心ニ「段纂」ノ刻工名アリ。

四庫存目著錄。左傳ヲ主ニ國語及ビ先秦漢ノ諸書ヲ參考シ、國ゴトニ人ヲ立テ、列傳トシタルモノ。

明版静嘉堂ニアリ。

春秋列傳　五巻　明劉節編　明刊　一包丙　壹

明刊本。覆刻本ナリ。巻一首刻工ナキヲ特徴トス。劉氏嘉業堂旧藏。

宋遺民録　一六巻附一巻　明程敏政編　清写（観素楼）　四　甲　史(三)

「——序」（成化己亥、程敏政）

嘉靖二年程威跋

清初観稼樓鈔本。十行二十字。「章全」手校。（白文方印）「無堂敎」之図書」朱文長方印ヲ捺シ（知不足齋本トノ對校アリ）、壬午癸未ノ識語ヲ加ヘタル巻アリ。

四庫存目二十五巻本ヲ省録ス。巻一王炎午、巻二至五謝翺、巻六唐珏ノ傳記（傳記作品并ニ三人ノ為ニ作レル諸家ノ詩文ヲ録ス。モト、）傳記ガ宋史ニナク平生ノ著述モ佚セルニヨリテ集メタルモノ。以下附録ニシテ巻七ニ五十四、張宏毅、方鳳、呉思齊、龔開、汪元量、梁棟、鄭思肖、林德暘一人一巻。巻十五ハ元ノ順帝ガ宋ノ瀛國公子ナルコトノ傳説ヲ余應ノ詩何喬新ノ同跋袁忠徹ノ「紀瀛國公事實」等ニヨリテ記ス、固ヨリ依說ナリ。

此書知不足齋叢書ニ入ル、巻十五ニ止マリ巻十五附録ノ錢牧齋書瀛國公事實」「篠方山浙江通志」ナシ、是後人ノ加ヘル所、又、巻十六ハ「航海遺事」、六陵祠奈議呉紹守杜君（全祖望）等ヲ追

（焦太師編輯）國朝獻徵錄　一二〇巻　明焦竑編　明萬曆刊　一〇〇乙　中

「獻徵錄序」（萬曆丙辰、顧起元）

「　。」（黄汝亨）

明萬曆中錢塘徐象橒刊本。十行二十字。時習館・竹添井井旧藏。六合徐氏我國ヨリ歸去ノ本ナリ。「時習館圖書之印記」白文方印「六合徐氏孫麒珍藏書畫印」朱文長方印「孫麒氏」「使東所得」白文長方印ヲ捺ス。

四庫存目著録。明初ヨリ嘉靖ニ至ル朝野ノ名士并ニ徳行ニ於テ知ラレシ人ヲ諸書ヨリ引用シ宗室・戚畹・駙馬都尉・公・侯・伯・中書官ナドト分類シテ収ム。出典書名ノ注記往々缺ク。
閣庫ニ尊経閣蔵本アリ。

(焦太師編輯)國朝獻徵錄 一二〇卷 明焦竑編 明萬曆刊 二一八丙 史(李庚)

「獻徵錄序」(黄汝亨)

「」(萬曆丙辰、顧起元)

明萬曆刊本。同板。水入本。卷一百十六補寫

（鍥兩狀元編次）皇明（人物）要考　（皇明人物考）六卷首一卷附一二考　明焦竑（附）明張復　明萬曆刊　八　乙　中刻

序缺

「附一二考題辭」（萬曆乙未、瞿九思）

明萬曆中閩建書林葉貴刊本。十行二十字、眉闌三字。卷一「人物」ノ二字ヲ脱シ、卷二ハ「新刊翰林編次皇明人物要考」卷三首缺黒ホ。卷四「新刊兩狀元編次皇明人物考ノ（墨丁）」五「皇明人物（安）考」六「新刊皇明人物要考」ト題シ、版心ハ「皇明人物考」ト刻シ、一一符セズ。

蓋シ係書ナリ（一二考ハ黄河考・南倭考・北虜考）。而狀元トハ焦竑、及ビ校正者翁正春ナリ。劉氏嘉
業堂旧藏。
四庫未收。聖朝帝王考・公主駙馬考・開國元勳考（以上巻
二）文皇帝功臣考・仁宗、英宗兩朝・憲宗・世宗・萬曆各皇帝
封榮考（巻二）文臣拔尤考（二至六）ノ分ハ出所ハ明ニセズ、時ニ
諸家ノ評ヲ引用ス。
内閣文庫目録ニ萬錄考ハ同版ナキン（乙未（萬曆二三）ノ年序アリ考ナルニ）

（鍥兩狀元編次）皇明「人物」要考　六卷首一卷　明焦竑　明末刊　六兩　中

明末三衢舒承溪刊本。卷一首「人物」三字、三至六冠稱一定セザレド「要」字ナシ。首ニ萬曆甲午李廷機ノ「題皇明人物考」アリ。

皇明獻實　明袁袠　清寫　八　甲　史 刻

「————序」（袁袠）

清寫本。十行十八字。劉氏嘉業堂旧儲。「抱經樓」白文長方印ヲ捺ス。

四庫未收。千頃堂書目卷五ニ

袁袠皇明獻實二十卷（一作四十卷）

ト著錄。此本卷次ヲ分タズ、完否ヲ知ラズ。戊寅

施震銓（稼村）ノ手識二道アリ。諸目未載。

自序ヲ按ズルニ、内容ハ洪武ヨリ嘉靖ニ至ルト。第一冊

徐達・常遇春・李文忠等六人、劉基・宋濂・李善長

等五人。第二冊ハ　傅友德等二人、王禕等

十人、宋訥等五人、第三冊ハ蹇義等三人、黄福等四人、

張輔等三人、周新等二人、陳洽等三人、王直等六人、魏

驥等三人、曾棨等二人　第四冊ハ方孝孺等十三

人、鄒魏等十四人、耿炳文等十二人、楊士奇等三楊三

人、鮮縉、胡廣等四人、第五冊八于謙等三人、劉球等
六人、吳與弼、胡居仁等五人、薛瑄等二人、第六冊八徐
有貞等四人、王竑、葉盛等四人、章綸等三人、劉實
等四人、楊瑄等四人、王恕等四人、第七冊八章懋等
三人、楊守陳丘濬等五人、項忠等五人、劉大夏等三人、張
敷華等四人、第八冊八耿裕等三人、謝鐸等七人、鄒
智等二人、孫燧等二人、胡世寧等二人、李夢陽等

三人ノ傳ナリ。各傳ノ末概ネ撰者ノ評論アリ。丁ヲ
改メタル所ニヨリテ別々ニ上ノ如ク數フレバ、ホヾ四十巻ノ
數ニ合フ。

本朝京省人物考　一一五巻　明過庭訓（明天啟刊）二　四六五　中（刊）

「本朝分省人物考序」（過庭訓）

「序」（毛一鷺）

「叙」（天啓壬戌、陳繼儒）

「序」（熊高胃）

「凡例」

明天啟刊本、十行二十字。陳序熊序等七葉以後互ニ誤訂九ヲ以テ訂ス。四明盧氏抱經樓、劉氏嘉業堂旧藏。

四庫未收。吾學編、古今言中、德業聞蔘ノ彪メタル明代ノ人

物ヲ擇ビ、手錄シタルガ始ニシテ、壬辰（萬曆二十年）以後ハ馮佑山給諫
ノ家ニ館シテソノ藏書ヲ縱覽シ、而後ニ本朝ノ人物ヲ嚴擇、内外二
篇トシ、内篇ハ學術ノ行誼著述等ノ門、外篇ハ經濟推轂忠烈等
ノ門トシテ名臣類纂ヲ編輯セシガ、梓行ニ及バズ讀禮ノ餘、史ニ實錄野史等ニヨリ
人物ヲ擇ビ褒善ヲ主トシ而引用文ヲ刪潤シテ此書ヲナス。卷一至
十北直、十一至四十一南直、四十二至六十九浙江、七十至七十五福建、七十
六至八十三湖廣、八十四至九十三河南、九十四至八山東、九十九至一

百二山西、一百三至六陝西、一百七至九四川、一百十至十二廣東、一百十三
廣西、十四雲南、十五貴州ニ分チ、末ニ者ヲ除ク九省ハ各府ニ分敍
ス。
閲目静月尋月ニ尽ク。

啓禎野乘　一六卷　清鄒漪　清康熙刊　一六乙　中刻

「序」（錢謙益）

「序」（薛寀）

「序」（甲申、鄒漪）　「凡例」

清康熙刊本。九行二十字。劉氏嘉業堂旧藏。

四庫未收。モト明一代ニツイテ編纂セントシタルモ刊行ノ便ナキニヨリ、天啓・崇禎間ニトドム。凡ソ此間ニ卒シタル傳ヲ去ハ百數ニシテ編ミタルモノハ

書名ニヨリテ閏目ニハ雑史ニ入ル。然レドモ紀傳体、列傳ノモノニ似タリ。各論アリ。巻十五・十六ハ列女。

皇明四朝增補成仁錄餘編　四卷　清屈大均　清寫　四甲　北

序跋無

清鈔本。十一行十九字。

四庫未收。崇禎、弘光、隆武、永曆四朝各地ニ於テ起義死事殉難死節ノ諸臣ノ傳ヲ各朝毎ニ事件發生ノ土地毎ニ一括シテ記ス。各項末ニ論アリ。

靜嘉堂ニ皇明四朝成仁錄不分卷十六本ノ鈔本アリ。

弇州史料　前集三〇巻後集七〇巻　明王世貞撰　董復表編　明刊　一六乙　中

（首缺）

「纂———後集云」（董復表）　之ヿ「纂———列」（董復表）

明刊本。（臨川董侍御揚公）九行十八字。

四庫傳記類存目著録。正ニクハ傳記ニ入レ難シ　提要ニハ王ノ文集説部中明代朝野ニ関スル記述ヲ編纂シタルモノニシテ古州ナク傳記ニ近シハ収ム由ヲイヘリ。序ニハ前半ハ年表志考世家列傳皆史ノ爲ノ史、後半ハ志狀碑表、故實ニシテ史ナラザレドモ史ニ入ルベキモノ故ニ史料トイフト。

傳年註ニアリ。閔氏静子圭尋仁閔皆ナリ。

廣卓異記 二〇巻 宋樂史 清寫 一〇乙 十一海

自序

清鈔本。十一行二十二字。/巻末脫葉アリ。「樓儼」之印」白文「字敬」思」朱文「樓儼」白文「敬」思」朱文方印アリ。康熙中江西按察使。

四庫存目著錄。李翺ノ卓異記が唐代ニ限ルヲ以テ上古ヨリ五代ニ至ル君臣ノ卓絶セルモノヲ補フ。巻一帝王、二后妃・王子・公主、三雜錄、四至十七臣下、十二、八雜錄、十九舉選、二十神仙。

廣卓異記　二〇巻　宋樂史　清寫　二乙　中

自序

清鈔本。十一行二十二字。「合肥」「李氏」「藏書」朱文方印アリ、李鴻章家藏。

1056

歷代君鑑　五〇巻　明景宗　明景泰刊（經廠）〔一〇甲　中型〕

「御製———序」（景泰四年）

明景泰中官刊大本。十行二十字。劉氏嘉業堂舊藏。

四庫雜家類存目著録。但シ、大典ナケレバ此ニ收ム。古來帝王ノ言行ノ師トスベキモノ、鑒ムベキモノヲ人ゴトニ録シタルモノ、先ヅ「善可爲法」ヲ三十五巻、「悪可爲戒」ヲ十五巻トシ、其中ヲ更ニ朝代ニ列チ、各帝王ニ合敍シ、時ニ古今名人ノ評ヲ加フ。本邦ニ官版兩版アリ。

歷代臣鑑　三十七巻　明宣宗　明宣德刊　一〇甲　中（判）

「御製歷代臣鑒序」（宣德元年）

明宣德刊官刊大本。十行二十字。劉氏嘉業堂川藏。

四庫雜家類雜纂存目ガ著錄。但シ出典ナケレバ此ニ收ム。春秋ヨリ元ニ至ル各朝臣（二十八巻）ノ言行中、善君ノ勸戒トナスベキモノヲ「善ヲ法（二十九巻）」「惡ヲ可戒（八巻）」ノ二類ニ大判、更ニ朝代ニ分チ各人ニ分ツ。

1058

宗藩訓典　一二卷　明馮杓　明萬曆刊　一二．乙　（中刻）

「———叙」（萬曆二十三年、涂杰）

「重刻———序」（萬曆壬寅、馮若愚）

「翻刻———題詞」（襄藩　昇朵新子）

「———序」（萬曆丁卯、沈鳳）

「襄府重刻——序」（萬曆三十七年、馮若愚）

明萬曆中襄府刊本。十一行二十一字。鄒泰峰、刘氏嘉業堂旧藏。

四庫雜家類雜纂存目著録。襄靖王、常澄之侍之遺

命ヲ奉ジ、諸書中ヨリ善悪両面ニ亘リ、勧戒トナスベキ諸藩王ノ

行事ヲ摘録編輯シ、評論ヲ加ヘタルモノ。元ニ了ル。去世ナケレバ

雑纂ヨリココニ入ルベキカ。

閲庫ニ一部アリ。

古今宗藩懿行考　一〇卷　明朱常淓（潞王）　明崇禎刊（潞藩）　二冊　甲　中刻

「――疏義」（崇禎九年、潞王）

明崇禎十八年潞王編刊大本。九行十八字。劉氏嘉業堂舊藏。

四庫存目著録

宗藩ノ一タル編者が、古來ノ宗藩中忠孝賢良才能文武、社稷ニ裨アリ、儀準ニ堪フル者ニ百餘人ヲ擇ビ、時代別ニソノ傳ヲ録シ、評ヲ加ヘタルモノ。卷一周、二西漢東漢蜀漢魏三晉・宋・南齊・北齊、四梁・陳・周・隋、五六魏、七唐八宋、九遼、金、元、十同姓諸王。

諸藩目未載ノ内容ハ特ニ重要ナラザルモ王府編刊本ニ採ル。

潞王ヲ常淓ニアテタルハ提要ニヨル。

皇明同姓諸王表 明萬曆刊 四 乙 中刻

「――――――」凡例」

明萬曆刊本。劉氏嘉業堂舊藏。

四庫未收。內閣文庫ニ存ス、又 木犀軒收藏舊本書

目ニノミ著錄セラルレバ、北大ニ現存スルカ。編者名ヲ記

サズ。

凡例ニ、明代親郡王ノ封・襲・進・追・绝等ヲ說明シ、

親郡王　初封　曰封　子孫承繼　曰襲
弟姪以他爵讓封　曰進　以子孫襲王得封謚　曰追
無子絶封　曰絶　以罪革封　曰罪除
犯逆　曰逆除　以例革封　曰例除
世子　曰薨　長子以下　曰卒
庶人　曰故　以罪賜死　曰誅
ト、内容ハ、秦・晋・周・楚・魯・蜀・代・肅・遼・慶・寧
・岷・韓・瀋・唐・伊・靖江・趙・鄭・襄・荊・淮・德・崇
・吉・徽・益・衡・郢・榮・潞各王府ニツイテ、先ツ巻首

ノ總目ニ采邑・歳祿ヲ注シ、鎮、輔、奉國將軍・同中尉・郡縣主君ノ庶人ノ數ヲ列シ、末ニ「各王府郡王共ニ百四十三位」ト表示、本文ハ各府ゴトニ各世ニツイテ、所出、封襲、生卒年、後繼子ヲ表ニシタルモノ。諸王ノ數衍リ多ク、鄭曉ノ王世表ハ皆數書ヲ作ル 清水氏云。

宰相守令合宙　（宰相一三巻守令一一巻）明呉伯與編　明崇禎刊　二六乙　中判

「――叙」（陳継儒）
「――序」（崇禎庚午、黄宗昌）
「――序」（〃　呉伯與）

明崇禎刊本。九行十九字。劉氏嘉業堂旧藏。

四庫存目著錄。上古ヨリ元ニ至ル宰相及ビ守令ノ傳ヲ史傳其他ヨリ編纂シタルモノ。宰相ト守令トヲ合スルハ貴賤ヲ辨ゼザルニ似タレド、一郡一邑亦天下ノ事、宰相ハ首領、守令ハ手足ノ如ク民治ニハ相襲ツモノ、至宰相[illegible]郡鄉ニ移シ、守令中央ニ陞ル、古例ナカラズ。故ニ合スト。提要ニハ守令ナキ缺本ヲ錄スト。宰相、首ニ宰相名制アリテ巻一上古至周秦、二西漢、三東漢、四三國晉、附燕秦、五南北朝、六至八唐朝、九五代、十至十二宋朝、十三元朝、　守令、首ニ守令名制、巻一周、二西漢、三東漢、四三國晉、附秦宋、五南北朝、六唐附五代、七至十宋、十一元朝。每巻大趣ナシ。取捨議スベキアレドモ、傳本少ク、諸藏書目未載ロ

歷代相臣傳　存共一三〇巻　歷代相臣總論　歷代相臣職名　明魏顯國・魏一鵬編　胡以良校　明萬曆刊　四八乙　史恭

「刻———叙」（萬曆丙午、鄧以誥）

明萬曆刊本。十行二十字。大方印ハ翰林院ノ印カ。

四庫存目著錄。歷代史傳中ヨリ相臣ノ傳ヲ輯錄シタルモノ。濫收シテ而モ脫漏ナカラズト評セラル。

黄・虞・夏・商・周・齊・晉・魯衛鄭・楚・秦共八巻、前漢十二巻、後漢十六巻、季漢ニ魏ト吳ニ共六巻　西晉　東晉南宋南齊南梁　共十八巻（闕刻）

南陳北魏北齊北周隋共九巻(嗣刻)唐四十二巻　五季并南
共十一巻(嗣刻)
唐二巻　宋三十二巻　元十二巻。嗣刻ヲ合スレバ一百六十八巻、提
要ニ合フ。
闕目八十六巻、尊目　不分巻二十四本、北平人文目ハ一百六十八
巻二十四本　完否ヲ知ラズ。

碩輔寶鑑　二〇巻（巻二至四缺）明写　一五甲　中

道光中黄安濤手跋

「――凡例」

明藍格鈔本。十行二十四字。巻二至四缺。

四庫存目ニハ耿定向ノ碩輔寶鑑要覧四巻ヲ錄シ、虞夏ヨリ唐宋ニ至ル碩輔七十九人ノ讃述ヲナスト。此本ハ虞夏商周漢唐明ノ正統ノ碩輔ノ勳業ヲ経史正書ニ採リ、各人ノ姓氏、世系、官爵贈謚、言行功業、評論ニ及ブ。安見ハ古今ノ摘録ナルニ似タレド、提要ニイフ如キ陸九淵ノ言ハ白羊閣ノ條ニ見エズ、疑フベシ。黄ノ手跋ニハ書名ニ差アリ、巻數亦甚ダ殊ナリ、ヨツテ後考ヲ俟ツトス。

宋三大臣彙志　君臣相遇傳一卷別錄・遺事各一卷　李忠定公別集二卷　文山先生別集六卷　明鄭鄤編　明崇禎刊　一六　乙　十

序跋缺ク、　鄤

明崇禎刊本。

四庫未收。三大臣トハ韓琦、李剛、文天祥ニシテ、此三家ノ作品ヲ彙刻シ、傳記ノ代リトナス。　即チ

韓琦　（宋忠獻韓魏王）君臣相遇傳　一ロ同相遇別錄一　同相遇遺事一

李剛　（宋丞相）李忠定公別集　三

靖康傳信錄　二

建炎進退志總敘 二

建炎時政記 三

文天祥（宋丞相）文山先生別集 六

（宋少保右丞相兼樞密使信國公）

文山先生紀年錄 一

（文山先生）指南錄 四

〃 後錄 三 於遺 一

〃 吟嘯集 一

〃 集杜詩 一

（文丞相）督府忠義傳 一

三人ノ各首ニ鄭ノ序アリ。所收書ノ序亦收ム。

閔目静目傳ハニ入ル。尊經閣ハ合編今刻ニ收ム。

皇明開國功臣錄　三二巻　明黄金　明弘治刊（正德印）　二〇甲　刧

「———序」（正德二年、黄珣）

「———序」（弘治甲子、黄金）

「書開國功臣錄後」（黄清）

黄金跋

「跋功臣錄後」（正德丙子、黄宏）

男黄淮跋

明弘治刊黒口大字本。板ヲ家藏シ、正德中同榜ノ喬公黄宏ヲシテ刷印ニ當ラシム。十行二十一字。

四庫未收。華夷ノ文字アレバナルベシ。開國ニ功アル、侯王以下ノ列傳ヲ作

ル。先ヅ巻一、二、六、十六、十八ヲ成シ、西廣ニ赴任シテ南華スルコト數年

ナリキトイフ。巻三十二ハ僞編ニシテ、起兵降附ノ臣ニシテ功アリシ十五人

ヲ收ム。

尊經閣ニ刊板本アリ。

皇明功臣封爵考 八卷 明鄭汝璧編 明萬曆刊 八甲 壹

「皇明功臣封爵考」凡例」末有萬曆丙子鄭汝璧識

「　」「總錄」

「　」「典例」

明萬曆刊本。十行二十字。劉氏嘉業堂旧藏。又「四明盧氏」抱經樓」藏書印」白文方印アリ。

四庫職官類官制之屬存目著錄。鄭ノ識言ノ末

員外郎　池裕德　主事　黄克念

徐元太　徐一檟　同校輯

トアリ。諸藏書目未載。／自序ニイフ、封爵ノコト、職司ノ大事タリ。署中モト功臣底簿アリ、諸臣ノ受封ノ公移ヲ具ニ錄スレド、魏國公等四十五人ニ止ル。ヨツテ、公餘異姓ノ諸侯王ヲ錄シ、世封、除封ヲ二分シ、吞文及ビ吾學編ノ列傳ヲ採リ、見聞ヲ以テ補ヒ、此書ヲ成スト。首ニ總錄アリテ、姓名、功、封邑、爵、祿、進封、世除、墳封ヲ表ニス。卷一至五世封（開國卷一・靖難卷二卷三）

征西・征交趾・征胡・征蠻・征番（巻四）、禦胡・捕反、捕倭・推
戴・奪門・外戚義軍功（巻五）同じク巻五見封（恩澤）、
巻六、七　除　封（開國・靖難・征西・征南・征胡・征蠻・禦
胡・捕反、戦勝・戦歿（巻七）・歸附・推戴・海運／若建・迎立
・奪門・恩澤・恩幸・方術（巻八）、巻八ハ附録ニシテ、追
贈・部分ニ係リ、之ヲ開國・靖難・征蠻・歸附・戦功・廕
直・文臣ニ分ツ。

皇明名臣琬琰錄　二四卷后集二二卷續集八卷　明徐紘編　明嘉靖刊　二四甲　書

序跋缺「重刊――――――序」（嘉靖辛酉、薛應旂）ノ後半

明嘉靖重刊本。墨口。十二行二十一字。劉氏嘉業堂旧藏。

四庫收入。宋ノ名臣碑傳琬琰之集ニ倣ヒ、洪武ヨリ弘治ニ至ル九朝ノ名臣ノ傳ヲ碑狀表誌等ヲ全錄シテ編輯シタルモノ。

弘治中原刊本ニハ續集ナシ。續集ハ王道端公補フ所。四明靜嘉堂尊経閣皆此嘉靖刊本ナリ。

皇明名臣墓銘　八甲　明朱大韶編　明寫　八集（朱）

「————叙」（朱大韶）

明藍格鈔寫本。十二行二十字。劉氏嘉業堂舊藏。「曹」「溶」

朱文「鉏」「菜」「翁」白文ノ清初曹溶ノ兩方印、「明善堂

覽書」畫印記」白文長方印（奕繪）、「安樂堂」藏

書記」朱文長方印（允祥）ノ兩宗室ノ印記ヲ捺

ス。

四庫未收。諸目未載。未刊本ナルベシ。先人ノ傳ノ墓誌表碣ノミニヨリテ傳ハルモノ少カラズ。ヨツテ年來蒐藏ノ親戚故舊及ビ以前ノ人ノ墓文ヲ、ホヾ死歿ノ順ニ輯錄シタルモノ。乾集　洪武紀年ヨリ正統紀年ニ及ビ、以下、坎集　正統至天順、艮集成化、弘治　震集弘治・正德、巽集正德、離・兌・坤集嘉靖紀年。卷首ノ撰人姓氏ノ末ニ作者一百零八人　共ニ二百參拾五首ト數フ

國朝列卿年表　一三九巻　明雷禮編　明刊　一六甲　中(刻)

序跋缺

明太海寧ノ查士隆編刻本。九行二十字。劉氏嘉業堂旧藏。

四庫未收。存目ニ見エル同人ノ列卿紀一百六十五巻トハ別ナリ。内外

諸職ニ存リシ人ヲ職ゴトニ列シ、各人ノ郷貫任免ヲ注記ス。降ツテ隆慶年間ニ至ル。巻一中書

有左右丞相、巻二殿閣侍臣、巻三内閣ヨリ内ハ詹事府翰林院六

部

都察院

通政司　大理寺等、外ハ各巡撫　勅使總督兼又

太常寺 光祿寺 各寺國子監ノ役人ニ及ビ、南京國子司業ニ了。

止。

尊經閣目閣目著錄。

（國朝）殿閣部院大臣年表 一五卷附一卷 明許重熙編 明萬曆刊 一甲 中

「序」（萬曆丁巳、許重熙）

「自序」（許重熙）

「助成友人姓氏」

「凡例」

明萬曆丁巳（四五）吳郡許氏刊本。

四庫未收。萬曆四十三年、居表無聊、朱謀㙔ヲ訪レ大典故ヲ談ジ、錢謙益ノ許ニ實錄ヲ檢シテ作リシモノ。卷一ノミ「有查」

部院大臣年表」ト題シ、附録ハ洪武以前、至正十五年ニ剏マル。
閣國省侍諸臣年表」ト題ス。凡テ、表ヲ以テ録シ、初在任ノ
年ニハ郷貫及ビ年月ヲ注シ、在任中ハ名ノミ挙ゲ、退任ノ年ハ
ソノ月ノミ注ス。缺員中ハ代理者ヲ記ス。此本萬暦四十四
年ニ了ル。内閣日以外、本邦諸庫ニハ藏本ナケレド、北京人文科学研
究所ノ目ニ天路刊十七巻本ヲ録セルハ増補本カ。

聖朝名世考　一二卷　明劉孟雷　明萬曆刊　一六　中（刻）

「——————」（萬曆辛亥〔三十九〕序）

明萬曆刊本。九行十八字。劉氏嘉業堂舊藏。

四庫未收。明初ヨリ嘉靖ニ至ル間ノ二百年間ノ約二百七十餘人ノ良臣ノ傳ヲ開運・碩輔・名卿・忠靖・忠義・正直・正學・名儒・循吏・文獻・名將ノ十一傳ニ分チ、ソノ各首ニ序論アリ、各姓名ヲ以テ標目ヲ立ツ。閲目若錄。

皇明輔世編　（輔世編）六卷　明唐鶴徵撰　陳睿謨編　明崇禎刊　六乙　中

「輔世編自序」（崇禎壬午、陳睿謨）

明崇禎刊本。十行二十五字。

四庫存目著錄。陳、軍務ノ餘暇ニ明代名臣ノ傳記ヲ取捨シ、稿ヲ成ス。タマ〳〵師唐氏ノ輔世編ト合フモノ多ケレバ、唐ノ稿ニ己ノ意ヲ加ヘ、臣子ノ準則トナサントス、（國初）李善長ヨリ胡宗憲マデ四十二人、（赤貼セリ）提要ニ五十二人トアルハ誤ナリ。誤刻少カラズ。尊經閣ニアリ。

殿閣詞林記　二〇卷　明廖道南　明嘉靖三一刊　四ム　中奄

（首缺一）嘉靖乙巳自序

明嘉靖三十一年詹氏就正齋刊本。十行二十字。目錄ノ末ニ「嘉靖壬子書林詹氏就正齋刊」ノ蓮牌木記アリ。卷末ノ蓮牌木記ハ破缺。

四庫（附記採）收入本。二十二卷。湖北先正遺書ニ入ル。明代ノ撰者ハ中秘ノ書ヲ及ビ黄佐ノ翰林雜記ヲ讀ミ、楚野ニ屏居中、悪都通紀

ヲ作ル暇ニ翰林學士其他文官ノ傳ヲ輯メ、官制ヲ記ス。此本巻

一、二殿學（仕ヘシ華蓋、武英兩殿ニ至ルモノ）、巻三閣學（文淵・東閣）

巻四院學（翰林院ニ終始スルモノ）巻五部學（六部尚書侍郎ヲ兼

ヌルモノ）巻六館學（弘文館學士）、宮學（春坊・詹事）（左…太子…）廱學

（祭酒）、寺學（太常卿兼務）、執藝學（翰書ヲ擅ニスルモノ）賢學

（以節義ニ死セルモノ）、（各記）巻七國初宮詹等、巻八國初史館、巻九

至二十官制、科舉、典故。　目録巻八「○英雜言諸集」八本

文ノ一部分ヲ誤ッテ摘出シタルモノ、其他、坊刻本トシテ誤多シ。
静嘉堂ニ明刊二十二卷本アリ。

1090

嘉靖以來内閣首輔傳　八巻　明王世貞　明萬曆刊　二甲中

「序」（末缺）

明萬曆刊本。九行十八字。

四庫收入。嘉隆萬三朝ノ閣臣ノ傳ヲ記ス。嘉靖以前ハ初内閣ノ設置ナク、成祖以降アルドモ官ノタメ名ノミナルハ及バズ。十四人楊廷和ニ始マリ、張居正ニ了ル。末ニ「野史氏曰」ノ評論一則アリ。

内閣目著錄。

皇明應謚名臣〔錄〕（皇明應謚名臣備考錄） 一二卷 明林之盛 明刊 一二甲 十〔刻〕

「皇明應謚名臣備考錄序」（陳繼儒）

「〃」序 ナシ（虞淳熙）

「刻應謚名臣備考錄凡例」

明萬曆刊本。十行二十字。「北平」「孫氏」朱文方印

劉氏嘉業堂舊藏。

四庫未收。

謚法ハ人主ノ春秋、人臣ノ議スベキニ非ズトイヘドモ、賜謚ニ漏レタル名臣ノ傳ヲ錄シテ考證ニ備フルナリトテ昔

ニ名付ク。萬曆三十一年以降ノ人物ヲ卷一ハ理学名臣、二至五ハ節義名臣、卷六至九ハ功業名臣、十ハ文章名臣、十一ハ武功名臣ニ分チ、各傳時ニ按語評論ヲ加フ。書名卷一ノ「錄」ヲ脫シ、「備考」ニ作ルモノモアリ、

內閣文庫目ハ八卷、尊經閣目〈北平圖目〉ハ十卷、此本トアハズ。

後考ヲ俟ツ。

皇明名臣言行錄　前集一二卷（卷七至一〇缺）後集一二卷（卷一至六缺）　明徐咸編　明嘉靖刊　四乙　中

「――――」重刊序」（嘉靖乙酉、徐咸）

明嘉靖中無錫施漸校刊本。十二行二十三字。前後集各十二卷ナレド、前集後半、後集前半ヲ缺キ、合セテ完本ト欺キタルモノ。

四庫存目著錄。是ヨリ先、楊廉ガ彭韶ノ名臣錄ニ本ヅイテ作レル名臣言行錄四卷、徐初編ノ近代名臣言行錄十卷アリ。河南巡極観有本合刻セシコトアリ。咸帰郷、ソノ不備ヲ病ヒ、楊録ニ於テ十六人ニ、徐鉢ニ於テ二十五人ヲ増シ、本集七十一人、後集七十三人トナシヽモノ是。

本邦諸目ニ見エズ。

国朝名臣言行略　四巻　明劉廷元編　明刊　八乙　中刻

「刻劉直指参訂――――――録序」（魏広微）

「――――――――引」（劉廷元）

明刊本。十行二十三字。劉氏嘉業堂旧蔵。

四庫未収。明ノ名臣録ニハ是ヨリ先、陸・袁・雷・徐・沈・楊・鄭・李諸公ノ録アリ。諸書ニツイテ提要鈎玄、疑ヲ闕キ、漏ヲ補ニ、美ヲ増シ、異ヲ訂シ、篋中ニ蔵セシモノヲ上本スルニ至リシナリト。閣目ニ見ユ。

（寶祐四年）登科録　（文文山同年小録　明嘉靖刊）　一甲　（史徐）

「御試策題」「跋宋文文山同年小録後」（嘉靖元年、胥文相）

（「書文山先生同年録後」（嘉靖元年、王思）

明嘉靖刊本。中汀州府知府巴陵胥文相刊本。徐乃昌旧藏。

「積学齋徐乃昌藏書」朱文長方印アリ。

四庫収入。宋ノ登科録ノ今ニ傳ハルモノ二種ノミ、是其一ニシテ、

文天祥（一甲一名）謝枋得（二甲一名）陸秀夫（二甲二十七名）同

榜。五甲一百九十名ヨリ以後ヲ缺ク。前ニ試策題ニアイデ、詳定・

編排、初考等各官ノ姓名ヲ列ス。覆考檢點試卷官ヲ王應

麟トス。文天祥ノ廷試策ヲ附刻シ、以製詩（理皇）及ビ恭

謝詩（文天祥）、門謝表（同）ヲ附ス。

旧版本未見。靜嘉堂藏本ニ蔡鈔本アリ。

宋歷科狀元錄　八巻首一巻　明朱希召編　明刊　六乙　十(刈)

序跋缺

明嘉靖頃刊本。九行二十字。「曽經東山」「柳蓉邨」過眼印」「季印」「振宜」「滄葦」ノ朱文方印アレドモ、印色ヨリ按ズルニ、或ハ後人ノ加ヘシモノカ。劉氏嘉業堂旧蔵。

四庫未收。太祖ノ建隆元年ヨリ度宗ノ咸淳十年ニ至ル歴科ノ狀元ノ傳記ヲ述事ヲ本傳(通序)宋史略地志遺筆等諸書ヨリ類輯シタルモノ。前ニ宋歷科狀元題名等アリ。

本邦語日本載。

1100

皇明進士登科考　一二卷　明俞憲編　明嘉靖刊　一六　甲　史刊

「——敘」（嘉靖二十七年、劉寅）

明嘉靖中鵜鳴館刊本。十行二十四字。劉氏嘉業堂舊藏。

四庫未收。湖廣左布政使劉寅ノ序ニヨレバ、明ノ登科錄ニハ之ト湖本閣本アリ。田汝成閩本ニツイテ綜輯シ、考ト名ヲ援フ。湖本差脱、劉乃チ学憲俞氏トハカリ、俞ヲシテ田本ニツイテノ訂セシメ、考十二巻、代ヲ以テ順ニ序シ、嘉靖三十二年ニ了ルノ各年序中ニ先ヅ皇帝ノ制ヲ記ス。卷一ハ令典、弘治四年マデノ沿革ヲ見ルベシ。
尊経閣目十三卷ニ作ル、或ハ衍カ。

1102

皇明三元考　一四卷附科名盛事録七卷　明張弘道・張凝道編　明［萬曆］刊　九冊　中刊

「――――序」（焦竑）

「科名盛事録序」（李維楨）

明泰昌天啓間刊本。近人繆荃孫・劉承幹ノ藏印アリ。藝風藏書續記卷四（二十四丁）著録。

四庫敁書類典禮ノ屬ニ三元考ヲ著録ス。千頃堂書目卷九（十八丁）ニ兩書ヲ著録。三元ト八鄉・會・殿試ノ會元及ビ狀元、榜眼、探花ノ中式者名及ビ略傳ヲ錄シタレバナリ。洪武三年ノ鄉試ニ始マリ、萬曆四十七年ニ了ル。

試官ノ名ヲモ錄シ、優等及第者ノミナラズ、名臣顯官トナリタルモノヲモ附ス。

盛事錄、卷一元魁盛事、同人又ハ近親ノ元魁トナリタルモノヲ錄シ、二三四科弟盛事、五官爵盛事、六園榜盛事、七科縣盛事ヲ錄。國學圖書館目(十七、四十三ノ三)元本ノミ著錄。

南國賢書　明張朝瑞編　清寫　四乙　中

「――――序」（張朝瑞）萬曆戊戌、

己亥張朝瑞跋

清鈔本。

四庫未收。成化甲午ヨリ萬曆丁酉ニ至ル南畿應科ノ應試者總數、主司官及才者名ヲ列シタルモノ。成化辛卯マデハ後ニ故牘中ヨリ資料ヲ渉ア補フ。張ハ應天府府丞。

前編

尊經閣ニ崇禎刊本アリ、六巻、前編ニ巻ニ作ル、此本不分巻。

（弘治十八年）進士登科録　明弘治一八刊　三　甲　中

「玉音」

皇帝制（弘治十八年）

明弘治十八年（乙丑）刊本。首葉缺、前半葉補寫。天一閣旧藏ノ馮貞羣ノ劫餘書目ニモ著録セラルレバ、最近佚出シタルモノナリ。

首ニ讀卷・提調・監試・受卷・彌封・掌卷・巡綽・

印卷・供給各官ノ列銜アリ。讀卷官中ニ李東陽ノ名アリ。第一甲三名賜進士及第顧鼎臣等、第二甲九十五名崔銑・嚴嵩・湛若水（陸深等）・徐禎卿、第三甲九二百五名段炅等。

登科錄文（尾缺）ヲ附ス（第一甲三名ノ答案ナリ。

略歷并ニ鄉試會試成績ヲ列ス。
生年並祖父母名 兄弟妻

正德十六年進士登科錄

皇帝制（正德十六年）

明正德十六年（序也刊大本。首葉缺、故ニ書名ヲ補フ。天一閣旧藏。馮氏ノ目ニナク、薛氏ノ目ニ著錄。

體裁前書ニ同ジク、列銜ノ次ニ恩榮次第アリ。第一甲三名、楊維聰等。第二甲一百十名。廖道南等。第三甲二百十七名、朱珮等。體裁同ジク、登科錄文ヲ附ス。

明正德十六刊　江　月　十

（嘉靖四十一年）進士登科録　明嘉靖四一刊　四　甲　中

「玉音」

皇帝制（嘉靖四十一年）

明嘉靖四十一年（壬戌）刊大本。之ト會試録ト一括。天一閣（サレド合刻本ニ非ズ。）

旧儲カ。但シ馮氏ノ目ニ載スル印記ナシ。

列銜・恩榮次第等、體裁全ク前書ニ同ジ。第一甲三

名、徐時行（王錫爵）・余有丁等。第二甲八十五名、戚元佐・項篤壽

等。第三甲二百十一名、蔡叔達・李鵲等。登科錄丈ヲ

附ス。

〔萬曆八年〕進士登科錄　明萬曆刊　四冊　中

萬曆八年皇帝制

登科錄文

「——————————玉音」

「恩榮次第」

明萬曆八年官刊本。此科張居正、張四維等讀卷官、潘晟等提調官、趙煥等監試官、高啓愚等受卷官等タリ。（近人）羅振常手識及ビ印記アリ。北平圖書館善本書目未著錄。

會試錄 (正統十年) 明正統一〇刊 一甲 中

「會試錄序」(錢習禮)

「 」後序」(馬愉)

明正統十年(乙丑)刊大本。「何印」「元錫」白文方印アリ。天一閣旧藏カ。馮氏ノ目ニ著錄。

首ニ知貢舉・考試・同考試・監試・提調・印巻・收掌試巻・受巻・彌封・謄錄・對讀・巡綽監門・供給ノ各

官ノ列銜ヲ記シ、第一至三場ノ問題ヲ録シ、中式舉人一百五十名ノ姓名ヲ籍貫出身經名トモニ記シ、答案ヲ録ス。

會試錄（嘉靖四十一年）　明嘉靖四一刊　四甲　中

「會試錄序」（袁煒）

「〃後序」（董份）

明嘉靖四十一年（壬戌）刊大本。同年ノ登科錄ト併セテ一部トシテ傳來シタルガ、今便宜之ヲ分ツ。

體裁前當ノ如ク、中式擧人ハ三百名、各場ノ答案ヲ記ス。

會試錄 （萬曆十四年） 萬曆一四刊 四 甲 中

「會試錄序」（王錫爵）

明萬曆十四年刊大本。序首二葉缺。

體裁前者ト同じ。中式舉人三百五十名。

會試録（萬曆二十九年）　明萬曆二九刊　一　乙　十

「會試録序」（馮國琦）

「〃　後序」（曾朝節）

明萬曆二十九年刊本。版心ヒ方ニ「皇明會試録」下方ニ「萬曆辛丑會試」トアリ。

首ニ考試・同考試官ノ列銜アリ、中式擧人三百名ノ姓名、籍貫、經名ヲ列シ、各場ノ問題ヲ記ス。

會試錄（萬曆四十七年）　明萬曆己未刊　一乙　中

「會試錄序」（史繼偕）

明萬曆己未（四七）刊本。版心上方ニ「皇明會試錄」、下方ニ「萬曆己未會試」トアリ。

體裁、外貌版式內容共ニ前書ニ同ジ。

應天府鄉試錄（弘治十四年）　弘治一四刊　四甲中

「――――――序」（王華）

「〃後序」（劉忠）

明弘治十四年（辛酉）刊本。近人徐乃昌舊儲。「南陵徐氏乃昌」校勘經籍記」及ビ「積學齋徐乃昌藏書」ノ兩朱文方印アリ。

首ニ「弘治十四年應天府鄉試」ト題シ、提調・考試・同考試・監試・印巻・收掌試巻・受巻・彌封・謄録・對讀・巡綽・捜検・供給各官ノ列銜アリ。次ニ各場ノ問題ヲ録シ中式舉人一百三十五名ノ名籍科目ヲ列シ、模範答案ノ彙例ヲ録入ス。應天府ハ南京ナリ。

山東鄉試錄（正德十四年）　明正德一四刊　二　甲　中

「————序」（胡希銓）

「〃　　後序」（袁達）

明正德十四年刊本。（〔已〕題）

首ニ「正德十四年山東鄉試」ト題シ、監臨・提調・監試・考試・同考試・印卷・收掌試卷・受卷・彌封・謄錄・對讀・巡綽・搜檢・供給各官ノ列銜アリ。次、三場ノ

問題、中式舉人七十五名列名、三場ノ代表作及ビ試驗

官ノ批ヲ列ス。

浙江郷試録（嘉靖七年）　明嘉靖七刊　二甲中

「浙江郷試録序」（陸粲）

「〃　後序」（華鑰）

明嘉靖七年（戊子）刊本。近人羅振常手跋及ビ印記アリ、定メテ天一閣ノ書トナシ、閣主范欽挙郷ノ年ナルヲイフ。果シテ然ラバ、本蒐書中ノ登科・会試・郷試ノ之録ハ（并ニ武挙録）萬暦十四・四十七両年ノ会試録（及ビ天啓七年江西郷試録）ヲ除

イテ、悉ク天一閣見存書目所録ト符スルヲ以テ、皆

天一閣ノモノトナルベシ。

首ニ「嘉靖七年浙江郷試」ト題シ、以下内容ノ體裁、山東

郷試録ト一致ス。中式挙人九十名。

應天府鄉試録（嘉靖十九年） 明嘉靖一九刊 四冊 中

「―――――序」（張治）

「〃後序」（龔用卿？）

明嘉靖十九年（庚子）刊本。後序ノ銜名姓名ハ

羅振常ガ他ノ例ニ倣ヒ、副考官ノ名ヲ以テ補ヒシ

モノナリ。

内容ノ順次弘治十四年ノ同録ト同ジク、又ハ收掌試卷・

江西鄉試錄（天啓七年） 明天啓七刊 三乙 中

「——序」（倪元璐）

後序缺

明天啓七年刊本。序首、本文末、後序ヲ脱ス。首ニ羅振常ノ手識アリ、見存書目ニ載セザレド、天一閣ノ舊儲ナラント考フ。

内容ノ體裁山東鄉試錄ト同ジク、中式舉人ハ一百二名。

武舉錄（嘉靖十七年）　明嘉靖一七刊　二甲　中

「——序」（張治）

「武舉條格」

「——後序」

明嘉靖十七年（戊戌）刊本。後序末缺。首ニ羅振常ノ手識アリテ、天一閣ノ舊儲ト斷ズ。首ニ「嘉靖十七年武舉」ト題シ、知武舉官・同知武舉官ヨリ、考試・同考試・監試・提調・監射・印卷・收掌試巻・受巻・彌封・謄録・對讀・掌號・巡綽・搜檢・監門・供給各官ノ列銜アリ。次ニ三場ノ題目ヲ録ス。

武舉中式六十五名。

武

舉録文ヲ次ニ收ム。批ヲ附ス。

聖學宗傳 一八卷 明周汝登編 明萬曆刊 六 乙 十(刻)

「——序」(陶望齡)

「——序」(萬曆丙午、鄒元標)

「——後序」(〃、余懋孳)

明萬曆刊本。見返ニ「陶石簣訂正」「豁然堂藏板」卷首ニ「陶望齡訂正」及ビ王繼晃等三人參閱ノ名ヲ列ス。九行十八字。劉氏嘉業堂旧藏。

四庫存目著錄。聖学ノ傳ノ義ヲ知ラザル世人ノタメニ上古

ヨリ羅汝芳ニ至ル傳者ノ傳記学說ヲ記シタルモノ。巻一太古、伏羲
ヨリ泰伯、二周、三孔子孔门、四孟荀、董仲舒、五揚雄王
通・韓愈、六至十宋、十一宋元、十二至十八國朝。
静嘉堂ニ明版本アリ。内目二種。

皇明詞林人物考　一二巻　明王兆雲　明萬曆刊　二四乙・中[illegible]

「題詞林人物考」（萬曆甲辰・焦竑）

「――――――敘」（李維楨）

明萬曆刊本，九行十八字。劉氏嘉業堂旧藏。

四庫存目著錄。明初ヨリ萬曆ニ至ル文人〔学者〕ノ略伝ヲ輯メタルモノ。凡ソ四百數十人。前輩ノ傳アルモノハソノ要ヲ採リ、疑ハシキモソノ舊ニヨリ、ナキモノハ自ラ作ル。標目ハ名ヲ採ラズ、姓字ヲ以テシ、敘述

ノ繁簡一様ナラズ、人コトニ丁ヲ改ム。依テ添ヘ譜ニ隨ヒルモノヲ

シトロズ。

静嘉堂ニ同版本アリ。

聚善傳芳錄 八卷 明竇御撰 吳世良校 明萬曆刊 五乙 中(刻)

「——序」(萬曆乙亥、姚弘謨)

「——序」(包檉芳)

「——序」(萬曆乙亥、沈伯龍)

「——叙」(吳世良)

明萬曆刊本。十行二十一字。寫刻。嗣季泉刻セシ所。劉氏嘉業堂旧藏。

四庫未收。竇年八十餘、史傳稗官野史ニ渉リテ凡エル古人ノ善行ヲ摘録シテオキシヲ副タ刊行ヲ企テシモノ。徳政、救災、忠烈、孝義、濟人、愛物、容忍、報徳ノ八類八巻ヲ立テ、各類ニ序ヲ立テ、次ニ「附録」ト題シテ呉ノ評論ヲ記シ、本文ハ内容ニヨル四字ノ標題ヲ立テ、叙述ス。古今ニ涉リ、順序ナキガ如シ。全ク出典ヲ挙ゲズ。

人鏡陽秋　二二巻　明汪廷訥　明萬曆刊　二四　乙　中劃

〻叙——」（袁福徵）
〻——錄」（沈楙孝）
〻刻——序」（黄汝良）
〻讀汪昌朝——」（萬曆戊戌、李登）
〻——賛」（袁黄）
〻——序」（萬曆己亥、祝世祿）
〻叙——」（萬曆戊戌、詹景鳳）
〻——序」（宋人可進）
〻叙——」（楊式到）
〻——序」（萬曆己亥、張鳳翼）
〻——序」（駱日升）

「——讚」（萬曆己亥、王穉登）
「——序」（萬曆二十七年、程涓）
「弁——首」（張企鵬）
「——引」（文從龍）
「閱——跋語」（己亥、鄒之惠）
「——自叙」（汪廷訥）
「——序」（余孟麟）（缺）
「叙江呂朝先生——」（張大蘊）（缺）
「就正姓氏」
「採用考索書目」

明萬曆中新都汪氏環翠堂刊本。寫刻，九行十八字，劉氏
嘉業堂舊藏。
四庫未收。人ノ本性ハ蔽レ易シ。ヨツテ諸史百家ノ書ヨリ規範トナル
モノヲ採リ人ヲ以テ鏡トナサントス。秋ハ春秋襃貶ノ意ニ採ル。忠孝
節義四部ニ大判シ、之ヲ各五六類ニ分ち、更ニ人ヲ以テ標目トシ、
人毎ニ案書アリ。（評アリ）類ゴトニ序アリ。
諸庫ニ伝本アリ。

（劉向）古列女傳　八卷　漢劉向撰　明萬曆刊　八乙　十

「新刻古列女傳叙」（萬曆丙午、黃嘉育）
「――序」（嘉祐八年、王回）
「――序」（曾鞏）
「――小序」

明萬曆中新都黃嘉育刊本。十行二十字。「羅振常」讀書記」朱文長方印ヲ捺ス。

四庫收入。列女傳ノ傳本ハ十五篇ニシテ、舊ノ傳ハ八篇トアハズ、又東漢ニ及ブハ、明ニ向ノ本ニ非ザルナリトテ、宋嘉祐中蘇頌以七巻ノ古ニ復シ、毎巻一篇十五傳、傳ゴトニ頌アリ、曾序ニアリ。東漢ノ事蹟ハ巻八ニ收ム、故ニ「古」トイフ。

古列女傳ニハ嘉靖刊本（靜嘉堂ニ顧廣圻校宋本アリ、）并ニ嘉慶中顧氏校刊本アレド、此本本邦諸目未載。北京人文科學研究所ノ目ニ見ユ。

古今貞烈維風什　四巻 明許有穀　明刊　四乙　中到

「刻―――――凡例」

明刊寫刻本。八行二十二字。劉氏嘉業堂旧藏。

四庫存目著錄。古今ノ列女ヲ地方別ニ擧ゲタルモノ。北南二畿ヨリ十三省ニ及ビ、各府直隷州ゴトニ立傳標題ト列名不載標題トニ分チ、前者ハ稍詳記シテ七絶ヲ題シ、後者ハ列名ニ止ムルガ、事蹟ヲ略注ス。四巻ニ渉リ、張数ヲ曰ツク。本邦諸目未載。

衡門晤語　前後集各一巻續集二巻別集二巻(缺)　明潘京南　明〔嘉靖〕刊　四乙　中列

「敍例」

明嘉靖刊本。初印、十行二十字。別集ヲ缺ク。版心ハ續ケテ四巻ニ作ル。劉氏嘉業堂旧藏。

四庫存目著錄。高士傳ノ流ニシテ、書ハ千載一堂ノ意ヲ以テ名付クト。前集ハ上古至魏、廣成子等七十五人、後集ハ晉至元、孫登等七十五人、續集ハ上古至元、補遺ナリ。伯成子高ヨリ

顧德輝ニ至ル一百五十人。別集ハ提要ニヨレバ議論及ビ作ル詩賦ヲ

アツム。

諸目未載。

逸民史　二二巻　明陳継儒　明萬曆刊　六乙　中

「――序」（萬曆癸卯、王衡）

明萬曆刊本。九行十八字。

四庫存目著錄。上周ヨリ下元ニ至ル隱逸ノ士ノ傳ヲ史傳郡志中
ヨリ類輯シタルモノ。巻一周、二、前漢、三四後漢、五三國、六至八晉、
九南宋、十南齊、十一梁、十二北魏、北周（齊）、後周、十三隋、十四、五唐
十六五代、南唐、十七、八宋、十九遼、金、二十元ニ分ツ。二十一（二

1142

ハ「元隱逸補」ト題シ、碑傳誌狀ニヨリ元史ヲ補フ。
京都研究所・靜嘉堂ニ同版本アリ。

栖眞志　四巻　明夏樹芳　明萬暦刊　四乙　中(刈)

「——敘」(陳繼儒)

「——自敘」(戊申、夏樹芳)

明萬暦刊本。七行十六字。「繆荃孫藏」朱文長方印「藝風堂」藏書」朱文方印アリ。繆氏藝風堂、劉氏嘉業堂旧藏。

四庫存目著録。高士列仙ニ傍ニ類スル隱者ノ傳ニシテ、(巻一上古至蜀漢)老子ヨリ接輿佯狂ニ至ル四十九人、巻二漢至隋、莊君平ヨリ徐則ニ至ル八十五人、卷三唐至五代、司馬子微ヨリ黄僕射ニ至ル六十三人、卷四宋至元、陳希夷ヨリ鐵脚道人ニ至ル七十三人目ニ見ユ。時ノ前後、收ノ濫雜、免レズ。歐陽脩、朱子ノ如キ濫收甚シ。

本邦諸目未載。

國寶新編　明顧璘編　明嘉靖刊　一乙　中（刋）

（首ニ華跋）

「――――序」（嘉靖丙申、袁袠）

「――――序」（〃　、顧璘）

丁酉　袁褧跋

「跋――――後」（嘉靖戊戌、陳束）

明嘉靖刊本。九行十六字。劉氏嘉業堂旧藏。

四庫存目著録。撰者ガ亡友十三人ノタメニ、ソノ傳并ニ賛ヲ

作リシモノ。李夢陽、何景明、祝允明、徐禎卿、朱應登、趙鶴

、鄭善夫、都穆、景暘、王韋、唐寅、孫一元、王寵、外、續亡

二人、田汝耔、周延用。

金聲玉振集、紀錄彙編、說郛續編、五朝小說、勝朝遺

事二收ム。

皇明寶善類編　二巻首一巻　明蘇茂相編　明〔萬曆〕刊　四乙　中

「――――序」（行書 遠）

「序」（九蘇茂相）

明萬曆刊本。九行十九字。明項　旧藏。「項子京」「家珍藏」朱文長方印「子孫」「世昌」白文方印ヲ捺ス。

四庫未收。先人ノ善言善行（巻一）ヲ孝義・忠悃・方正・忠厚・勤愼・廉儉・雅量・息部（巻二）謀略・政事・言語・文章・禮・寵

企羨・鑒識・薦拔・賞誉・箴誨・交誼・悟退・達觀・嚮向ノ目ニ
分ケ、引用書名ヲ各項下ニ注ス。（所收諸家ノ略伝ヲ巻首ニ掲）史書トイハンヨリ小説家ニ近ケレ
バ、北平圖書館善本書目ニテハ　世説ト同類トス。
內閣目錄ハ傳記ニ收ム。

姑蘇名賢小紀　二巻　明文震孟　明萬曆刊　二乙　中判

「小序」（萬曆甲寅、文震孟）

明萬曆刊本。九行十八字。「平齋」「暁號」「覺今盦」白文方印ハ清

末ノ呉平齋ノ印記。劉氏嘉業堂旧藏。

四庫存目著録。蘇人ハ君子多キニ、世人ハ目ニテ軽率浮靡ト

郷賢ノ寛ヲ雪ガント、長洲呉翁メ、名人傳ヲ記ス。巻上高適啓ヲ始

メ、呉寛・祝允明等二十六人、巻下唐寅・徐禎卿等二十七人、外

ニ附傳アリ。一流ノ人物ハ列志ニ議ルトイヘド、政治家文人学者各方面ニ渉ルガ各家ニ評アリ。

粤雅堂ニ同版本アリ。心矩齋叢書ニ入ル。甲戌叢編ニ續記、乙亥叢編ニ後記、涵芬樓秘笈ニ續名賢小記アリ。

吳中人物志 一三卷 明張昶撰 明張鳳翼補 明隆慶刊 六乙 中刋

「張景春——序」（隆慶四年、皇甫汸）

明隆慶中長洲張鳳翼・燕翼校刊本。十行二十字、寫刻。

「海寧陳鱣觀」朱文長方印「得此書費辛苦後之人其鑒我」白文長方印「仲魚圖像」朱文方印ヲ捺シ、又「吳印」翌鳳」白文「水」「匏」朱文兩方印「枚庵」流覽」所及」朱文方印ヲ捺ス。陳鱣・吳翌鳳舊藏。又、劉氏嘉業堂旧儲。

四庫存目著録。但シ十二巻ニ作リ、巻十三藝術一門ヲ脱ス。他ハ
孝友、忠義、吏治、薦挙、官蹟、儒林、文苑、閨秀、逸民、流寓、
（每類年代順ニ列シ、每巻末献徴ノ論賛アリ。）
列仙、方外ノ十二巻十二目ナリ。（本文ハ）諸家ノ類書ヲ大成ス。（シタルモノナレドモ、出所ナシ。）
尊経閣ニ同種本アリ。

崑山人物志 一〇巻 明方鵬 明嘉靖刊 二 甲 中(叁)

「――序」(嘉靖辛卯、方鵬)

嘉靖丙申顧夢圭跋

明嘉靖刊本。十一行二十字。「吳郡張」「紹仁學」安氏印」白文「執經」堂印」朱文 「紹仁」之印」朱文「訒盦」朱文 ハ 清ノ張紹仁、「郁印」松年」白文「泰」峯」朱文方印ハ郁松年、「田耕」堂藏」ハ 「紹仁」之印」白朱文「學安」朱文方印「長洲張氏」執經堂藏」白文長方印

田耕堂ノ印記ナリ。

四庫傳記類存目著錄。崑山ノ古今ノ名家ノ畧傳ヲ分類編輯セルモノ。名賢ハ、節行ハ、文學ハ、政績ハ、隱逸・孝友・列女・藝能・游寓・雜志各一巻、雜志ハ雜及ヒ補遺。各類ホヽ年代ノ順ナリ。諸家ノ目未載。

明常熟先賢事略　一六巻　明馮復京　清寫　一甲　中(王)

「明常熟先賢事略序」（萬曆戊午、馮復京）

清（大樹堂）寫本、十行二十字。

四庫未收。千頃堂書目巻十（十三）ニハタヾ先賢事略ニ作リ、著者巻數一致ス。明代ニ於ケル常熟ノ名士ノ略傳ヲ記シタルモノ、内巻十二孝義、十三文苑、十四方伎、十五列女、十六自序。諸目未載。自序ニヨレバ、初名ハ國朝常熟先賢事略、先王父ノ言及ビ傳家ノ文獻ニヨル。

毘陵人品記　一〇卷　明吳亮　清寫　二　丙　中

「增修毘陵人品記序」（萬曆四十六年、吳亮）
「〃」（夏樹芳）
「〃」（蔣應震）
「〃」（史孟麟）
「〃」（高攀龍）
「〃」（錢春）
「毘陵人品記序」（嘉靖壬寅、岑道（傳））

清寫本。九行二十字。「翰林院印」大方印アリ。

四庫傳記類存目著錄。毛寔（古菴公）ノ同名ノ書

及ビ顧憲成（光祿）ノ纂梓錄

ヲ増輯シタルモノ、卷一、商ノ泰伯ヨリ齊、二、梁至南唐、

三、四宋、五元、六至十國朝ノ各人ノ略傳。

北京人文科學研究所ニ萬曆刊本アリ、此本刊本ニ

出ヅルガ如シ。

1158

附 補輯武林旌德祠志畧

武林旌德全志

二巻 明顧鈴編 楊廷筠・姚文蔚重脩 黄汝亨補 李唐編 明天啓刊 六乙中
（附）清諸長作

（有半葉缺）天啓丙寅、翁汝進序
「旌德祠全志序」（天啓四年、黄汝亨）
「武林旌德全志叙」（萬暦四十六年、陳禹謨）
「重輯旌德祠志序」（李唐）

明天啓中寫刻本。十行二十一字。

四庫未收。諸目未載。武林ノ旌德祠ハ宋ノ寳慶中袁韶ノ創メシ所（貞士貞女ヲ祀リシ）明ノ成化間夏時ニ先賢祠ヲ旌德觀ノ西偏ニ重建シ、許由等四十八人ヲ祀リ賢女十一人ニ及ビ、傳贊ヲ作ツテ先賢祠錄ヲ編ム。爾来隆・萬間ニ次第ニ祭祀者ヲ增シ、萬曆中賢祠ノ後ニ貞祠ヲ立テ、ツイデ祠ヲ湖堤ニ移ス、閩郡ノ耆碩鼓宮ノ恩アリテ、故址ニ再ビ祠堂ヲ立テ遺哲ヲ增祀シ、ソノ本末ヲ輯メテ此書ヲ成ス。卷上　紀文、紀獻、紀移、紀碑勒、紀餘篇、卷下　紀傳贊。

巻末ニ補輯武林旌徳観志畧一巻アリ、左ノ序跋ヲ附ス。

「重修武林旌徳観志畧」敘」（順治戊戌、楊鼎璿）

「〃後序」（慕天顔）

婺書　八巻　明吳之器　明崇禎刊　八乙　中

（首缺）

「一一序」（一能 道人傑）

「序」（崇禎辛巳 吳之器）

「凡例六則」

「題後」（辛巳、章有成）

明崇禎刊本。九行十八字。

四庫未收。婺人ノ傳記ヲ類輯シタルモノ。巻一、二名臣、三節義、

儒林、孝友、四文苑、五逸民、仙釋、方技、六遊寓、循績、七

附傳、八家傳ニ分類、中ハ別傳アリ、合附アリ。各末ニ論贊ヲ加フ。

二老清風　（陶琰・韓重）明韓霖編　明崇禎刊　二乙　中

「――序」（崇禎丙子、韓霖）

「跋」（李長科）并尺牘一通

明崇禎刊本。九行二十廿一字。

四庫未收。成化中前後シテ進士ニ舉ゲラレ、中外ニ歴官シ、死後

同郷ノ絳人ニ陶韓ト艶稱セラル、陶琰（恭介公）、韓重（九司空）

ノ傳賛并ニ国史ニ漏ル、廉静寡欲ノ齋貫ヲ記ス。各小象賛、

傳畧ニツイデ、陶恭介公誡子書（陶註錄）韓大司空分家券（韓霖

錄）及ビ陶公ノ像賛。諸目未載。

八史鈔類

歷代史譜　元闕　鄭鎮孫編　明陳寬訂　明成化刊　四冊　中

「——序」（至正五年、楊恩）

薛起吾序

「——序」（鄭鎮孫）

「——後序」

「書——後」（成化乙未、羅明）

明成化中廣西按察司僉事羅明刊本。

四庫未收。モトヨリ古ヨリ宋金ニ至ル帝王及ビ僭疑ノ霸者ニツイテ

出身贓歷、年號等ヲ表示ス。成化中元ヲ補ヒ、多少ノ形式ヲ

撰ヘタルモノ。首歷代總圖一葉、次ニ皇世譜、五帝・夏・商・周、各春秋諸侯譜、春秋諸小譜、戰國諸侯王譜、秦末復立七國、新立十國、前漢世譜、漢初分封功臣世譜、諸國、兩漢之間僭竊郡國等ノ世譜アリ。

1168

歷代帝王曆祚考　八卷首尾各一卷　明吳繼安編　明萬曆刊　八　西　中(刻)

萬曆作

明萬曆刊本。九行十八字。刘氏嘉業堂旧藏。

四庫未收。三皇ヨリ宋元ニ至ル歷朝歷代天子ノ名、出身履

歷ヲ記シタルモノ。霸王ニ及ブ。

北平圖書目ニテハ傳記ニ入ル。

（鶴亭先生類編）經史互紀 一二巻首一巻 元陳與道編 清寫 二乙 中

「――序」（大德乙巳、陳與道）

清鈔本。十行二十字。「合肥」「李氏」「藏書」朱文方印ヲ捺ス、

李鴻章家藏カ。

四庫未收。周ヨリ金ニ至ル歷朝ノ天子霸主ノ履歷ヲ記シ、同

年ノ事件ヲ互ニ記入シ、又事件ナキトキハ、年紀ノミヲ記ス。

諸目未載。

（校正新刊標題釋文）十八史畧　二巻　元曾先之編　明王逢校　字原祥　釋文

二　乙　中

大德丁酉周天驥序

明刊黑口本。十六行二十六字。上層七至十字。（刊記アリシモ序末半葉ヲ缺ケルニヨリ知ルナシ。）梁溪蔡氏旧藏。「梁溪」「蔡氏」「卓」「如」「伯卿」「甫」各朱文、「廷相」「蔡印」「廷楨」白文各方印アリ。

全史論贊　四共八〇一巻　明項篤壽編　明嘉靖刊　二〇乙　中

「刻――――敍」（嘉靖丙寅、康大和）

「刻――――刊」（〃　項篤壽）

明嘉靖中嘉禾項氏萬巻堂刊本。十行十九字。「安樂堂」藏書印」朱文長方印（宗室允祥）、「明善堂」覽書」画印」記」白文長方印（宗室奕絵）ヲ捺ス。

四庫存目著錄。二十一史ノ論贊ヲ輯メタルモノ。嘉靖甲子（

四三）病中，编纂，刊行隆庆二下八月。樸安八十卷二作上下梁

昔二卷　计八十一卷卜九。

史書纂略　共二二の巻目ニ巻　明馬継銘編　明萬暦刊　六〇　丙　中

明萬暦刊本、九行二十字。

四庫存目著録。史書ハ難ハ博ヨリ要ナリトテ、二十一史ノ要ヲ存セント、紀傳ノ要ヲ採リ、志表ヲ捨ツ。馬ノ自傳首ニアリ。

等但閑目閑目ニ見エ、傳本多カラザレド、内容ハ採ルニ足ラズ。

1174

歷代史纂左編 一四二巻 明唐順之編 胡宗憲校 明嘉靖刊 七四九 中虔

「荊川先生自序」

「史纂左編後序」（嘉靖辛酉、胡松）

「——凡例并引」（

明嘉靖中新安胡宗憲校刊本。十行二十字。

四庫史鈔類存目著録。歷代ノ史書中、治法ニ関係アルモノヲ分類編輯セルモノ。初名ハ史大紀。

史綱要領　三十六卷　明姚許稼編　明萬曆刊　一二丙　史判

明萬曆刊本。十行二十字。劉氏嘉業堂舊藏。

四庫未收。三皇ヨリ元代マデノ史實ノ大綱ヲ採リ、論ヲ加ヘタルモノ。萬曆庚戌（三十八）自序。

史異編　共存一一巻（巻二十三）明今文跋　清写　二冊　中

明清初鈔本。九行二十字。「虞山錢曾」「述古」王武言　朱文長方印アリ。

四庫存目著録、全ヲ命ニ作ル。

・史書ニ見エシ天象地変ヲ類輯シタルモノ。巻一ニ缺、三雲氣虹霓、四風雨雷雹電雪、寒五鼓震、六五行五事　五色祥眚　七災旱　八人痾、九服飾、十六畜、十一草木、十二鱗介、十三羽蟲、各時代順ニ事実ヲ録ス。モト十七巻、

北京人文科学研究所目ニ見ユ、大明天元玉曆祥異図説七巻ト合

刊、占候之屬ニ入ル。閣目ハ（明版ヲ）史鈔ニ收メ大命ニ作ル。人文科学目

ニアモ余ニ作レバ、命ハ誤カ。

读史集（读史四集）（读史四种） 四卷 八 丙 中
明杨以任编 明末刊（活字）

存目 周至元

明末刊本。八行十八字。

四库存目著录。伏眼瞻识ノ四集ニ分チ读史ノ拔钞ヲ录シ、標目ヲ立テ、項末ニ多ク楊及ヒ編校者葉案ノ短評ヲカク。

史鈔　二二巻二　明吳文度　明刊　一四乙　中列

「一序」（才二巻上後半の五葉分缺）

明刊黒口本。十一行二十二字。郁松年ノ「泰」「峯」朱文方印アリ。

捺木木刻刂白刻氏嘉業堂藏。

四庫未收。序ニヨレバ、致仕ノ冢宰、豐城ノ李公裕ト都憲トナリ、

南臺ニ涖スル時、吾儕ノ吳文度ニ屬シテ類編セシメシ所ナリ。二十

二巻ヲ君徳、六、七宰相、八名将、九至十二忠良、十四至六奸佞

十七説客、十八侍臣、十九迷宗、二十隠逸、二十一方技、二十二妖異ノ

十一綱ニ分ケ、更ニ目（三十五）（標目四字）ニ分ケ、漢至元ノ逸話ヲ收録ス。出

處ナシ。雜説ニ近ケレド、史事ニ限レバ史鈔ニ收ム。

諸目未載。多ク國朝書目ニ錯名トシテ見ユルモノ是カ。

九載記類

呉越春秋　一〇巻　漢趙曄撰　元徐天祜注　明萬暦一四刊　三、乙　中刻

「――序」（徐天祜）

明萬暦丙戌（一四）武林馮氏臥龍山房刊本。八行十七字。目録末ニ「萬暦丙戌之秋武林馮念祖重梓於臥龍山房」ノ木記、巻末ニ「大徳十年丙午」ノ原刊記アリ。四明盧氏抱經樓劉氏嘉業堂旧藏。

四庫收入。春秋呉越ノ歴史、呉ヲ内ニシ、越ヲ外ニシ、各五巻、

傳說ヲ交フ。隋唐志十二巻、或ハ今本ハ完本ニ非ズトイハル。静嘉
堂ニ旧版本アリ。

1186

越絶　一五巻　漢袁康　明嘉靖刊　二乙　中

「刻ーー書序」（嘉靖三十三年、張佳胤）

嘉定庚辰丁黼跋

明嘉靖中白馬令西蜀張佳胤雙栢堂刊本。八行十七字

四庫收入。春秋ノ越ノ歴史（及其他）、句践強ヲ抑ヘ、弱ヲ扶ケ、悪ヲ絶チテ善ニ反サントス。故ニ名ヅク。撰者ノ名ハ末巻ノ隠語ヲ檢シテ得タルナリ。

閩目ニ正德四年刊本アリ。雙柏堂刊本ハ靜嘉堂ニアリ、四部叢刊底本ト同ジ。

越絶書　一五巻　漢袁康　明（萬暦）刊（霞先）　二乙　中（刊）

無名氏跋

明萬暦中霞復元刊本。八行十七字。大徳丙午紹興路ニテ呉越春秋ト合刻セラル、彼ニ萬暦中卧龍山房ノ霞復刻本アリ、是セソレカ。四明盧氏抱經樓・劉氏嘉業堂旧蔵。合刻本ナランモ、書皮等異レバ便宜兩部扱トナス。

1189

〔十六國〕春秋　一〇〇巻　明屠喬孫・項琳之編　明萬曆刊　二四　丙　中

明萬曆刊本。九行十八字。

四庫收入。五胡十六國ノ各國ノ編年史ナリ。原書ハ一百二巻、北魏ノ崔鴻撰、北宋ノ時佚シ、萬曆中屠喬孫・項琳之ノ二人ガ晉書其他ノ引用文其他古書ニヨリテ補輯シタルモノ。偽書ナレドモ内容全部ガ偽作ナルニ非ズ。

〔十六國春秋　同（巻六三至九補寫）　三二　西（壷）〕

同板ノ白紙印本ニシテ、前書ニ萬曆三十七年甘士价ノ序

・外、項琳之ノ屠中孚ノ序、并ニ「刻十六國春秋序」、崔鴻

本傳ヲ逸スル完本ナレド、巻中ニ補寫アリ。

1191

五國故事　二巻　清寫　一乙　中

「題――」

清鈔本。九行二十一字。首ニ翰林院ノ大方印ヲ捺シ、書衣ニ

乾隆三十八年十一月浙江巡撫三寶送到呉玉墀家藏

五國故事壹部

計書壹本

ノ朱印アリ。又「彝尊」私印」白文方印ヲ捺シ、「呉」城」朱文方印

「吴」「焯」朱白文連珠方印ヲ鈐ス。吴綳斋旧藏。眉上ニ手識アリ。

四庫收入。五代ノ南唐・前後蜀・南漢・閩ノ五国ノ故事ヲ記ス故ニイフ。各朝歴代ノ傳ヲ立テ、内容詔聞逸語ニ及ブ。

学海類編・知不足齋叢書・龍威秘書・函海藝圃搜奇等ニ入ル。

未ダ対校セズ。

釣磯立談　旧題宋史虚白　清写　一　乙（史王）

序跋無

清初鈔本。八行十九字。誤字多シ。「某會里朱氏」「潛采堂藏書」朱文長方印「朱彝」「尊錫」「鬯印」「謙牧」「堂藏」「書記」和白文方印ハ何レモ朱彝尊ノ印、「獨山莫氏」「銅井山房臧書印」朱文方印ハ莫友芝ノ印ナリ。王氏二十八宿研齋旧藏。

四庫收入。歴代書棚本ハ四庫本ニ係ル。提要ニ史ノ作トイフ

1194

八妄ナルヲイフ。揀亭十二種本ト同ジ。校語書中ニ稱ム。

南唐ヲ主トスル五代ノ遺聞ヲ録シ、「叟曰」トテ評ヲ加フ。此本「呉王稱號淮海時」、「烈祖初得政」各條ニ於テ、「錢浦人陳陶」ニ了ル。

南唐書　三〇卷　宋馬令　明嘉靖刊　六甲　中刻

「一一一序」（宋崇寧乙酉、馬令）

「一一一序」（馬令）

嘉靖庚戌晉明跋

壬戌徐康手跋

明嘉靖刊本。十行二十字。精刻初印。「曾藏汪閬源家」朱文长方印等アリ。劉氏嘉業堂旧藏。

四庫收入。先祖太博（元康一ノ遺セシ資料ヲ編輯シタルモノ。蜀志ニ從ヒ、先主・嗣主・後主ノ稱ヲトリ、五卷トナシ、以下ヲ傳トス。九至十二ヲ特ニ列傳ト稱ス。

靜嘉堂ニ藏本アリ。

唐餘紀傳 十八巻 明陳霆 明嘉靖刊 八 乙 中刻

「——序」（嘉靖二十三年、陳霆）

自跋（巻十八末）

葉姓 鏡手跋

明嘉靖刊本。九行十八字。劉氏嘉業堂旧藏。

四庫存目著録。南唐ヲ以テ李唐ヲツグ正統ナリトイフ所ニテ名付ク。国紀三巻、列傳十五巻、後者ハ史ニ二十一ニ分ツ。但シ按ズルニ本書ハ

コノ分巻ヨリツテ二十四巻ニ作リシナリ。但シ南唐ヲ正統トイフハ

強ヒタル甚シ。
静嘉堂ニ同版本アルラシ。

南詔野史　清寫　一甲　中（韓）

「――――引」（嘉靖庚戌、楊愼）

清初藍格鈔本。十一行二十四字。雲間韓氏旧藏。「江左韓藩」ノ印ヲ捺ス。

四庫存目著錄。舊本「昆明倪輅集、成都楊愼標目、滇中阮元聲刪潤」ト題ストイフトイヘド、此本撰者ヲ題セズ。又、提要ニイフ崇禎六年姜午生ノ跋ナシ。

引ニイフ、滇ノ野錄ハ多ク釋老ヲ記シテ不經ニ渉ル。滇ニ成シテ大

1200

顧應祥ノ南詔事略、滇人輗君ノ野史ヲ得、野史ニ大詔ノ始末詳ナリ。ヨリテ上梓ヲ欲スルモノ愼ニ序ヲ求ムト。次ナ「南詔分星分野」ニ始マルコトハ、提要ニイフ如ク、以下南詔、六詔ノ史地古蹟、源流ヨリ大白、拜國、建寧國、大封民、長和、大天興、大中、后理、大蒙各國ヲ敍シ、以下歷代王者ヲ標目トシテ、簡單ナル編年史ヲ敍シ、大義寧、大理、后理各國ヨリ段氏ニ及ビ、江戴萬曆十三年ニ至ツテ了ル。序目本ト大同小異カ。

東國史略　六巻　清寫　六乙　中（庚辛）

提要

戊子呉村跋

光緒十年李文田手跋

清末鈔本。十行二十字。書皮題識并ニ李文田ノ手跋ニヨレバ、豐順丁氏鈔本ヨリ鈔錄シタルモノナリ。四庫ニ朝鮮史略トシテ收入ス。檀君ニ始マリ、高麗恭讓王ガ李成桂ニ簒奪セラレシニ了ル。

1202

一〇 時令類

月令通攷　一六卷　明盧翰　明萬曆刊　一六　丙　中刊

明萬曆刊本。十行二十字。版心注々刻工名アリ。劉氏嘉業堂旧藏。
四庫存目著錄、禍間、家塾事親ヲ採輯シ、十二ノ月ノ占候及ビ雜事ヲ編輯シタルモノ。正、五兩月ニ卷、他ハ一卷、卷十五象閏ヘ閏月ヘ、十六附錄、歲時節序氣候等ニ関スル文獻ヲアツム。每月、十例トシ、天道・治法・地利・民用・攝生・涓吉・占候・踈往・攷言・摭

1205

闡ニ分チ、毎例ノ本文ノ後ニ精核ナ説明ヲ加フ。引用文ニ出典ヲ注ス。

尊経閣ニ旧版本アリ。此本、本稍破損。

月令廣義 二四巻首一巻附一巻 明馮應京・戴任 明萬暦刊 二四 丙 十一番

明萬暦中秣陵陳邦泰刊本。九行二十字。

四庫存目著録。馮ノ士民月令一巻ヲ門人戴ガ増ニタルモノトイフ。首ニ序由、編端、圖説アリ。編端ハ凡例ナリ。本文、月令・夏小正ノ文ヲ引キ、語彙ノ下ニ注釋ヲ施シ、時ニ發音出典ヲ明ニス。

本館ニ幕府紅葉山舊藏本ヲ藏ス。靜嘉堂ニ、尋佳閣寄贈本少カラズ。

四季須知　二巻、明吳嘉言編　明萬曆刊　二丙　中

明萬曆刊本。九行十八字。

四庫未收。萬曆乙亥（三七）自序。帰田ノ暇ニ、羣書ヲ博覧シ、民生ニ切ナルモノヲアツメ、曆解、天文、月令、農務、調攝、禮節、清賞ノ故事ニ八類ニ分チ、各前ニ序アリ。引用文ハ明記スルモノトナキモノトアリ。

本邦諸目未載。

日涉編　一二巻　明徐陳諧　明末刊（清修）　二四両　貴

明末莛　徐養量刊本。清修ノ頁アリ。九行十九字。刘氏

嘉業堂旧藏。

四庫存目著録。毎月、節序、ツイデ毎日ニ関スル故事文獻ヲ輯録シタルモノ。經史子ヨリ府志随筆ニ至ルマデ引用書ヲ廣ク、各條末ニ出所其他ヲ注記、詩文各末ニ列ス。提要ニ蕪雜トイヘド、類書少ク、用アリ。

二 地理類

皇朝輿地畧　清六嚴只編　馮焌光補　清同治二刊　一冊　庚

清同治二年南海馮焌光廣州刊本。李文田徵シテ手校ヲ加フ。

モト江陰ノ六氏ノ作、重刻ニ當リ、原圖ガ十八省ニ限ラレタルヲ以テ、番禺ノ趙子韶ヲシテ東三省青海西藏伊犂科布多、內外蒙ノ諸圖ヲ描カシメ、馮亦督撫將軍鎮道駐スル所ノ地ノ图ヲ加フト。

同治二年馮序。

天下山河両戒考　一四巻図一巻　清徐文靖　清雍正元刊　三丙 庚李
清雍正刊本。李文田手抜。
四庫存目著録。　右附　、九州十二国分野ノ説ハ唐ノ
沙門一行ニ至ツテ義ニ於テ近シトナシ、徐ハ唐書天文志
ニ詳注ヲ加ヘテ八巻トナシ、ツイデ、九至十四ハ唐書ヨリ引用、
シテ之ヲ補ヒ、自ラ注ス。
徐位山六種所収。

吳郡志　五の　宋紹定戚大　明崇禎刊（汲古閣）　一六丙　十

明汲古閣刊本。宋本ト校合　乾隆辛亥黄丕烈手跋アリ、下ニ「蕘圃」朱文方印アレド、文字常ニ見ル黄氏ノ手蹟ニ似ズ。或ハ若年ノ書カ。「蕘」「圃」「丕烈」「私印」「結翰墨緣」各朱文方印　曾　アリ、又「繆印」「荃孫」白文方印「繆荃孫藏」朱文長方印アリ、清末繆荃孫ノ印。「烏程蔣」「祖詒藏」朱文長方印「蔣」「祖詒」白文方印アリ、近人蔣祖詒ノ印。「張珩」「私印」白文方印、張珩亦近人。

常州府誌續集（正德）八巻　明張愷編　明正德刊　三甲　中刊

「――――序」（正德八年、張愷）

明正德刊本。九行二十字、黒口。巻首ノ圖表及ビ巻八第二十四葉以下缺。劉氏嘉業堂旧藏。見返ノ文字ハ劉氏手筆カ。

四庫存目著録。（繆潢記略）朱錄著錄。常州府志最古ノモノ、文化・劉氏ニ部ヲ著録。江蘇省内。

巻一地理・詔令・官寺・食貨、二職官、三文事、二武備・山川、四人物、五宮室、六至八詞翰、更ニ子目ニ分ツ。

嘉興府圖記（嘉靖）二〇卷 明趙文華編 明嘉靖刊　一〇甲　中

「叙重修嘉興府志」（嘉靖己酉、趙瀛）

「――――序」（嘉靖戊申、趙文華）

明嘉靖中嘉興府知府趙瀛校刊本。九行十九字。卷一圖入。但シ、圖記ノ圖ハ圖籍ノ義ニ採ル。「曾臧當湖」胡「遂江家」朱文長方印ヲ捺ス。

四庫存目著錄。朱錄ニ北平圖及ビ北京人文科学研究所（鈔補）ノ圖書館（殘本）ノ藏本ヲ錄ス。浙江省内。

此書ハ趙文華ガ表ニ居リシ時、知嘉興府事趙瀛ノ請ニ應
ジテ作リシモノ、文華官時ニ通政使タリ。自序ノ末ニ助
力者ノ名ヲ列ス。巻一方畫、沿革図説トイフベシ。巻二至
五邦制、六至九物土（山川・海塘・水利・田賦・戸口）巻十
至十九人文（官師・郷賢・選挙・列女）、巻二十叢記、
叢記ニハ災異・怪談ヲ記スコト多シ。

寧波郡誌　（成化）一〇巻　明楊寔編　明成化刊　一八冊

「寧波府誌序」（成化四年、劉釪）

明成化刊本。九行二十二字、小字雙行、黒口。中縫ニハ四明郡志ニ作リ、各巻　并ニ目録ノ前尾ノ寧波ノ二字ハ改刻ニ係ル、原名ハ四明郡志ナラン。劉氏嘉業堂旧藏。

四庫未收。朱録ニヨレバ孤本ナリ。

按ズルニ、徽州ハ新安郡ノ地、新安ノ郡志ハ本書以前ニアリ。巻一ニ地理、二ニ食貨、四封建（本文首、建ヲ爵ニ誤マル）職制、五公署学校祀典郵政、六選挙、七至十人物、十宮室・寺觀・祥異、十一詞翰、十二拾遺、子目多シ。

徽州府志（弘治）一二巻圖一巻 明汪舜民編 明弘治刊 一二 甲 十二函

「徽州府志序」（弘治十五年、林瀚）

「〃」（弘治壬戌、汪舜民）

「――凡例」

明弘治刊本。九行二十三字、小字雙行、黒口。劉氏嘉業堂舊藏。注ヶ刻工ヲ刻ス。

四庫存目著録。朱録ニヨレバ、他ニハ天一閣ニ藏セラレ、又北平圖ニ鈔補本ヲ存ス、徽州府志最古ノモノ、安徽省志

鄖陽府志（萬曆）三一卷 明周紹稷編 明萬曆刊 一〇中 十刻

「鄖陽府志敍」（萬曆戊寅、徐學謨）

凡例

明萬曆刊本。十行二十一字。劉氏嘉業堂旧藏。

四庫未收。朱錄著錄孤本。（何書著錄）鄖陽府志ノ最古ノモノ、

湖北有〔内〕。

巻一圖經、二郡紀、三沿革、四星野、五城池、六山川、七

形勝、（目錄形勢）、八選挙（目選挙表）九秩官表、十公
署、十一食貨、十二物産、十三学校、十四風俗、十五兵政、
十六祀典　十七關堡、十八津梁、十九水利、二十鋪舍、二十一
古蹟、二十二丘墓、二十三寺觀、二十四宦蹟、二十五人物、二
十六　流（本文首ハ流寓ト刻ス）寓、二十七列女、二十八仙釋　二十
九雜記、三十、三十一藝文　ニ分タ殆ド千目ナし。

（大明）漳州府志（正德）三四卷圖一卷 明周瑛編 明正德刊（修補） 二六 甲 （中刻）

「――――序」（正德癸酉 姚鏌）

「漳州府誌序」（〃 陳珂）

「漳州府志後序」（正德八年、周瑛）

「書漳州府志後」（〃 陳洪謨）

正德九年黄芳後序

明正德八年漳州府知府武陵陳洪謨刊本。補修本ニ係ル。十行十九字。劉氏嘉業堂旧藏。

四庫未收。朱錄ニヨレバ、天一閣ニ旧種本アリ。 漳州府志ノ最古ノモノ。福建省内。

卷一至五吏紀、六至十戸紀、十一至二十七禮紀、二十八至三十兵紀、三十一刑紀、三十二至四工紀ニ大別シ、其下ニ例ヘハ吏紀ヲ郡縣職官、歷官ニ分ツ如ク、各志ニ分ツ。

河間府志（嘉靖）二八巻 明樊深編 明嘉靖刊 一二甲 十二七

「——序」（嘉靖庚子、鄯相）

「——自序」（樊深）

「叙——後」（嘉靖庚子、韓威）

明嘉靖中知河間府事澤州鄯相刊本。九行二十一字、小字雙行。劉氏嘉業堂旧藏。目録首ニ「稽瑞樓」白文長方印アリ。

四庫存目著録。朱錄ニヨレバ、他ニハ天一閣ニ藏セラレ、河間府志ノ最古ノモノ。河北省内。本館ニモ同版本ヲ藏ス。

卷一天文、地理、二〔一・三〕建置、四・五宮室、六河道、七風土
八財賦 九典禮、十郵政、十一武備、十二世系、十三寓
賢、十四至七宦蹟、十八至二十五人物、二十六選舉、二十
七・八藝文志ニ大分シ、其下ニ子目アリ。

吳江志（弘治）二二卷附一卷圖一卷（卷六缺） 明莫旦編 明弘治刊 六甲 中刻

「吳江志序」（弘治元年、孫顯）

「」（〃、莫旦）

明弘治元年吳江縣知縣孫顯等捐俸刊本。十二行二十二字。（卷六缺，）劉氏嘉業堂舊藏。

四庫未收。未錄ニハ本書ノ外、金陵大ノ完本、北平圖ノ殘本ヲ擧ク。江蘇省内。

按ズルニ、莫氏ハ邑人、大明一統志ノ蒐稿ニ與リ、同前訓導何昇ト共ニス。二人私纂ヲ企テ、何挙業ニ暇ナキニヨリ、周独力十巻ヲ成ス、天順中ニ梓ヲ企テシモ、人ニ早キヲ戒メラレテ中止、成化中重輯ニテ二十二巻トナス。孫來任刊行ヲ企テ、且需ニ應ジ新聞新見ヲ加ヘテ再纂書ヲ成シタルモノ。

巻一圖像・地圖及ビ風景人物圖、巻二ハ沿革・疆域・郷都・

城池・市鎮・山川・校（目、版ニ作ル）籍・貢賦、巻三 治所・
學校・職役、巻四 祀典・官宇、巻五 橋塘・坊牌・形勝、
巻六 風俗・土産・典籍、巻七 居第・寺觀・廟宇、巻八 科第・
歳貢、巻九 鄉賢・去思、巻十 薦擧・武臣（附寓賢）・來宦・（巻十一）記
（又巻十一）材賢・隱逸・（孝子・）方伎・節婦（目録、順逆）方外、巻十二 襍
（目、襍紀ニ作ル）巻十三至十六 集文、巻十七至二十二 集詩、
附錄 蘇州賦（莫旦撰）。

海昌外志（崇禎）明談遷 清寫 八甲中

「——序」（丁亥、談遷）

「海昌圖經序」（嘉定二年、樓淳）

「海寧縣志序」（永樂十六年、沈升）

「〃」（嘉靖三十六年、蔡完）

「邑志攷引」（崇禎庚午、許令典）

「寧志備攷引」（崇禎庚午、談遷）

「——緣起」（談遷）

清寫本。十行二十四字。「秀水朱氏潛采」堂圖書」朱文方印（朱稻村）「龔印」「斯孚」白文方印「拜經」樓」白文方

印（呉騫）アリ。前ニ同治庚午（九）翰手識。
四庫存目著録。朱録ニハ刊本ヲ録セルニ、北平圖ノ舊
傳抄本ヲ著録ス。浙江省内。海寧ノガ呉ノ海昌郡ニ
當ルヲ以テ、古名ニ從ヘルナリ。輿地・食貨・職官・建置・選
挙・人物・叢談・藝文ノ八志ニ分ケ、下ニ子目アリ。志ゴ
トニ大題ヲ題スルヲ以テ八巻トモ見ルベシ。譌字ニ附箋ス。

海昌外志 （崇禎）明談遷 清光緒寫 四乙中

序跋前書ト同じ。

清光緒寫本。十行二十四字。

行款文字同じケレバ、前書ニ出ヅルナルベし。

會稽縣志　（萬曆）明張元忭等編　一六卷　明萬曆刊　六甲　中（刊）

（首缺）萬曆三年　彭富序

「會稽志敘」（楊節）

「———敘」（商廷試）

「〃序」（楊維新）

「敘志」（張元忭）

「————例」

明萬曆刊本。十行二十字、寫刻。往〻刻工ノ姓名アリ。

劉氏嘉業堂旧藏。

四庫未收。朱錄ニハ此外天一閣及ビ徐家滙天主堂藏書樓藏本ヲ列ス。朱錄ニ編纂人ニ列セラレタル楊維新ハ知縣ニシテ、郡人張元忭義例ヲ作リ、事ヲ統ベ、徐渭先人ノ舊稿ヲ整理シタルモノナリ。朱錄著錄本縣志ノ最古ノモノ。

卷一至三地書、卷四治書、卷五至八戶書、卷九至十六禮書ニ大別シ、各首ニ總論アリ、卷一沿革・分野・形勝、二山川、三風俗・物

産、四設官・作邑、五戸口・徭賦上、六、七徭役、八水利・災
異、九官師・宦蹟、十選挙、十一・二人物、十三・四祠祀
十五古蹟、十六寺観。ニ分チ、各末ニ論アリ、又各ヲ多ク
屬ニ分ツ。

秦安志（嘉靖）九巻 新補一巻 明胡纘宗 明嘉靖刊（清順治修） 四乙 中

「——縣——序」（嘉靖十四年、康海）

「引」（〃 亢世英）

「跋」（嘉靖甲午、陳瀛）

耿南義跋

治教ノ跋

明嘉靖中知秦安縣事亢世英刊清順治修本。九行十八字、鈔補多シ。

四庫未收。朱錄、明志ハ氏本ナシ。 北平圖・北京人文科学研究所蔵本ヲ著録。甘粛省内。
巻一建置、二三地里、四職官、五禮制、六学校、七人
物、八田賦、九藝文ノ各志ニ分ツ。大題下ニアリ。巻末
ニ順治中ノ新補ヲ附ス、第一、二、六葉ヲ缺。

（庚子新刻）朝城志　（嘉靖）明謝註編　八巻　明嘉靖刊　四甲　十三

「叙例」「序志後」（嘉靖辛丑、謝註）

明嘉靖刊本。九行十八字。劉氏嘉業堂旧藏。

四庫未收。未録ニハ他ニ天一閣藏本ヲ著録。本縣志ノ最古ノモノ。叙例ニヨレバ、成化間、孫廉ノ本アリシガ、記載浮冗、上梓ニ及バズシテ散佚ス。

巻一建革志・二疆域志、三田賦志、四禮儀志、五職官列傳、六學校志、七邑人列傳、八藝文志ニ分ツ。

長樂縣誌　（崇禎）十一卷　明夏允彝等編　明崇禎刊　六　甲　中

「長樂縣志序」（崇禎辛巳、徐世蔭）
「〃」（〃　曹學佺）
「脩――序」（〃　劉沂春）
「―――志凡例」（〃　夏允彝）
「脩志姓氏」

明崇禎中知長樂縣事禾郡夏允彝編刊本。十行二十字。往々刻工氏名アリ。館ノ外印記ナシ。印

四庫未收。朱錄亦著錄セズ。廣東有內。

萬曆戊戌（二六）鄭世威纂脩ノ舊志ヲ增續シタルモノ、脩志姓氏ニヨレバ、ソノ以前ニ史ニ弘治甲子（一七）ノ劉則和ガ纂脩ノ舊志アリシナリ。巻十封域・經界・官師・食貨・祀典・學校・人物・選擧・仕往・藝文・叢談ノ各誌ニ分チ、又、子目アリ。

中

續異錄 二巻 明劉鳳 明刊 二冊 史刊

「——序」

明刊本。九行十八字。劉氏赤葉堂旧藏。

四庫未收。傳記類目ニ同人ノ續吳先賢賛ヲ著錄スレド、（ソレヨリ後ニ作ラレタルモノナリ。千頃堂書目ニ此ノ著錄アリ。）別ナリ。本書ハ張勃ノ吳錄ヲツギ、吳ノ事ヲ雜錄シタルモノナレド、逸事多シ。

帝鄉紀畧　一一巻　　明（萬曆）刊　　二〇　甲　史刻

「諸圖總引」
「作志凡例」
「目錄總引」

明萬曆刊本。十行二十二字。劉氏嘉業堂旧藏。
四庫未收。諸目亦未載。明室發祥ノ地タル泗州及
ビソノ東北ニアル祖廟附近ノ地誌。首ニ地圖十四面（内二面缺）
アリ。本文巻一帝迹・皇恩、二制使・欽使、三輿地・建

置、四祠祀・兵防、五政治・禮教、六災患・民累、七秩官・宦蹟、八選擧・人物、九古蹟・往事、十綸奏・藝文、十一靈宮・幻迹ノ各志ニ分チ其下ニ子目アリ。

此地、中都志所錄ノ一部分ニ當リ、泗州及ビ盱眙・天長ノ二縣ニ當ル、内盱眙名志ハ尊經閣ニ藏セラレ、其他ノ柯縣志ハソノ所在ヲ知ラズ。盱眙名志ト共ニ佚書　帝鄉備遺ヲ引ク。

氏本編者明ナラズ。作志凡例ニイフ「柳公絶筆」ノ柳
公ハ本書ノ原著者ニ非ズシテ、中都志ノ撰者柳瑛
ナルベク、千頃堂書目ニモ中都志ヲ録シテ、本書ヲ挙
ゲズ。

雍勝畧 二四巻 明李應祥・俞安期編 明萬曆刊 一四甲 中(刻)

「——叙」(萬曆丁酉、李應祥)

「——凡」

「——略後跋」(朱誼瀄)

明萬曆中咸寧典史徐應賓督刊本。九行十八字。

寫刻。劉氏嘉業堂旧儲。又、近人莫友芝ノ印記ヲ

捺セシ、「陸魚亭藏」「閲書」朱文方印モアリ。

四庫未收。關中ニ宦游シ、ソノ山川・古蹟・地勝ヲ畧敘ス。巻一ニ十

四　西安府、十五、六鳳翔府、十七漢中府、十八平涼府、十九鞏昌府、二十臨洮府、二十一慶陽府、二十二（三）延安府、二十四（陝西）行都司。吏ニ各ヲ州縣衛ニ分ツ。

朝鮮圖説　明李承勳編　明萬曆刊　一帖　甲　中

萬曆庚子（二八）自序

明萬曆刊本。帖裝。元ト綫裝。

四庫存目ノ鄭若曾ノ本トハ別カ。首ニ總圖アリ、次ニ各道ノ圖アリ、各道地界里數ノ表アリ。

一二 職官類

掖垣人鑑 一六巻附一巻 明蕭彦 明萬暦刊 八 甲 中 刊

「――」敍」（萬暦甲申、楊巍）

「――」凡例」

「――」序」（張学顔）

明萬暦刊本。十二行二十二字。劉氏嘉業堂旧蔵。嘉業堂明

善本、安樂堂印記アリ。

四庫職官類存目著録。明ノ歴代六科諫官ノ略歴ヲ輯メ

排列シタルモノ。巻一官制沿革ニ兩朝誤刊、三科署未分、

科署無考ノ兩表、四至九ハ六科各科ノ名某ニテ、洪武初年

ヨリ天順八年ニ至リ、巻十至十六ハ成化・弘治・正徳・嘉靖ニ隆慶・萬暦

六科ノ籍ニ分ケ、附録ハ六科題名碑文ト舊籍序記。

本邦諸目未載。

翰林典故　清寫　一冊（匹）

無序跋

清鈔本。十行二十一字。

四庫未收。李白宣唐鴻猷一篇ヲ首トシ以下唐宋元ニ

軼翰林院及ビ官吏ノ逸事字句ヲ録ス。

吏部職掌　明黄養蒙等編　方九功等續　明萬曆刊　一二　冊　甲

萬曆二年張瀚序、卌列銜

「――」題語（嘉靖三〇、李默）

明萬曆刊本。十行二十二字。

四庫職官類存目著錄。吏部傳存、関係文獻ヲ類輯シタルモノ。嘉靖中李默ガ吏部ヲ掌リ、部下ノ黄養蒙・李材棟・楊載鳴・萬寀ニ囑シテ刪定セシメ、萬曆初年、尚書張瀚ハ考功司郎中方九功等ヲシテ、重循セシメシモノ。文選・考功・

驗封・稽勳ノ四ッ清吏司ニ分チ、各求賢・開設・借追・陞調・選職・給假・給憑・缺・揭帖ノ九科、有司・京官・雜職・老疾・人材・三考・二考・紀錄・求賢ノ九科、誥勅・資撥・撥吏・還役・截替・勘合ノ六科、考牌・丁憂・起復・侍親・貼黄ノ五科（民春書缺）ニ分チ、三司ニハ別ニ附錄アリ。各科ニハ四字ノ標目ヲ立ツ。

本館ニ藏本アリ。尊經閣目ニ見ユ。

南京吏部志　二〇巻　明王逢年等　明天啓刊　二四　甲　中

「重修――序」（天啓壬戌、孫瑋）

「――――舊序」（隆慶五年、汪宗伊）

「――――重修跋語」（天啓壬戌、王逢年）

「――――提綱」

「纂修姓氏」

明天啓刊本。九行二十字。

四庫職官類存目著錄ノ汪宗伊ノ十五巻本ヲ重輯シタルモノ。姓氏ニハ南京吏部右書孫瑋等ヲ列ス。

舊志ハ六綱、今 聖訓・聖政・建官・公署・總職掌・文選司（目無「司掌」）・考功司（同上）職掌附計典・驗封司（同上）職掌・稽勳司（同上）職掌・司務廳（目無「廳掌」）職掌附堂規・年表（二巻）・奏疏（二巻）・列傳（四巻）・藝文（二巻）ニ分ツ。

戸部題名　明畢自嚴編　明崇禎刊　一〇十

「戸部題名引」（崇禎庚午、畢自嚴）

「戸部題名記」（隆慶七年）

明崇禎刊本。北平圖善本目二ノ三三著錄、第二十八葉前ヲ亡佚ス。

尚書・左右侍郎ノ歷任者ニツイテ御貫、及第年次、職名ヲ表示、尚書ハ就任年次ヲ加ヘ、崇禎三年ニ了ル。

〔南直隸府縣職官錄〕 一甲中

明萬曆寫

無序跋

明萬曆中北監格鈔本。十行二十三至六字。首尾不全。

南直隸、豐濟倉、貴池縣、池口鎮巡檢司、李陽河巡檢司、池口驛、李陽河驛、池口河泊所、黄湓湖河泊所、青陽縣、宋潭巡檢司、宣州衛經歷司、太平縣、旌德縣、胡樂巡檢司、岳山巡檢司、寧國縣、茹麻嶺巡檢司、涇縣

・義嶺巡検司・池州府ノ已見任・丁憂・滿期・病殁・革職ノ職員ノ履歷ヲ錄シ、上司査參ノ批評ヲ各人ゴトニ附シタルモノ。萬曆初年ノモノニ係ル。

此種ノ功過批評ヲ錄シタルモノハ稀ニ傳來ス。文求堂ニモソノ家藏本アリ。

鄖臺志 一〇卷 明裴應章等編 明萬曆刊 五 甲 中(刻)

「――叙」（萬曆庚寅、裴應章）

「――後序」（詹貞吉）

「前――畧序」（丁未嘉靖、葉照）

「後――畧序」（嘉靖丁未、徐桂）

明萬曆刊本（中鄖陽府知府馬氏）。九行二十字。寫刻。劉氏嘉業堂旧藏。「抱經樓」白文長方印アリ。

四庫未收。職官類存目著録，嘉靖丁未鄖陽府

知府徐桂ガ右副都御史葉照ノ命ヲ奉ジテ編シシ鄖臺志畧ヲ
補輯シタルモノ、裴應章ガ彭遵古・胡廷獻・劉承芳・
張羽鳴・李葉・袁陛等ニ命ジテ故牒ヲ蒐メシメ、
參互校訂五月ニシテ成シ、詹貞吉ヲシテ重校セシメシモノ。
建置・輿地・憲體・宦蹟・官屬・版籍・兵防・儲餉
・奏議・著述ノ十巻ニ分チ、其下ニ子目アリ。

皇明太學志　一二巻　明郭鎜等　明嘉靖刊（清順治修）　五　甲　史刻

「――――序」（嘉靖三十六年、郭鎜）

「――――序目」

明嘉靖刊清順治補修本。十行二十一字、小字雙行。劉氏嘉業堂舊藏。又「抱經樓」白文長方印ヲ捺ス。

四庫未收。北平圖、國学圖等ニ同種本若干ヲ錄ス。郭（乙卯（嘉靖三十六年））ハ國子監祭酒トナリ、國初以來、因循廢鉄ノコト多キニヨリ、

下僚ニ分囑シ、ソノ始末ヲ明ニシ、重脩考據ノ資トナシ、國
子司業王公ノ來任ヲ機トシ、所寫ヲ督シテ類編シ、總裁筆
削ノ任ヲ王公ニ求メ、此書ヲ成ス。典制・謨訓・禮樂・
政事・論議・人材各ニ巻ニ分ケ、ソノ下ニ綱目ヲ立ツ。
缺葉多クシ、人材後半ノ人名傳ノ内容掌故ヨリ順治元年ニ及ブ。

皇明太学志　同　十二　乙　中

「――――序目」

前書ト同版、印刷亦ホヽ同時ノモノカ。缺葉部分ニ白紙ヲ加フ。又補寫（例ヘハ序目ノ三　巻一ノ四五）アリ。前書（五冊全）ニ缺葉（巻二ノ四）アルコト、共ニ前書ノ缺ヲ補フヘシ。

京學志　八卷　明張復亨等　明萬曆刊　一冊　甲　中判

「——序」（萬曆癸卯、焦竑）
「——凡例」

明萬曆刊本。九行二十字。劉氏嘉業堂舊儲、

四庫未收。序ニヨレバ京學教授張復亨諸生ヲシテ

編マシメ、ソノ轉勤後、何琪枝ニ張禮化相共ニ之ヲ繼

ギテ成シタルモノ、目末ニ編纂諸生謝黃鍾等八人ノ名ヲ列ス。

首ニ宋建康府学・元集慶路学・國朝應天府学ノ圖アリ、
巻一建置、二令格、三典禮（子目アリ）四官師（同上）、五
選挙（同上）、六餼稟、七執文、八上名宦列傳、八下
郷賢列傳。

京学志　八卷　明張匠等　明萬曆刊（崇禎修、鈔補）　四乙　中

「——序」（萬曆癸卯、焦竑）

「重脩——序」（崇禎癸酉、楊以任）

「——凡例」

明萬曆刊本。崇禎修。例八、卷八上四十五、六　卷六、七鈔補。

1268

作邑自箴　一〇巻　宋李元弼　明寫　一甲置

「―――序」（政和丁酉、李元弼）

舊鈔本。十行十九字、四界。「鐵琴銅劍樓」白文長方印

巻末ニ「淳熙己亥中元」「浙西提刑司刊」ノ刊記アリ。　四

ヲ捺ス。

都當刊續編本ノ原本ナリ。

北宋政和中、著者ガ鄕老ノ爲政ノ要ヲ論ジタル百三十

餘條ヲ正己、治家、處事ニ分ケ、三巻トナシ、勸戒數百

條ノ巻五至九ニ收メ、巻十ハ於遼トシ、登途須知ト題シ、旅
中ノ心得ヲ録シタリ。

一三 政書類

通典　二〇〇巻　唐杜佑　明嘉靖刊（補写）　四〇　乙　史刊

「――序」（李翰）

明嘉靖刊本。十行二十三字。注文雙行。版心下方ニ刻者姓名アリ。

刊者明ナラズ。（巻六十二至三十六半欲補し）内閣文庫（三部）尊経閣・東方文化研究所等ニ同版アリ。

文獻通考　三四八巻序一巻　元馬端臨 明嘉靖刊（経廠）　一〇〇乙　中

「御製重刊－－－序」（嘉靖三年）
「進－－－表」（延祐六年、王壽衍）
「抄白」（至治二年）

明嘉靖中内府刊本。十行二十字、斷句、黒口。「六合徐氏孫麒珍玩」書畫印」ノ大長方印アリ。一百二十三至六鈔補、十五同種本ノ配本部分少カラズ。

文獻通考 三四八卷首一卷 元馬端臨 明嘉靖馮天馭校 明〔嘉靖〕刊 八〇乙 (刻)

「――序」（至大戊申、李謹思）

「進――表」（延祐六年、王壽衍）

「抄白」（至治二年）

明嘉靖中蘄陽馮天馭校刊本。十三行二十四字。

刻工姓名アリ。

通志二十略　共五一巻　宋鄭樵撰　明陳宗夔校　明嘉靖刊　二〇乙　中(刋)

「刻——序」(嘉靖庚戌、𨼆用御)

「通志總序」(至治二年、呉繹)

明嘉靖中福建巡按陳宗夔刊本。劉氏嘉業堂旧藏。清末ノ呉雲(平齋)ノ旧藏印記アリ。

四庫別史類ニ收入ノ通志中、最モ重要ナル・二十略ノミヲ抽刻シタルモノ。

通志二十略 共五一卷 宋鄭樵撰 明陳宗夔校 明刊嘉靖 二 丙

明嘉靖中陳氏刊本ナリ覆刻シタルモノナリ。

大明會典　二二八卷　明趙用賢等奉勅編　明萬曆刊（經廠）　七〇乙　中（刊）

「御製大明會典序」（弘治十五年）
「〃」（正德四年）
「御製重修大明會典序」（萬曆十五年）
「皇帝勅諭」（弘治十年、同、正德六年、嘉靖八年、萬曆四年）
「纂輯諸書」
「閱報文冊衙門」
「弘治間凡例」
「嘉靖間續纂凡例」
「重修數本」

1278

「重修凡例」
「進重修大明會典表」
「奉勅重修大明會典官員職名」
明萬曆中内府刊本。十行二十字、断句、黒口。毎巻首「廣運之寶」朱文大方印アリ。萬曆帝ノ印記ナリ。「荃孫」「雲輪閣」ノ近人繆荃孫ノ印記ヲ捺ス、繆記巻四第十八丁著録。
覆刻本ニ比シテ寫刻本ナラン。

四庫未收。正德ノ原本ハ一百八十卷、嘉靖及ビ萬
曆本ハ二百二十八卷ナリ。總裁ハ申時行等三人、副
總裁ハ沈鯉等七人、纂修ハ趙用賢等十七人。

大明會典 二二八卷 明趙用賢等奉勅編 明萬曆刊（經廠） 六四乙 中庚

「御製重修大明會典序」（萬曆十五年）

「皇帝勅諭」五道

「纂輯諸書」

「閣報文册衙門」

「弘治間凡例」

「嘉靖間續纂凡例」

「重修題本」

「重修凡例」

「進重修大明會典表」

「奉勅重修大明會典官員職名」

明萬曆中覆内府刊本（巻六十一至六八ノ一冊鈔補）。「休寧汪」「季青家」藏書籍」（朱文方印）「履硯齋」「圖書印」朱文长方印「摘藻堂藏書印」白文方印アリ。

大明會典 二二八卷 明趙用賢等奉勅撰 明萬曆刊 七〇乙 史訓

「御製大明會典序」（弘治十五年）

「〃」（正德四年）

「御製重修大明會典序」（萬曆十五年）

「皇帝勅諭」 五道

「纂輯諸書」

「閱報文冊衙門」

「弘治間凡例」

「嘉靖間續纂凡例」

重修題本

「重修凡例」

「進重修大明會典表」

1283

「奉勅重修大明會典官員職名」

明萬曆刊本。行款字數全ク內府刊本ト同ジク、版稍小ナル、且黒口ナリ、「四明盧氏」「抱經樓」藏書印」白文方印アリ。劉氏嘉業堂舊藏。

王國典禮　八巻　明朱勤美　明萬暦刊　八乙　史刻

「――序」（萬暦乙卯、臧爾勧）

「――凡例」

明萬暦刊本。九行十八字。劉氏嘉業堂旧藏。「抱經樓」白文長方印アリ。

四庫政書類典禮之属著録。存目

撰者ハ明ノ宗室。祖訓・實録・會典・集禮等ニヨリ、明ノ典禮制度ヲ記ス。巻一聖訓・玉牒・講讀・冠禮、二婚禮・爵秩・冠服・宮室、三儀仗・祿米、四田地・祀禮・之國・錫命、五慶祝、入覲・奏事・宴饗、六表禮・事例、七管理・宗室・獎勸・懲戒、八秩官・儀賓・兵衛・倉庾・支鹽・諱禁ニ分チ、ソノ大部分ニ子目、各篇末ニ撰者ノ論アリ。

憲章類編（皇明憲章類編）四二巻 明勞堪 明萬曆刊 二〇乙 中刻

「皇明憲章類編序」（萬曆六年、徐栻）

明萬曆中勞氏刊本。九行二十二字。嘉萬間各種公牘ノ紙背ヲ用ウ。舊藏者書扉ヲ加ヘテ「皇明憲章類編」ト題シ、ソノ裏ニ「古歙州査氏」「峯藤花館藏」ト記シ、ソノ印記ニ「峯藤」花館」、「古歙州」査子穆」藏書印」、「酉山」手校」、「涇川」「木」氏峯藤」華館藏」書之印」、「日華」朱文方印 「霽」亭」白文

方印「查氏松」「森家藏」朱文長方印「經訓堂」朱文楕圓印
等アリ。又、劉氏嘉業堂旧藏。
四庫未收。圖書寮・北京人文科学研究所ハ之ヲ政書、内
閣文庫・尊経閣文庫ハ之ヲ雜史ニ收ム。巻一～三開國、
靖難、二至四登極・萬壽聖節・列聖年紀・國朝年號、恩
赦、尊謚・皇陵・祀典・宮郊制等、巻五・六親征・巡幸、七
八聖學・戒諭等、九至十二朝儀・東宮・后妃等十三

諸王等、十四内閣・中央各署、十五翰林、十六至八京官・進士（吏部）・大臣、十九户部・漕運、二十茶鹽錢糧、二十一・二禮部（貢）舉、二十三孔廟、儒者功臣、二十四及二十五上明代名臣、二十五下災異、官民禮俗、二十六・七兵部・（兵）邊防、二十八死事及亡其他ノ功臣、二十九・三十（兵）事、三十一・二刑部・工部

三十三・御史・都察院、三十四・五大理・太常・光祿等各寺各司

外戚・宮人、三十六太監・内官、三十七至九南京各署、地方各司、四十至四十二夷虜外國土司ノ記事ナリ。

萬壽盛典 初集一二〇卷 清李紱等奉勅編 清康熙刊（殿版） 六〇乙 中庚

進表（康熙五十六年）

奏摺 十三道

纂修職名

纂修奉紀

清康熙中内府刊本。進表ニヨレバ、大學士馬齊・松柱・蕭永藻・王掞、等奉勅纂修トナシ、職名ニハ王ノ〻監修官、王原祁等ヲ總裁官、李紱等ヲ分峯官トス。精刻、巻四十至四十二ハ宋畫ノ本ナリ。

風采ヲ窺フベシ。

山東鹽法志 四卷 明查志隆編 徐琳續、明萬曆刊（天啟補修） 八甲 十

「□續 刻————諸序」（萬曆庚寅、詹仰庇）

「續山東塩志敘」（萬曆七年、劉應龍）

「續————序」（萬曆十七年、查志隆題後（庚寅）（徐琳）（舊跋））

「————公移」

東鹽掣規

「————凡例」

中經歷司經歷蘄州戴相堯・知事李廷華

明萬曆刊本。天啓修 九行二十字、小字雙行。

山東都轉運鹽使司同知タリシ

四庫敀書類、邦計之屬存目著録。查ノ編纂ニシテ、同ジク同知ノ徐琳續輯、

監察御史譚耀・劉應龍裁定、山東按察司鹽法道副
使詹仰庇・胡希舜重訂等ト題ス。本篇ト續篇トノ
編纂ノ間ハ約四十年ナリ。
山東鹽政ノ制度沿革其他ノ關係文獻ヲ錄シタルモノ
巻一志圖考・志山川・志政令・志職官、巻二志竈課・
志商課、巻三志疏擻、巻四志公署・志人物・志藝文、
ニ分チ、更ニ子目アリ。内容ノ増補ハ降ツテ天啓ニ至
ルノ

1293

通糧廳志　一二巻　明周之翰編　明萬曆刊　一六甲　中

「通糧廳志序」（萬曆乙巳、高邦佐）

「〃」（〃　周之翰）

「纂輯諸書」

「勅命一道」

「――凡例」

明萬曆刊本。九行十八字。「吳興周」「越然」「藏」「書之印」

朱文方印ヲ捺ス。

四庫　未收。北京ニ移入ノ粟ノ三分ノ一ハ直隸

通州ニ設ケラレタル糧廳ヲ經ルニ、コレニ志ナシ。ヨツテ奉勅
督理糧儲兼管河道戶部坐糧廳郎中タリシ周ガ諸書ヲ
參考シ、本廳ニ關スル政治文藝制度典則ノ文獻ヲ編輯シ
タルモノ。戶部會計錄・太倉考・議單・漕來・通惠河志・
密昌二鎮漕河志及ビ各衙ノ文卷等纂輯諸書ニ見ユ。
卷一左輔志（建置・城池）、二倉庾志（倉址・廒座・建倉
・修倉・斗斛・窖廒・庫藏）三秩官志（部使・題名）、

四漕政志（議單・漕額・出納・關支・職掌）、五河渠志

（河圖・河道・河防・河地・河淺・河司・河工）、六公署志

（部館・分署・別署・官廳・號房・祠廟・坊額）、七統轄

志（郡屬・衛屬・倉屬・河屬・委官・總屬）、八服役

志（廳役・號役（四科分管）・閘役・倉役・河役・外役）九田藝文志

上（奏疏）、十同中（論揭・文移）、十一同下（碑記・詩賦）、

十二備考志ニ分チ、（更ニ題目ヲ設ク）、各志ノ末藝文ヲ除ク

二周氏ノ論アリ。内容萬曆二十三年頃マデナリ。

經理總簿　明呉某知　明嘉靖寫　一冊　中

嘉靖四十五年自序

明嘉靖寫本。九年ノ歳月ヲ經テ、［呉氏同族ノ］父祖傳來ノ土地ノ源流契税ノ文書ヲ謄録［セシ大、本家ニアツメ］タルモノハ、［地］圖入。賣買契約ノ寫多シ。此種ノモノトシテ現ニ知ラルル、最古ノ記録ナリ。

明朝經濟史上貴重ノ研究資料タリ。

律條疏議　三〇巻目圖一巻、律條罪名圖一巻、欽定條令例一巻　明成化七刊　二〇　甲　中
　　　　　四明張楷　律條偶疑一巻

明成化辛卯（七）史氏重刊本。序末ニ木記アリテイフ

（首缺）　成化三年倪謙序

　　成化辛卯端陽日南京大中街
　　承恩寺對住史氏重刊

ト。

四庫未收。北平圖ニ同種、殘本十六巻ヲ存ス。清水泰次

氏ノ敘示ニヨレバ、張楷此書ヲ作ルコト李賢ノ墓誌ニナク、千頃堂書目ト同ジク、大明律解・律條撮要ヲ張ノ著トシテ擧グ。疏議ヲ張ノ作トナセルハ寔儒ニ始マルト、尚攷フベシ。　又、尊經閣ニ此版ノ後ノ版ヲ藏スト。

巻一名例律、二三吏、四至十戸、十一二禮、十三至七兵、十八至二十八刑、二十九、三十工律ナリ。問答體ヲ附スルニ按語ヲ以テシタルモノ、明律解釋トシテハ早キモノナリ。

比部招擬類抄　六巻　明嘉靖寫　六甲　中（刘）

無序跋

明嘉靖間藍格鈔本。劉氏嘉業堂舊藏。
四庫未收。題簽・書根ノ外、巻六ノミニ書名内題
アリ。刑部嘉靖間刑部定罪ノ文書ナリ。范氏天
一閣鈔本ニ似タレバ、書目ヲ査スルニ、巻二之二 五十九丁
比部招議類鈔　六巻　藍絲闌鈔本　○明嘉靖十五年唐龍等撰

トイフニ當ル。唐ハ太子少保ニシテ、兼刑部尚書間、刑部等衙門尚書等官呉等ト共ニ裁判ニ當リシ人ナリ、順序明ナラズ。

〔謹矜題請恤刑狀〕 明甯□ 明崇禎ニ寫 一 中

狀

明崇禎ニ年寫本。九行二十字。

皇亂誕生ニツキ、ソノ大慶ヲ祝スル爲、巡按直隸監察御史甯某ガ矜疑ノ犯人十九名ノ實情ヲ具狀シテ恩赦ヲ請ヒタル記錄。文求堂田中乾郎氏此書ヲ北京ニテ一見ニタリト。

各部事例　　殘存六部　明ノ素鈔　明写　三甲中（沈）

無序跋

明藍格鈔本。内題ナク、沈氏海日樓ノ書簽ニカ

ク題ス。明ノ鄭曉ノ印記ヲ捺ス。

天一閣見存書目卷二ノ十六ヲ按ズルニ、六部事例六冊素

靖各部新例十冊ヲ著録シ、前者ハ鄞范氏天一閣書目

内編二ニヨレバ六冊ヲ存シ、「例至弘治」ト注ス。然ラバ、或

1303

八本書ハ後者ノ残本カ、紙背ハ嘉靖中刑部ノ文書ナリ。残存スル

所ハ概ネ戸部~~書~~ニシテ、嘉靖前半葉間ノモノニ係ル

蒼梧總督軍門志 三四巻 明應檟編 劉堯誨補 明萬曆刊 一五甲 中到

「——序」(萬曆辛巳、林大春)

「〃」(嘉靖癸丑、王宗沐)

「〃」(〃 王慎中)

「〃後序」(嘉靖三十二年、許應元)

「〃」(萬曆九年、郭棐)

明萬曆刊本。九行二十字。刻工名アリ。獨山莫氏・劉氏嘉業堂旧藏。「韶州府印」・官印ヲ捺ス。

四庫未收。千頃堂書目巻七 三十ノ丁 著録。嘉靖三十年、

應檟ハ兵部侍郎ヲ以テ兩廣ノ軍務ヲ總ブ。翌年、雲夾服セシヲ以テ此書ヲ編セシム。總督府ハ廣西梧州府ニアリ、蒼梧ハ知ノ地ナリ。本書ハ初メ應ガ編シ、太倉ノ凌公嗣イデ之ヲ修メ、後劉公重ネテ編輯セシモノ。卷一開府・歷官（附軍容）、二制勅附禮儀、三至五輿圖、六至十三兵防、十四經費、十五採法、十六貢格・罰格、十七至二十一討罪、二十二事例、二十三至七奏議二十八碑文、二十九集議、三十至三十四紀畧安南ニ分ツ。

明代地方軍政軍制ノ研究上重要ナル史料ニシテ、又廣西ノ諸蠻族ノ狀態、土司土官ノ分布等ヲ窺フニ足ル。（中島氏ノ評）

補漢兵志　宋錢文子　清寫　一　丙　中

清寫本。十一行二十一字。

四庫史部政書類收入。嘉定乙亥王大昌ノ序ニヨレバ、當時已ニ刊本アリシガ如シ。知不足齋叢書ニ入ル。名ハ補志ナレド、實ハ宋朝禁軍ノ冗費ヲ獻ヒ、兵農一致ノ古制ニ近キ漢代ノ兵制ヲ明ニセント、漢書ノ中ヨリ兵制ニ關スル記事ヲ錄出編纂

シ、原文ヲ一々注記シタルモノ。故ニ正史類ニ入レズ
テ政書類ニ收ム。

一四 史評類

歷代通略　四巻、元陳櫟編、清写　二　乙　中

「――――提要」

「――――序」（乙亥袁應兆）

清鈔本。八行二十一字。「合肥李氏藏書」印記アリ。

四庫史評類ニ入ル。歷代ノ興廢得失ヲ叙シ、論断ヲナス。伏犠ヨリ至五代ヲ二巻、南北宋ヲ各一巻トス。

國学図目ニ李祿刊本ヲ著録。

第一・二巻跋

本書は約二十五年前、舊軍部の命によつて、帝國圖書館が保管してゐた、中華民國南京中央圖書館が米國に向けて送付しようとしてゐた、一群の古典籍の解題である。

昨夏、一時癌の前徴の宣告を受けて、身邊の整理をしてゐたとき、偶然舊稿を發見、之を阿部慶大教授に漏らした處、之が公表を迫られたので付印した次第である。舊稿は、まとまつてゐる部分はこゝで終つてゐて、その餘は彪び〳〵なので、この一群の藏書の解題は一應、こゝに止めるので、兩巻所收書について の電話帳式書名索引を第二巻末に附する。この索引は志岐ちづが書名を採り、ルビを付したものを、山田惠子が排列浄書したもの、ここに謝意を表する。

本書の第三巻以降は、この形式による各處の藏書解題に及ぶつもりである。

凡そ藏書解題は、流布するテキストと大同小異のものは、凡て、貴重書と雖も内容には觸れない。又、流布本のテキストは一々擧げないものである。從って、わが餘生を捧げる漢籍解題とは、表現形式を異にする。勿論、その際は、傳來稀な内容の書は之を省畧する。故に、漢籍解題を完成する段階としての長編所收書の中で、將來完成すべき原稿中には收めないものも生ずるのは當然である。

昭和四十五年三月下浣　　長澤規矩也識

第一、二卷跋

大约二十五年前，中華民國南京中央圖書館要将一批古籍送往美國，日本帝國圖書館奉舊軍部之命保管這批古籍，本書即為這批古籍的解題。

去年夏天，我被告知患了早期癌症，開始整理身邊雜事時，偶然發現了舊稿。無意間將此事透露給阿部慶大教授，教授熱心勸我公開發表，遂有此次付印。舊稿當中，系統完成的只有這些部分，其餘都是些没有次序的片段記録，這批藏書的解題暫時到此為止。兩卷書名音序索引附於第二卷末。索引由志岐ちづ整理書名并附上注音符號，山口憲子排列謄清，特此表示感謝。

此書從第三卷以下，將按上述形式撰寫其他各處收藏的藏書解題。

一般的藏書解題，所著録之書如與通行文本大同小異，即便是珍善之本，也不觸及其内容。此外，通行各本並不一一列舉。而擬以我餘生完成的漢籍解題，則採用與之不同的表現形式。當然，傳來内容無多的書還是予以省略。因此，作為漢籍解題階段性成果的長編所收書，其中自然包含將來定稿中不予收録的書籍。

昭和四十五年三月下浣　長澤規矩也　識

静盦 漢籍解題長編

第一・二巻 書名索引 汲古書院編

2　.

4.

ス

（山田寛子書）